Chocolats

pour l'ESPRIT
d'une FEMME

AUTRES LIVRES DE KAY ALLENBAUGH

Chocolate for a Woman's Soul
Chocolate for a Woman's Heart
Chocolate for a Lover's Heart
Chocolate for a Mother's Heart
Chocolate for a Teen's Soul
Chocolate for a Woman's Blessings

PUBLIÉS AUX ÉDITIONS AdA

Chocolats pour le cœur d'une mère
Chocolats pour l'âme d'une femme
Chocolats pour l'âme d'une adolescente
Chocolats pour le bonheur d'une femme

Chocolats
pour l'ESPRIT
d'une FEMME

77 récits inspirants
pour alléger le cœur et l'âme

KAY ALLENBAUGH

Traduit de l'américain par
Marie Gonthier

Collection
gu de ressources

Révision : Nancy Coulombe
Traduction : Marie Gonthier
Infographie : Martine Champagne
Graphisme de la page couverture : Martine Champagne
ISBN 2-89565-055-1
Première impression : 2002
Dépôts légaux : premier trimestre 2002
Bibliothèque nationale du Québec
Bibliothèque nationale du Canada

ÉDITIONS ADA INC.
172, des Censitaires
Varennes, Québec, Canada J3X 2C5
Téléphone : (450) 929-0296
Télécopieur : (450) 929-0220
www.ada-inc.com   info@ada-inc.com

LES ÉDITIONS GOÉLETTE
600, boul. Roland-Therrien
Longueuil, Québec, Canada J4H 3V9
Téléphone : (450) 646-0060
Télécopieur : (450) 646-2070

DIFFUSION
Canada : Éditions AdA Inc.
Téléphone : (450) 929-0296
Télécopieur : (450) 929-0220
www.ada-inc.com   info@ada-inc.com
France : D.G. Diffusion
Rue Max Planck, B.P. 734
31683 Labege Cedex
Téléphone : 05-61-00-09-99
Belgique : Rabelais - 22.42.77.40
Suisse : Transat - 23.42.77.40

Imprimé au Canada

DONNÉES DE CATALOGAGE AVANT PUBLICATION (CANADA)
Vedette principale au titre :
    Chocolats pour l'esprit d'une femme
    Traduction de : Chocolate for a woman's spirit.
    Publ. en collab. avec : Éditions Goélette.
    ISBN 2-89565-055-1
1. Femmes - Vie religieuse. I. Allenbaugh, Kay.
BL625.7.C4614 2002   291.4'4'082   C2001-941922-8

C e livre est dédié à toutes ces femmes

énergiques qui font preuve de courage,

d'intuition, de vivacité d'esprit, de bienvaillance,

de force, d'esprit ludique ainsi que de sagesse.

TABLE DES MATIÈRES

III
LES GARDIENNES DE L'ESPRIT

IV
LE POUVOIR INTÉRIEUR

V
UNE NOUVELLE JEUNESSE

VI
UNE INTUITION INFAILLIBLE

VII
SONNER LE RÉVEIL

VIII
RETOMBER SUR SES PIEDS

IX
LA CORNE D'ABONDANCE

X
VIEILLIR EN SAGESSE

XI
MIEUX QUE DES GAZ HILARANTS

INTRODUCTION

L *es récits nous aident à nous connaître; ils nous permettent* de faire certaines découvertes qui donnent plus de profondeur à notre cheminement et enrichissent ainsi le cours de notre existence. En créant la série *Chocolats*, j'ai découvert que les récits jouaient un rôle particulièrement important dans la vie des femmes.

Les histoires véridiques et inoubliables de *Chocolats pour l'esprit d'une femme* rendent hommage à une aptitude bien particulière des femmes — la capacité d'apaiser le mental et de chercher les vérités universelles à l'intérieur même de leur vie active. Des auteures de best-sellers, des chroniqueuses, des conférencières et des femmes qui s'intéressent à la spiritualité nous font part de leurs rencontres avec des anges ou de leur étonnement en voyant la grâce les inonder au moment où elles s'y attendaient le moins; d'autres nous racontent comment elles ont appris à faire confiance à leur intuition — un véritable cadeau de Dieu aux femmes. Inspirées par l'Esprit, ces femmes retrouvent l'enthousiasme de leur jeunesse, deviennent les gardiennes de l'esprit, répandent la prospérité autour d'elles, découvrent les richesses de l'amour, et choisissent de vieillir avec sagesse. Je suis convaincue que l'Esprit a aussi le sens de l'humour. L'histoire d'une femme qui découvre comment dire Non vous amusera; un autre récit vous fera rire tout autant : celui d'une femme qui, en plaçant sa confiance en Dieu, émerge de ses peurs de façon symbolique, agrippe une corde et saute joyeusement par-dessus un large cours d'eau.

La série *Chocolats pour les femmes* a été — et est encore — un projet d'inspiration divine. Je l'appelle le «boulot de Dieu». À chaque fois que j'oublie qui est aux commandes, j'ai peur de franchir l'étape suivante. Mais en me souvenant que la série *Chocolats* a été créée sous Son inspiration, je reprends confiance et je me détends; c'est un honneur et une joie pour moi de pouvoir partager ces histoires véridiques — et si inspirantes — avec vous. Chaque succès entraîne de nouveaux défis. En poursuivant mon cheminement spirituel, j'ai fait une découverte étonnante : plus mon mental est paisible, plus j'ai de facilité à écouter ma voix intérieure. Et plus je suis à l'écoute de cette petite voix tranquille en moi, plus j'ai de facilité à faire taire mon ego — à lâcher prise et à laisser Dieu agir. Ce voyage s'effectue dans la joie, parfois dans la crainte, mais il est toujours riche d'enseignements.

En lisant ces histoires et en cherchant à appliquer leurs messages dans votre propre vie, j'espère que, inspirée par le Divin, vous pourrez franchir une nouvelle étape, particulièrement si vous êtes à la croisée des chemins, si vous devez relever de nouveaux défis ou saisir une occasion qui se présente. Puisse la force de ces merveilleuses histoires apaiser votre esprit et vous aider à poursuivre votre propre cheminement — en conservant votre sens de l'humour et votre capacité de vous émerveiller. Puissent ces récits vous permettre de faire des choix qui vous aideront à trouver la paix de l'esprit. Ce faisant, vous saurez que l'Esprit vous accompagne, tout au long du chemin.

I
LA FORCE
EST AVEC VOUS

« Nous devons libérer notre esprit pour laisser entrer le Divin.
Même Dieu ne peut remplir ce qui est déjà plein. »

MÈRE TÉRÉSA

LE COUP DE FOUDRE

Il y a de cela plusieurs années, mon oncle était propriétaire d'un restaurant dans un petit aéroport de l'Illinois. Ma mère y occupait le poste de directrice adjointe et moi, j'accueillais les clients. Un jour, en allant déjeuner dans un café, nous avons eu, ma mère et moi, le plaisir de faire connaissance avec Debbie, une serveuse très sympathique ; ma mère lui offrit un emploi au restaurant de mon oncle et Debbie accepta sur-le-champ.

Ce soir-là, nous l'avons invitée à dîner à la maison ; au cours de la conversation, elle nous confia qu'elle ne s'était jamais mariée et qu'elle n'avait pas de petit ami. Cinq ans plus tôt, lors d'un vol de retour vers la côte est, elle avait rencontré « son pilote » et elle en était tombée amoureuse aussitôt.

Debbie était très craintive en montant dans l'avion ; le pilote, qui se tenait dans l'embrasure de la porte pour accueillir les passagers, avait dû remarquer sa nervosité et il avait engagé la conversation. Ils avaient bavardé moins de dix minutes et il lui avait assuré qu'elle arriverait à destination saine et sauve. Un véritable coup de foudre, disait-elle ; mais ma mère et moi étions incrédules : une telle chose était impensable pour nous. Bien qu'elle n'ait jamais revu le pilote, Debbie n'avais jamais oublié l'émotion qu'elle avait éprouvée lorsque leurs regards s'étaient croisés.

Maman et moi avons élaboré un plan. Puisqu'elle était amoureuse d'un pilote, nous allions prendre un rendez-vous pour elle avec un des nombreux pilotes célibataires qui venaient manger au restaurant entre leurs vols. Nous avons d'abord parlé de Debbie à John qui accepta de dîner avec elle un soir de congé.

Le pilote s'installa à une table soigneusement dressée sur laquelle nous avions posé des chandelles et un bouquet de fleurs fraîches. Debbie arriva et nous l'avons accompagnée afin de lui présenter l'inconnu avec qui elle avait rendez-vous. Tandis que nous approchions de la table, elle s'arrêta brusquement, et, les larmes aux yeux et la main sur le cœur, dit : « Mon pilote, c'est mon pilote ! » Je n'en croyais pas mes oreilles. Muet de stupeur, John se leva et l'embrassa.

Un peu plus tard, nous avons appris qu'il était tombé en amour, lui aussi ; il avait rencontré « sa passagère », cinq ans plus tôt, au cours de ce voyage de retour vers la côte est.

La dernière fois que nous avons eu des nouvelles de Debbie, elle était à l'île de Guam. Quand les gens me disent que le coup de foudre n'existe pas, je leur raconte cette histoire et leur montre la photo que Debbie a jointe à sa lettre : une photo de sa famille sur laquelle on peut apercevoir John, son mari, dans son uniforme de pilote, et leurs deux jolies petites filles.

KIM CHAMPION

SOUS BONNE GARDE

our avoir vécu et travaillé partout en Amérique centrale
durant deux ans, je me considérais comme une spécialiste des voyages en autocar. Je connaissais tous les
horaires et la durée des trajets. Je ne voyageais pas la nuit et je
ne prenais pas de chemins qui ne m'étaient pas familiers. Un
soir, l'autobus dans lequel je prenais place tomba en panne trois
fois ; obligée de monter dans un autre véhicule avec tous les
autres passagers, je suis arrivée dans la capitale en pleine nuit et
je me dis que les dieux étaient contre moi. Les larmes aux yeux,
je suppliai le chauffeur de ne pas me laisser seule, dans une ville
qui m'était tout à fait inconnue, mais, comme quelqu'un qui en
a ras-le-bol des touristes américains, il s'éloigna en riant et disparut rapidement dans les ténèbres.

Il y avait bien quelques lampadaires, mais leurs douilles
étaient vides — les ampoules avaient probablement été chapar-
dées ; pas âme qui vive à l'exception d'un homme et d'une femme
endormis sur le bord de la chaussée et qui empestaient l'alcool.
Mon imagination s'emballait. *Ils sont peut-être morts !* Et je me
demandais : *Où sont passés les autres passagers ? Comment ont-ils
fait pour disparaître aussi rapidement ?* Les fenêtres brisées et les
voitures éventrées me rappelaient ces grands titres de journaux
et ces descriptions de femmes violées, battues ou assassinées dans
une ruelle déserte. Aux intersections, je me dirigeais immédiatement vers les poteaux indicateurs et j'essayais de m'orienter.

Huit pâtés de maison plus loin, je reconnus deux panneaux de signalisation et j'établis un trajet dans ma tête. En tournant à droite à la prochaine intersection, j'allais descendre la rue, traverser un tunnel et arriver à un parc dans lequel je m'étais souvent promenée ; je savais qu'il y aurait des gens à cet endroit, même tard dans la nuit. J'ai donc entrepris cette longue marche vers la sécurité.

Un pâté de maison avant le tunnel, un homme sortit en titubant d'un immeuble désert près duquel se trouvait le seul lampadaire encore fonctionnel et il se dirigea directement vers moi. Il posa sa main sur mon bras gauche et de l'autre, il caressa mes cheveux avant de les tirer vers l'arrière. « Tu es très belle », dit-il en articulant avec peine et en pressant son visage contre le mien ; son haleine sentait l'alcool et visiblement, il ne s'était pas lavé depuis des semaines. « Dis-moi où tu vas et je t'y conduirai. », me demanda-t-il d'un ton moqueur et insistant, tout en s'accrochant fermement à mon bras. Ne voulant pas le provoquer ou l'encourager en parlant ou en le regardant directement, j'observai son ombre sur le mur. Il n'était pas grand, mais tout de même plus costaud que moi ; j'étais persuadée qu'il m'attaquerait aussitôt que j'entrerais dans le tunnel qui s'allongeait devant moi.

À cet instant, j'entendis d'autres pas. Sachant qu'habituellement plusieurs personnes participent à ce genre d'attaque — dont j'allais être victime d'un moment à l'autre — j'aurais dû être terrifiée. Et pourtant, aussitôt que j'entendis ces pas, une sensation de calme aussi palpable que les mains baladeuses de l'ivrogne m'envahit. Deux secondes auparavant, j'étais certaine que l'homme ivre m'attaquerait dans le tunnel ; et maintenant, j'étais tout aussi convaincue que je ne risquais rien. Je jetai à nouveau un coup d'œil vers le mur pour voir l'ombre de mon sauveur, celui qui marchait si près derrière moi, mon protecteur.

Je ne vis rien du tout. Et pourtant j'entendais résonner des pas dans le calme de cette nuit, et chacun de ces pas était pour moi un gage de sécurité.

Comme je m'y attendais, quand nous sommes arrivés à l'entrée du tunnel, l'homme ivre se précipita sur moi et, entourant mon cou de ses mains, il me poussa vers l'avant. Mais il me relâcha tout aussi rapidement et je vacillai vers l'arrière tandis qu'une force inouïe le propulsait loin de moi. Je le vis voler littéralement dans les airs et atterrir près du caniveau de l'autre côté de la rue. Il n'y avait aucune autre personne en vue.

J'ai pu traverser en toute sécurité le tunnel. Aujourd'hui, à chaque fois que j'ai peur, je me souviens de ce soir-là en Amérique centrale ; j'avais d'abord crû que les dieux étaient contre moi. Puis, j'avais compris qu'ils avaient toujours été avec moi. Un soir j'ai entendu leurs pas ; j'ai senti leur force. Et plus jamais je ne me suis sentie seule.

ELLEN URBANI HILTEBRAND

« Impossible de bien vivre sans spiritualité ».

JOAN TIMMERMAN

UNE CONVERSATION DIVINE

Comme tous les dimanches soirs, les livres étaient empilés sur ma table de travail ; j'ouvris avec hésitation un carnet de notes et fis un effort pour me concentrer. Heureusement, j'étais seule dans ma chambre d'étudiante — la seule présence de ma colocataire aurait suffi à me fournir une bonne excuse pour remettre à plus tard le travail que j'avais à faire. Je fermai les yeux et tendis le bras afin de choisir au hasard un livre dans la pile gigantesque — l'heureux élu : un livre sur la religion. Et bien, au moins celui-ci est vraiment intéressant, me dis-je et je me plongeai dans la lecture.

La cloche de l'église sonna une première fois, puis une deuxième fois. Le sélecteur de mon lecteur de disques compacts s'arrêta ; des ami-es essayèrent en vain de détourner mon attention : je continuais à lire. Les pages défilaient devant mes yeux, le sujet captivait mon attention, jusqu'à ce que soudainement ma tête s'incline et tombe sur l'oreiller. Mes yeux se fermèrent malgré moi, je m'endormis et mon esprit s'envola au pays des rêves...

Dans une vaste pièce bien aérée qu'inondait une douce lumière bleutée, j'étais assise dans une chaise-poire blanche très confortable. Une femme revêtue d'un survêtement blanc était assise en face de moi dans un fauteuil semblable au mien. Elle avait des cheveux blonds (d'un blond blanc comme le soleil de Californie), des yeux bruns et une bouche espiègle. « Bonjour » lui dis-je; son visage me paraissait familier mais je ne pouvais l'identifier.

Soudain, une idée se présenta à mon esprit avec la puissance et la rapidité d'un saut à l'élastique. Toutes ces couleurs pastels, cette atmosphère si sereine — Était-il possible que je sois...? Était-elle...? Comme si on venait de murmurer à mon oreille un secret, une idée traversa mon esprit. *Oh bon sang! Suis-je morte? Est-ce le paradis? Je m'attendais à ce qu'il y ait un peu plus de gens... Comment est-ce arrivé? En traversant la rue pour me rendre à la cafétéria? Une surcharge de travail, trop de devoirs à faire?* Je me mordis les lèvres en me disant que le lieu n'était peut-être pas propice aux remarques ironiques.

«Êtes-vous Dieu? Oh mon Dieu! Ainsi, je suis morte», répétai-je pour me convaincre moi-même. «Je suis morte, je suis au ciel, assise dans une chaise-poire. Et vous êtes Dieu. Sans blague. Je m'attendais — »

«À voir un homme», interrompit Dieu sur un ton neutre, en soupirant. «Tu ne le savais pas? C'est pourtant un lieu commun. En réalité, ici la question du sexe n'a pas vraiment d'importance. Ce qui est bien c'est que nous pouvons décider à chaque matin à qui nous ressemblerons ce jour-là. C'est un peu comme si on changeait de vêtements. De cette façon, on est obligé d'observer la véritable nature d'une personne, parce que son aspect extérieur ne peut rien nous apprendre.» Dieu croisa les jambes avec soin au niveau des chevilles.

«Et vous avez créé le monde, et toute chose?», demandai-je.

«Et bien oui — on trouve toujours des erreurs dans les manuscrits, n'est-ce pas?» Un autre soupir s'échappa de ses lèvres rouges.

«Non, non, ce n'est pas si mal que ça», dis-je pour rassurer Dieu.

«C'est difficile pour tout le monde mais pour nous, l'échelle est différente tout simplement», expliqua Dieu avec patience. «Le train-train quotidien — le travail, l'école, les amis — comporte son lot de difficultés pour toi. La création, le paradis — sont mes problèmes. »

Avec un peu de suffisance, je me fis cette réflexion : *Même pour Dieu ce n'est pas facile.* Et je me pris à espérer que Dieu ne puisse lire dans les pensées. « La plupart du temps, mes activités me semblent inutiles, lui dis-je. Je me demande ce que tous les gestes insignifiants que je pose en une journée peuvent bien apporter au monde ou à moi-même. »

« Je ne vais pas te répéter les mêmes vieux propos que tu as entendus cent fois », dit Dieu. « Ce que je sais, c'est qu'un jour, tout se mettra en place et que tu verras clairement l'objectif de toute chose ». Elle réfléchit un instant puis elle poursuivit : « Contrairement à ce que croient la plupart des gens, je ne contrôle pas tout. Je fournis simplement l'inspiration et les matériaux afin que chaque personne puisse fabriquer son propre chef-d'œuvre. La réalisation lui appartient. »

Rapidement, je fis un inventaire des expériences de ma courte vie — vingt ans seulement — et me demandai si j'avais raté ma chance.

« Et, le ciel et l'enfer ? À quoi ça ressemble et comment décidez-vous du sort de chacun ? »

Le visage de Dieu rayonna de fierté. « C'est comme sur la terre, mais plus léger, plus libre, plus riche. Bien sûr, ça ne convient pas à tout le monde. Croyez-le ou non, l'espace est limité. Et c'est déjà surpeuplé — les seules personnes que nous n'accep-tons pas sont celles qui sont vraiment méchantes, et il n'y en a pas beaucoup. Quelque part dans mon inconscient, je pense que je décide de les faire disparaître de ma conscience après leur mort. Je choisis tout. C'est probablement parce que je suis la mère de tous les êtres. » Dieu pouffa de rire, puis elle redevint sérieuse. « Qu'est-ce que le mal selon toi ? »

« Blesser une autre personne — de n'importe quelle façon — délibérément. »

« Bonne réponse. C'est la question que je pose à tout le monde. Personne n'échoue, il s'agit simplement d'une mesure de précaution supplémentaire », expliqua-t-elle.

« Mais qu'arrive-t-il si quelqu'un ment ? », demandai-je.

« Personne ne peut me mentir », dit Dieu en souriant. « Je suis comme le Père Noël. Je sais tout. »

« Alors, qu'est-ce qui va se passer ? », dis-je rapidement. Je sentais que le temps pressait — j'avais un million de questions à poser et je sentais qu'il ne restait pas beaucoup de temps.

« Le ciel, c'est ce qui te rend heureuse. » Dieu s'étira dans son fauteuil et réfléchit à la question. « L'important c'est ce que tu en fais. Comme la vie. Tu peux te réincarner, être une artiste, un professeur, ce que tu veux. Tu peux voler avec les ailes d'un ange ou continuer simplement ta vie ordinaire. Tu choisis toi-même ta religion, tu te donnes tes propres commandements. Deux personnes ne seront jamais entièrement d'accord sur les mêmes sujets. Le ciel est vraiment le ciel, et c'est la terre aussi... »

Comprenant qu'il était temps de partir, je me levai. Dieu ouvrit une porte et j'aperçus une magnifique cour intérieure. Avant que je franchisse le seuil, j'entendis vaguement des voix...

« Jess ! Jess, réveille-toi ! », criait ma colocataire en me secouant. « Réveille-toi ! »

« Quoi ? Qu'est-ce qu'il y a ? » Je m'exprimais avec une force incroyable.

« Nous avons un cours de religion dans quinze minutes — et un examen — et tu n'as pas étudié, et tu vas échouer », gémit Sue Ann.

Je sortis calmement du lit avec une assurance et une sérénité inhabituelles. Je m'habillai puis, tandis que nous nous dirigions vers la classe, je répondis : « Tout va bien ». Perplexe, Sue Ann me jeta un regard étrange, mais je savais ce que je disais. *Tout va bien*, me répétai-je, en jetant un coup d'œil à ma feuille d'examen et en voyant que je ne connaissais aucune des réponses à choix multiples. Je mis le formulaire de côté, pris une feuille de mon carnet de note et commençai à écrire — avec une intention bien arrêtée.

Comme tous les matins, je m'étais levée et je m'étais rendue en classe. Je n'avais pas vraiment changée. Mais au lieu de me demander à quoi tout cela pouvait bien servir, j'avais vu ma vie sous un angle complètement différent. À présent, la moindre petite chose que je fais, je la fais dans un but précis, en y ajoutant un peu de magie. Chaque personne doit tracer son propre chemin et accomplir ses propres miracles. Ma vie est ma joie éternelle. Et je vais travailler à en faire un chef-d'œuvre.

JESSICA QUILTY

LA POUSSIÈRE D'ANGE
DE GRAND-PÈRE

Un soir d'automne où le ciel était clair, je revenais en voiture à la maison sur une route à deux voies qui m'était familière. Les étoiles brillaient, je prenais le temps de respirer et j'appréciais la beauté et la tranquillité de la nuit jusqu'à ce que la vue de deux brillants feux arrières rouges devant moi me ramène brusquement à la réalité.

Une voiture ralentissait, j'apercevais son clignotant du côté gauche ; puis elle s'arrêta car des voitures arrivaient en sens contraire. J'appuyai sur les freins mais je compris aussitôt que je ne pourrais m'arrêter à temps. *Oh mon Dieu ! Je vais les frapper !* J'entendis un horrible bruit de métal froissé et de vitres qui volaient en éclats. Je me frappai la tête avec force et mon menton heurta le volant. Puis un silence menaçant s'installa.

Étourdie par l'impact, j'émergeai de la voiture en titubant ; puis j'aperçus une femme qui sortait d'une voiture en hurlant : « Vous avez tué les enfants ! Vous avez tué les enfants ! » Ma voiture avait embouti l'arrière de la familiale où jouaient deux petites filles.

Ce n'est pas vrai ! Je ne peux pas les avoir tuées ! me dis-je. Mon cœur battait violemment dans ma poitrine, et le temps semblait s'être arrêté. Tout devint flou autour de moi. Puis j'entendis pleurer. J'entendis hurler. J'entendis des sirènes au loin. Puis quelqu'un cria : « Les filles vont bien ! Elles ont subi un choc, mais elles ne sont pas blessées ! »

Je vis avec soulagement la personne qui conduisait la voiture serrer dans ses bras les deux enfants ; puis on me hissa dans une ambulance. Mais j'étais encore inquiète. À l'urgence de l'hôpital, le médecin m'assura que les petites étaient en parfaite santé. J'appris que la tante amenait ses deux nièces chez leurs grands-parents qui vivaient sur une ferme. Miraculeusement, la conductrice et les deux filles s'en étaient tirées indemnes et elles furent renvoyées chez elle. J'avais une bosse sur la tête et quelques contusions mais l'équipe médicale me donna l'autorisation de quitter l'hôpital peu de temps après.

Un officier de police m'accompagna jusqu'à la porte de la salle d'urgence ; j'étais très secouée mais je me sentais aussi très reconnaissante. « Je n'arrive pas à le croire », dit l'agente. « À la vitesse à laquelle s'est produite la collision, c'est étonnant qu'aucun passager ne soit décédé. Vous êtes toutes très chanceuses d'être vivantes ! »

Le lendemain, je voulus absolument m'assurer que la femme et ses nièces n'étaient pas blessées. Je découvris dans la poche de mon manteau un morceau de papier sur lequel était inscrit un numéro de téléphone. Je ne me souvenais pas de la personne qui me l'avait remis. Je composai ce numéro inconnu et le grand-père des enfants répondit. Il m'assura que sa fille et ses petits-enfants étaient sains et saufs.

« Des mains invisibles vous ont protégées », dit-il avec assurance. J'étais bien d'accord. Ma voiture s'était enfoncée dans la partie arrière de l'automobile où jouaient les petites filles ; et pourtant celles-ci n'avaient pas une seule égratignure. Un mur invisible semblait les avoir protégées. Compte tenu de la position des roues de la familiale, la force de l'impact aurait dû précipiter celle-ci sur l'autre voie. Mais l'inverse s'était produit. Ma voiture s'était accrochée à la leur et l'avait empêchée de heurter les voitures qui approchaient en sens contraire. Un phénomène incompréhensible.

Après avoir raccroché le récepteur, je sentis fortement la présence de mon grand-père, un homme que j'adorais et qui était décédé environ un an auparavant. Et je me dis que l'homme avec qui je venais de converser devait avoir une sensibilité et une sagesse semblables à celles de mon grand-père.

Ce soir-là, je ne sais pourquoi mais j'eus une envie irrésistible d'aller visiter ma grande tante, la sœur de mon grand-père. J'avais décidé de ne pas lui parler de l'accident afin de ne pas l'inquiéter inutilement.

Au cours de la conversation elle me dit : «J'ai rêvé à ton grand-père».

«Quand?», dis-je précipitamment.

«Avant-hier», répondit-elle.

Comme s'il s'agissait d'une véritable expérience, elle décrivit son rêve d'une façon très précise : «Ton grand-père est venu me visiter. Je débordais de joie et je voulais converser avec lui comme nous le faisions autrefois. Il m'a dit qu'il ne pouvait rester longtemps parce qu'il devait absolument se rendre avant la nuit près d'une ferme. Puis il est parti. »

Ma grande tante s'était sentie triste car dans ce rêve, grand-père n'avait pas pris le temps de bavarder avec elle. Les larmes me montèrent aux yeux et je dis lentement : «Je crois qu'il fallait qu'il vienne me sauver et sauver deux belles petites filles qui ont toute la vie devant elles à présent. »

HELEN TAUPE

DIEU ÊTES-VOUS LÀ ?

Mon Dieu, s'il vous plaît aidez-moi ; c'est ainsi que je priais à chaque matin. Et le soir : *Dieu ? Où êtes-vous ?* Mon cœur souffrait constamment et j'avais perdu la maîtrise de ma vie. Ma vie amoureuse s'étiolait, je détestais mon emploi, et je détestais les cours auxquels je m'étais inscrite. Le désespoir m'envahissait. Pour la première fois de mon existence, j'avais l'impression que tout s'effondrait autour de moi et que je perdais pied. Puis, dans un de mes rares moments de lucidité, je compris que ce n'était pas une bonne idée de rester seule. Je téléphonai à un ami qui me dit de venir immédiatement chez lui.

En pleurant, je racontai à Andy tout ce qui allait de travers dans ma vie. Au milieu du récit de mes malheurs, il sourit et dit : «Chérie, je sais que tu traverses une période difficile, mais ça va passer. Tout ira bien. »

«Non, ça ne va pas s'arranger », protestai-je.

«Mais oui, je te l'assure. Regarde-moi. J'ai traversé l'enfer». Huit ans plus tôt, Andy avait été impliqué dans un terrible accident qui l'avait laissé paralysé de la taille aux pieds. Mais, au lieu d'être inspirée par son courage, je me sentis coupable de me plaindre devant lui. Il fallait que je parte.

J'ai couru jusqu'à ma voiture, j'ai allumé une cigarette et là, j'ai senti une vague de peine me submerger. Puis j'ai paniqué et mes pensées se sont embrouillées. Des images, sans suite logique se présentèrent… puis une scène du film *Oh God, You Devil* me revint à l'esprit. Le personnage principal avait vendu son âme au diable pour devenir une vedette rock. Plus tard, il avait compris son erreur et il avait demandé à Dieu de le ramener vers Lui. Se sentant abandonné parce qu'il n'avait pas reçu de réponse, le chanteur avait demandé à Dieu de lui faire signe. Il voulait voir un arc-en-ciel, des éclairs, entendre un coup de tonnerre... n'importe quoi. Puis il était sorti de chez lui. Pas de réponse. Découragé, se sentant abandonné à nouveau, il était rentré chez lui et avait fermé la porte. À ce moment on entendait un roulement de tonnerre, des éclairs déchiraient la voûte céleste puis un arc-en-ciel apparaissait ; mais le héros n'y était pas, il avait manqué tout cela.

Un arc-en-ciel pour moi ? Pourquoi pas ? songeai-je. Je fermai les yeux et demandai dans ma prière un arc-en-ciel. Puis j'ouvris les yeux et regardai le ciel. Il n'y avait que la lune. Je retournai chez moi et me mis au lit ; j'espérais que le soleil ne se lève plus jamais.

Mais le matin arriva quand même, et je me traînai de force jusqu'à ma voiture pour aller travailler. Avant de partir, je jetai un coup d'œil derrière moi et j'aperçus un brillant arc-en-ciel au-dessus de la maison. Mon cœur fit un bond dans ma poitrine, et je me mis à sangloter : j'étais sauvée, j'étais aimée et protégée.

Au même moment, ma mère arriva. En sortant de la voiture, elle dit : « Melanie, qu'est-ce qui se passe ? »

« Maman, tu sais quoi ? Dieu a fait surgir un arc-en-ciel juste pour moi ! »

Elle plissa le front et me suggéra de prendre un petit déjeuner avant d'aller travailler.

Encore aujourd'hui, j'ai des frissons dans le dos en songeant à certains amis qui avaient commenté l'incident : un arc-en-ciel ce jour-là, c'était était bien étrange... car il ne pleuvait pas.

MELANIE ALLEN

UNE PRIÈRE

À chaque fois que j'apercevais la description d'un enfant disparu sur un panneau publicitaire ou un carton de lait, j'éprouvais beaucoup de compassion pour les malheureux parents de cet enfant. Après la naissance de mon petit garçon, cette éventualité devint une source d'inquiétude pour moi aussi ; et le fait que mon ex-mari soit de nationalité étrangère ne simplifiait pas les choses et contribuait plutôt à amplifier mes craintes.

Nous nous étions rencontrés à la fin des années soixante-dix alors que j'enseignais dans une petite ville du Mexique. Peu de temps après mon retour aux États-Unis il était venu me rejoindre et nous nous étions mariés. Après trois années de mariage, j'avais dû me rendre à l'évidence : nous n'étions pas faits l'un pour l'autre. Ses lubies et ses gestes irrationnels m'amenaient à me demander quotidiennement ce qui allait encore se produire. Épuisée émotionnellement, je demandai le divorce ; peu de temps après, je découvris que j'étais enceinte. Je me préparai à l'accouchement tout en continuant les démarches de divorce ; puis je mis au monde un beau petit garçon auquel je tenais beaucoup. Avant la naissance, aucune précision ne fut donnée au sujet de la garde de l'enfant mais plus tard, la cour décida de m'accorder la garde légale puisque l'enfant n'avait jamais vécu avec son père ; en revanche, ce dernier obtenait le droit de visite. Il ne savait pas comment prendre soin d'un nouveau-né ; j'avais besoin de temps pour développer un sentiment de confiance envers lui ; c'est pourquoi, j'étais toujours présente lorsqu'il venait visiter le petit. Tout alla bien durant un certain temps.

L'année suivante, je rencontrai l'homme qui allait devenir mon mari. Nous étions mariés lorsque Dan eut deux ans et demi. Il avait appris à s'exprimer clairement aussi je laissais maintenant son père l'emmener quelques heures à chaque fois.

Quand Dan eut cinq ans, son père se remaria. Je fis la connaissance de sa nouvelle femme, ce qui me rassura ; je pouvais laisser Dan se rendre chez eux en toute confiance. L'été de ses neuf ans, le père de Dan prépara avec sa femme un voyage en voiture au Mexique : ils voulaient visiter sa famille. Et ils voulaient que Dan les accompagne. Ma vieille crainte de voir mon enfant disparaître refit surface et me paralysa ; je ne pouvais imaginer mon fils parcourir trois mille kilomètres et traverser la frontière américaine en compagnie de son père — qui n'avait pas la garde légale de l'enfant. D'un autre côté, je voyais l'intérêt pour Dan de rencontrer sa grand-mère, ses tantes, ses oncles et ses cousins mexicains. La découverte des paysages, des odeurs, des sons et des coutumes propres à un autre pays serait très enrichissante pour lui — tout comme elle l'avait été pour moi douze ans auparavant.

Douze ans ! C'était si loin. Est-ce que j'avais encore des amis là-bas ? La plupart des gens que je connaissais étaient revenus aux États-Unis et j'avais perdu contact avec ceux qui étaient restés là-bas. Les membres de mon ex-belle-famille ne m'appuieraient pas si le père de Dan décidait de s'établir au Mexique.

Des pensées angoissantes défilaient à tout allure dans mon cerveau. La double citoyenneté accordée à un enfant âgé de moins de dix-huit ans telle qu'établie par la loi mexicaine... l'injustice sociale... l'injustice légale... les pots-de-vin, les personnes influentes pour obtenir ce qu'on voulait. J'imaginais des scénarios dignes d'une enquête du FBI.

En revenant les deux pieds sur terre... je devais admettre qu'au cours des neuf dernières années, le père de Dan n'avait

donné aucun signe indiquant qu'il pourrait effectuer un enlève-
ment. Mais j'étais quand même inquiète.

À toute heure du jour, je jonglais avec ces idées afin de décider
si je devais oui ou non permettre à mon fils de participer à cette
aventure. Toutes ces réflexions perturbaient aussi mon sommeil.
Un jour, je décidai de reprendre le processus depuis le début et
je me mis à prier. Avec sincérité et en pleurant, je demandai à
Dieu de m'éclairer pour que je puisse prendre la bonne décision.
S'il vous plaît, faites-moi signe, suppliai-je. *S'il vous plaît, aidez-moi
à voir clairement ce que je dois faire. Je suis vraiment coincée.*

La semaine suivante, une étudiante israélienne qui participait à un programme d'échange vint rester chez nous. Notre
centre d'activités sociales et récréatives local était impliqué dans
l'organisation de ce programme consultatif international auquel
elle participait. Nous étions contents qu'elle habite chez nous
et qu'elle nous raconte des histoires de son pays.

Au milieu de la semaine, un grand pique-nique regroupant
toutes les familles hôtes et les étudiants eut lieu. Tout en surveillant du coin de l'œil nos quatre jeunes garçons, mon mari
et moi avions beaucoup de plaisir à converser avec ces jeunes
gens provenant de près d'une centaine de pays différents. Durant
toute la veillée, nous avons reçu des cartes postales et de menus
objets provenant de tous les continents. Puis le soleil s'est couché;
nous avons ramassé nos effets et nous nous apprêtions à revenir
vers la voiture lorsque j'aperçus sur une étiquette d'identification que portait une jeune femme, son nom et son pays d'origine : le Mexique. Je lui demandai de quel endroit elle venait
exactement.

« De Puebla », répondit-elle.

« Oh ! j'ai déjà enseigné à Puebla ».

« Je suis aussi enseignante ».

« Où enseignez-vous ? »

« À l'école américaine », me dit-elle.

« Oh, c'est incroyable ! C'est là que j'enseignais ! À quel niveau enseignez-vous ? »

« En deuxième année. »

« Moi aussi. Dans quelle salle de classe ? »

J'avais enseigné dans la même classe. Nous avons bavardé quelques instants et nous avons pu établir qu'elle était arrivée peu de temps après mon départ. Je mentionnai plusieurs noms de professeurs que j'avais connus afin de savoir si certains d'entre eux enseignaient toujours là-bas. Il y en avait plusieurs. Toute ma famille m'attendait maintenant à la voiture. Je lui demandai d'inscrire rapidement son nom et son numéro de téléphone sur une serviette en papier. Pendant qu'elle écrivait, je m'émerveillais… à trois mille kilomètres de là… parmi des étudiants de tous les pays, j'avais découvert cette personne en jetant un dernier regard à la foule.

Puis, le cœur battant, je me rendis à la voiture et m'empressai de raconter toute l'histoire à mon mari. À la fin de mon récit, je réfléchis. Je me sentais calme et… je songeai : *Le signe*. J'avais prié pour obtenir un signe. *Était-ce le signe que j'attendais, mon Dieu ?*

Laisse-le aller. Il sera en sécurité. Cette assurance venait du fond de mon cœur. *Ces professeurs ont été bons pour toi, et ils pourront aider ton fils si nécessaire.* Voilà le message réconfortant que j'entendais.

Abasourdie, avec un respect mêlé de crainte, je restai immobile un instant et les larmes me montèrent aux yeux. Je tournai la tête vers mon mari. Nos regards se croisèrent. Ses yeux semblaient dire : laisse-le aller.

Au cours de la semaine suivante, pendant que les étudiants étaient encore en ville, j'essayai de joindre la jeune enseignante, en vain.

Quelques semaines plus tard, Dan partit en voyage. Il me téléphona plusieurs fois pendant qu'il était chez sa grand-mère. Il passa une dizaine de jours extraordinaires et découvrit une autre culture ; il établit des liens avec des gens qui partageraient toujours son héritage.

Merci mon Dieu, pour avoir envoyé des anges qui les ont protégés durant leur voyage et pour celui que vous m'avez envoyé pour me dire que tout irait bien.

TERRI McLEAN

*«Lorsque j'ai peur, s'il vous plaît, aidez-moi
à me souvenir que la grâce divine m'enveloppe.»*

JULIE LAFOND

SAUTER AVEC CONFIANCE

U n matin pluvieux, j'entrepris ma marche quotidienne de trois kilomètres avec Kramer, mon labrador noir de quarante-trois kilos. Ce n'est pas le chien le plus brillant ou le plus actif qui soit, mais il est extrêmement obstiné et c'est pourquoi il porte un collier qui l'empêche de tirer sur la laisse que j'ai attachée à ma ceinture — et qui permet à mon bras de demeurer dans son articulation.

Ce jour-là, nous traversions une allée conduisant à une église et j'étais en train de lire le message de la semaine inscrit sur un panneau à l'extérieur. Soudain, je vis une voiture qui sortait d'une rue transversale et qui en tournant allait se trouver exactement dans le chemin d'une voiture qui roulait à ma hauteur. Pendant que la scène se déroulait au ralenti devant mes yeux, mon cerveau analysait rapidement ce qui se passait et me permettait d'anticiper la suite : *Oh non, il va y avoir un accident — la chaussée est glissante, ils vont glisser — et ils vont me frapper!*

En moins de temps qu'il ne faut pour le dire, Kramer et moi avons été soulevés et déposés à trois mètres de l'allée. Je me suis retrouvée debout, exactement dans la même position que j'occupais avant qu'on me fasse «monter». Je ne peux expliquer ce qui s'est passé — j'ai quarante-six ans et je sais que je n'aurais pu réaliser ce saut en longueur sans aide. Un coup d'œil rapide à Kramer m'a permis de constater qu'il avait atterri exactement dans la même position, lui aussi.

Les deux voitures se sont frôlées puis elles ont continué leur route chacune de leur côté. Kramer et moi avons terminé notre promenade. Abasourdie, avec un respect mêlé de crainte, j'ai remercié nos anges gardiens pour leur intervention.

ANN MCCOY

LE GRAND NETTOYAGE
À L'EAU PERRIER

*D*urant les années quatre-vingt — une époque placée sous le signe de l'avidité — je collectionnais les gens comme d'autres collectionnent les objets anciens ou les œuvres d'art. J'étais si avide de possessions que j'avais dressé une liste de noms et de coordonnés de plus de mille personnes ; j'avais mis sur pied une agence de relations publiques sur la 57e Rue à New York ; et j'avais mis de côté mes aspirations d'artiste, de photographe et d'écrivaine.

Mes journées étaient remplies de conversations téléphoniques superficielles ; je passais un temps précieux à décrire en détail des faits insignifiants et à écouter les autres me raconter leurs malheurs — à me sentir obligée de les écouter. Comme la plupart des femmes, j'ai appris à être à l'écoute, à être toujours disponible. Mais, lorsque nous ressassons nos souvenirs, nous ne vivons pas dans le présent, nous n'en avons pas le temps.

Je devais revoir toutes mes priorités ! Je voulais m'entourer de gens avec qui je pouvais avoir des relations authentiques. Je voulais accorder à certaines personnes une place différente dans ma vie et couper les liens complètement avec d'autres personnes. Mais ce réajustement me paraissait bien difficile à réaliser, c'est le moins que je puisse dire.

Un jour, assise à mon bureau, je sirotais un verre d'eau Perrier tout en observant par la fenêtre les gens qui déambulaient plus bas, sur Broadway. Puis, découragée à la vue de la tour de papiers qui s'inclinait vers moi, je renversai par inadvertance la bouteille d'eau minérale grand format, encore à moitié pleine.

Horrifiée, je vis l'eau pétillante engloutir mon carnet d'adresses et mon fichier ; des centaines de noms, d'adresses et de numéros de téléphone se transformèrent instantanément en gribouillis indéchiffrables.

Je courus chercher des serviettes en papier mais il était trop tard. La plupart des noms avaient été inscrits avec un stylo dont l'encre était soluble dans l'eau. Il n'en restait que quelques-uns, inscrits à l'aide d'un marqueur à encre indélébile.

En proie à la panique, je contemplais le désastre, me demandant comment je pourrais retrouver tous ces renseignements. Une tâche fastidieuse et difficile, et qui allait exiger beaucoup de temps ! Un mal de tête m'obligea à m'arrêter ; je restais là, la tête entre les mains, lorsque l'éclair de compréhension proverbial traversa mon esprit.

Je n'avais peut-être pas besoin de tout refaire après tout. Ce lavage à l'eau Perrier était peut-être une bénédiction qui allait me permettre d'éliminer certains éléments de ma vie. En examinant de près les pages de mon bottin et mes fiches, je découvris avec étonnement que les coordonnés qui restaient correspondaient aux gens avec qui j'avais développé une relation significative.

Ce moment de grâce fut à l'origine de profonds changements dans ma façon de penser ; j'établis d'autres critères pour choisir les gens avec qui je voulais être en liens et j'accordai une plus grande valeur à ces relations qui purent ainsi s'approfondir et s'enrichir.

Je fermai mon agence et repris avec bonheur mon travail artistique, tout en conservant un lien privilégié et une joyeuse communication avec l'Esprit qui avait provoqué cet étonnant et miraculeux nettoyage !

JILL LYNNE

II
HISTOIRES DE CŒUR

« Tout ce qui compte vraiment prend sa source dans le cœur. »
ELLEN GLASGOW

DES JALONS

*T*els d'immenses panneaux de signalisation jalonnant le chemin de ma vie, certains anniversaires se démarquent des autres dans mon esprit.

Les années s'accumulaient, le temps s'accélérait, et bientôt je vis avec inquiétude la trentaine se profiler à l'horizon. Je finis par comprendre que je ne serais pas l'une de ces jolies petites dames dont les cheveux ont des reflets bleutés et qui vieillissent avec grâce — j'allais m'éteindre en donnant des coups de pied et en hurlant. Je supportais tant bien que mal les plaisanteries habituelles sur le vieillissement ; les dates redoutées arrivaient inévitablement puis disparaissaient tranquillement. Après avoir franchi le cap de la trentaine, j'éprouvai un véritable soulagement : intérieurement, je me sentais toujours jeune et j'avais l'impression d'avoir dix-huit ans ; cette pensée me fut d'une grande consolation.

Durant les années suivantes, je n'accordai plus beaucoup d'importance aux anniversaires jusqu'à ce que j'atteigne l'âge de trente-cinq ans. Et là, ce fut comme si j'avais reçu un coup de poing en pleine figure. *Oh mon Dieu ! je glisse vers la quarantaine beaucoup trop vite !* Le matin, je vérifiais avec anxiété si de nouvelles rides avaient fait leur apparition autour de mes yeux ou sur mon front et je comptais mes cheveux gris. Le rituel des soins de beauté du soir passa de quinze minutes à une heure — avec une prière silencieuse à la déesse de la jeunesse pour faire bonne mesure. Disons simplement que j'avais *grandi* de plus d'une façon, et que certaines parties de mon corps ne pointaient plus dans la même direction qu'avant. Des fils d'argent commencèrent à apparaître parmi les fils d'or de ma chevelure et le coût d'un traitement chez l'esthéticienne fit plus que doubler. Tous les étirements de la peau et les rasages, les épilations et les pressions, les toniques et les jérémiades furent inutiles. Le temps, sans parler de la gravité, faisait son œuvre. Une chose me paraissait tout à fait injuste : Joe, mon mari, vieillissait comme un bon vin rouge, il se bonifiait avec le temps. Je ne ressemblais plus du tout à la jeune fille de dix-huit ans qu'il avait épousée mais il me rassurait constamment, me disant qu'il m'aimait encore plus qu'avant et qu'il me trouvait très belle ; mais le miroir, lui, me racontait une tout autre histoire.

Quelques mois avant mon quarantième anniversaire, j'avertis tous mes amis et les membres de ma famille : je ne voulais pas de petite fête surprise. Si j'étais maintenant une personne d'un certain âge, je ne tenais vraiment pas à ce qu'on le reconnaisse publiquement. Je n'avais aucune envie de recevoir «en blague» les cadeaux classiques de Géritol, de Dentu-crème et de Préparation H. Cette menace éliminée, j'eus tout le loisir de pleurer ma jeunesse envolée et de me tracasser en songeant avec angoisse au chiffre 40. Très déprimée le matin du jour fatidique, je décidai de cacher mes émotions derrière un sourire et je réussis à passer à travers cette pénible journée. Mon mari, toujours aussi charmant et attentionné, prépara un dîner de fête intime. Nos deux adolescents se joignirent à nous et firent preuve de tact et de délicatesse après avoir reconnu les nuages annonciateurs d'orage qui s'étaient accumulés au-dessus de nos têtes. Pas de plaisanteries. Pas de cadeaux «pour rire». Je me demandais s'ils arriveraient à allumer les quarante chandelles de mon gâteau de fête avant que le crémage ne fonde ; mais j'eus l'agréable surprise de recevoir un petit gâteau qui ne portait que trois chandelles roses : une pour hier, une pour aujourd'hui et une pour demain…

Après le repas, les enfants partirent chacun de leur côté. La température était exceptionnellement douce en ce début de printemps et Joe me proposa de faire une promenade en voiture. Il se dirigea vers le parc où il stationna la voiture tout près de l'étang des canards. Le soleil descendait lentement derrière les immenses pins. Nous nous tenions par la main et nous observions la fin du jour en silence. Puis Joe se pencha vers moi et me donna un doux baiser sur la joue en me disant, comme il le faisait chaque soir, qu'il m'aimait beaucoup. Puis il retourna à la voiture et prit sur le siège arrière, une petite glacière en polystyrène de laquelle il sortit une bouteille de champagne bien fraîche et deux coupes en cristal. Le bouchon sauta, traversa la fenêtre de la voiture demeurée ouverte et vint amerrir bruyamment dans l'étang, à la grande surprise des colorés canards malards — et pour notre plus grand plaisir. Puis mon mari remplit nos verres, trinqua avec moi et me souhaita un bon anniversaire. Les bulles me chatouillèrent le nez et les larmes me montèrent aux yeux. Puis, main dans la main, nous avons fait le tour de l'étang en sirotant notre champagne. Le soir tombait, les canards se turent puis ils s'installèrent dans les hautes herbes près de la berge. De retour à la voiture, Joe déverrouilla le coffre arrière et la lumière jaillit automatiquement à l'intérieur. Une intense et très agréable odeur se répandit dans l'air chaud et paisible. Tout le coffre était rempli de fleurs coupées : il y avait *quarante* roses rouges ! Les bulles de champagne me chatouillaient encore le nez lorsque j'entourai de mes bras la taille de Joe et pressai mon visage contre son épaule ; il me prit dans ses bras et me serra, exactement comme il le faisait quand j'avais dix-huit ans.

MARGARET J. (MIMI) POPP

DIRE NON

C'est finalement arrivé — comme je n'avais pas fait usage du mot «Non» depuis longtemps, ce dernier a «rouillé». Mon «Non» s'est fait piteux, anémique et s'est transformé en gémissement. Je l'avais glissé sous le tapis et l'avais laissé là car je voulais toujours être gentille, toujours conciliante. Non pas qu'il se soit complètement ratatiné, mais il manquait de conviction. Mon «Non» était hésitant : *« Et bien, je ne suis pas vraiment d'accord, mais tout est relatif n'est-ce pas? »* Ou encore : *« Demandez à d'autres personnes ce qu'elles en pensent. »*

Généralement, à moins qu'un événement épouvantable ne se produise dans votre vie, vous ne perdez pas la capacité de dire «Non» en une seule nuit. C'est un long processus au cours duquel vous acceptez de plus en plus souvent de faire des compromis jusqu'à ce qu'un matin vous constatiez ceci : vous avez perdu votre «Non». Et le pire dans tout ça c'est qu'ayant perdu votre capacité de dire «Non» — haut et fort — vous avez également perdu la capacité de dire «Oui», un vrai *«Oui»* du fond du cœur, un «Oui» enthousiaste!

Il y a quelques années, j'ai remarqué que mon «Non» essayait d'effectuer un retour. De manière furtive, dans des circonstances anodines, surgissait un bouquet de petits «non» sans conséquence, comme des bouffées de vapeur sortant d'une cocotte-minute. Ne vous méprenez pas; j'avais été capable d'expliquer à des employeurs potentiels ce que j'accepterais de faire et de ne pas faire dans le cadre de mon travail ; je m'étais engagée dans plusieurs discussions bruyantes et passionnées avec mon mari ; j'avais congédié des peintres en bâtiment et ils avaient quitté notre propriété en courant ; mais j'avais posé tous ces gestes sans comprendre vraiment le cheminement que j'étais en train de faire pour récupérer mon « Non ».

Ce « Non » a pu prendre un nouveau départ grâce à Rufus et Sassy, mes deux bergers shetlands. Sassy est une chienne d'une grande beauté, une charmeuse. Rufus ressemble à un petit chia [NdT : petit animal de céramique vendu avec des semences et qui se couvre de pousses vertes en l'espace de 2 semaines] ou à un hérisson qui aurait pris un élixir pour faire pousser les cheveux. Alors qu'il était encore un petit chiot, sa toison s'est mise à gonfler et n'a jamais cessé depuis.

Rufus est un chien très sociable. Au cours de nos promenades, il s'arrête pour communiquer avec chaque personne qu'il rencontre. Si les gens semblent pressés, il les regarde d'un air sérieux jusqu'à ce qu'ils cèdent et lui grattent le dessus de la tête.

Je l'admets, Rufus est mon préféré. Et lorsqu'un jour, deux bergers allemands ont voulu l'attaquer — j'ai réagi comme une ourse cherchant à protéger son petit.

Nous avons tous été surpris. Nous suivions notre parcours habituel. Sassy au bout de sa laisse courrait devant et Rufus marchait à mes côtés, quand tout à coup, deux énormes bergers allemands sortirent en trombe d'une maison, le dos arqué, les crocs sortis, et traversèrent la rue pour attaquer Rufus.

Dans les films d'action, j'aime beaucoup ces scènes filmées au ralenti où tout devient plus intense. Le temps semble alors s'arrêter, et nous *voyons* ce qui déclenche les impulsions. Ce jour-là, j'ai vu la lueur dans les yeux de ces chiens. En un éclair, j'ai *compris* que leur maître n'avait aucune autorité sur eux. Et Rufus me paraissait bien petit. Arrêter ces deux chiens n'allait pas être facile, je m'en doutais bien. Mais, aussi soudainement que les chiens étaient sortis de la maison, mon *Non* a surgi des profondeurs de mon être — et c'était quelque chose à voir! Comme le rugissement d'un lion, un énorme «Non» est sorti de ma gorge. *Non, vous ne m'approcherez pas. Non! Vous ne ferez pas de mal à mon chien. Non! Reculez! Non! Ou alors je vous tordrez le cou. Nooooon! Et encore Noooon!* Comme une folle, je me suis précipitée vers ces chiens en hurlant et en rugissant. *Non!* Un *Non!* qui grimpa le long de mon épine dorsale en provoquant des picotements et prit de l'expansion comme un ballon qui se gonfle puis se dégonfle. Un Non! capable de faire s'envoler toutes les feuilles et les vieux papiers des terrains avoisinants — Un vrai *Non*-coup-de pied-au-derrière, un *non* qui voulait dire: n'approchez pas sinon gare à vous! Un *Non* qui reléguait aux oubliettes tous les *Non* chétifs, et jusqu'au souvenir même de tous ces *non* chétifs.

Alors, les pauvres chiens retraversèrent la rue en gémissant, la tête basse et la queue entre les pattes. *Méchants chiens.* Ils se dirigèrent vers leur maître qui semblait complètement abasourdi. Ce dernier avait tout simplement ouvert la porte de chez lui et se préparait à amener ses chiens en promenade; et soudain, il se retrouvait sur le seuil, en train de hurler sous l'effet de l'adrénaline:

«Attache ton maudit chien! S'il était en laisse, ça ne serait pas arrivé!»

«Et toi, le macho», criai-je à mon tour, «ce n'est pas *mon* chien qui a traversé la rue. Ce sont *tes* chiens qui ont attaqué le mien!»

Un silence. Les chiens et les maîtres respiraient avec force. Personne ne bougeait. Le cœur me débattait dans la poitrine. Je mis ma main sur la tête de Rufus pour le calmer. Le propriétaire des bergers allemands baissa les yeux et se mordit les lèvres.

«D'accord, dit-il. D'accord. Oh bon sang, je déteste ça quand des choses pareilles arrivent.»

Et tout à coup, j'ai éprouvé de la compassion pour lui. «Écoutez, je regrette d'avoir crié de façon aussi agressive. Je ne savais pas du tout ce que vos chiens allaient faire. Pouvez-vous comprendre ça ? »

« Ouais. Je suis désolé moi aussi. Ils se sont échappés. Ils… il faut que nous travaillions davantage ensemble. »

« OK. Bon, voulez-vous passer devant nous maintenant ? »

« Non… non. J'ai certaine choses à régler avec eux maintenant. Allez-y. »

Il m'a fallu beaucoup de temps pour me calmer — presque quarante-cinq minutes, soit jusqu'à la fin de notre promenade habituelle. Rufus et Sassy me regardaient constamment. Ils semblaient contents que nous formions équipe. J'étais leur maman, le chef de la meute qui pouvait dire un Non retentissant. Je sais que ça peut sembler bizarre, mais je suis convaincue qu'ils étaient fiers de moi.

Moi aussi je suis fière, je suis très heureuse que mon *Non* soit de retour, même si j'ai un peu tendance à m'enfler la tête présentement. Je suis Xena, la princesse guerrière ; je suis Tina se libérant de l'emprise de Ike ; je suis Hepburn pour Tracy, Bacall pour Bogart. Je feuillette le dépliant des activités de sports et loisirs pour m'inscrire à des cours de kick boxing. J'ai peut-être été trop loin avec les bergers allemands — et peut-être pas. Mais parfois, un instant de fureur magnifique — qui ne blesse personne — peut vraiment vous dérouiller les cordes vocales.

SUSIE TROCCOLO

« Le mariage c'est comme faire tournoyer un bâton, effectuer un saut de mains ou manger avec des baguettes ; ça semble tellement facile, avant d'avoir essayé. »

HELEN ROWLAND

LE MARIAGE EST UN CONTRAT SANS GARANTIE

*Q*uand vous êtes prêtes, tout peut arriver, où que vous soyez. Aujourd'hui on a parfois l'impression qu'on ne peut plus rêver. Mais autrefois, durant la deuxième guerre mondiale, On rêvait beaucoup et on croyait fermement à ses rêves. On ne faisait pas de projets — parce que personne n'était certain de vivre assez longtemps pour les réaliser. Ainsi, on tombait en amour parce qu'on croyait que c'était ce qu'il fallait faire. « Un jour, il viendra mon amoureux », et toutes ces idées absurdes — exactement comme au cinéma.

Très naïfs, on ne connaissait rien de la vie et on ne se posait pas beaucoup de questions : on priait pour chasser l'angoisse, on fermait les yeux et on sautait. On en venait même à croire que le mariage était un état paradisiaque. Et la cause de tous les problèmes est peut-être là : dans ces attentes beaucoup trop grandes.

Enfant unique, j'étais douce et gentille ; je n'avais jamais reçu la fessée, j'avais toujours été choyée ; il y avait toujours une oreille attentive pour m'écouter. Mon bel amoureux, lui, avait reçu un excellent entraînement au combat. Neuvième d'une famille de dix enfants — c'est un miracle qu'il n'ait pas reçu un numéro au lieu d'un nom. Mais il savait faire respecter ses droits, croyez-moi. Pour ma part, je n'avais même pas compris que la guerre avait déjà éclaté entre nous.

Depuis plusieurs années maintenant, je vis en restant toujours sur mes gardes, et je peux affirmer ceci : si vous espérez développer une relation sans problèmes sur une longue période de temps, vous feriez mieux d'épouser un cygne.

Dans une relation il y a toujours des affrontements ; vous devez mettre à l'épreuve vos forces, découvrir vos faiblesses, mettre tout ça sur la table et — oui — combattre d'égal à égal. C'est exigeant, déstabilisant, très difficile. Mais sans cela, vous ne ferez qu'un long voyage ennuyeux — et une existence routinière n'a rien de particulièrement excitant.

Donc, une relation valable et durable requiert un certain nombre d'aptitudes particulières. Tous ceux qui ont étudié la question et qui ont une certaine expérience éprouvent encore une grande passion pour leur partenaire. Ces personnes ont appris un des grands secrets de la vie : la gratitude. Elles considèrent les bienfaits ordinaires de la vie comme des choses extraordinaires. Elles apprécient la chance qu'elles ont.

Quand j'étais jeune, j'avais beaucoup d'assurance. Bien sûr j'étais en santé ; bien sûr j'étais heureuse ; bien sûr les gens m'aimaient — pourquoi pas ? J'étais tell... llement aimable. Bon sang, quand j'avais vingt-cinq ans, j'étais si vivante : j'avais à peine besoin de respirer !

Mais, tandis que j'avançais avec peine dans l'existence, j'ai appris certaines choses : j'ai remarqué que ceux qui méritaient d'être aimés ne l'étaient pas toujours ; que ceux qui travaillaient fort pouvaient échouer ; que les personnes vertueuses pouvaient passer inaperçues, et que trop souvent, de bonnes personnes mourraient alors qu'elles étaient encore jeunes. C'est pourquoi, je vous le dis : appréciez les bonnes choses qui se présentent et vous pourrez peut-être trouver la joie.

La vie commune durant une longue période de temps permet de comprendre que tôt ou tard, on finit par se révéler. Chacun est exposé au regard de l'autre. Acquitté ou reconnu coupable. Il faut pardonner. Il faut oublier — et par-dessus tout, il faut savoir être reconnaissant.

À l'âge de quarante-cinq ans, j'ai décidé d'observer attentivement mon partenaire, comme s'il était un étranger que je venais tout juste de rencontrer. Quelle serait mon impression si, à l'occasion de l'une de ces petites fêtes où tous les convives sont à la recherche d'un partenaire, je le rencontrais et qu'il était disponible ?

En faisant abstraction de mes souvenirs et de mes rancunes et en oubliant les points marqués au cours de nos combats, je le considérerais comme un très beau trophée.

Notre relation n'a pas atteint un jour la perfection pour ensuite se détériorer. Pas du tout. Ce n'est pas comme ça. Quant à moi et mon partenaire aguerri, nous nous sommes battus à armes égales.

En entrant dans la cuisine vers six heures du matin, récemment, j'ai découvert une note posée sur un morceau de pain carbonisé : « Aujourd'hui, c'est notre 54e anniversaire de mariage. Comme tu es chanceuse de m'avoir trouvé ! Je suis la plus belle découverte de ta vie. Avec affection, etc. » C'était écrit sur une serviette en papier.

Mon partenaire m'écrit rarement de charmantes missives, ce n'est pas son genre. Il ne m'achète pas de roses rouges non plus. C'est pourquoi le lendemain je fus très étonnée de trouver un autre message : « C'est le premier jour de notre 55e année ensemble. J'espère que nous pourrons être ensemble durant 54 autres années. Mais je dois dire que cette perspective me fait me sentir vieux. Avec amour, etc. »

De tels petits mots ne signifieraient pas grand chose pour une femme convaincue que ses rêves vont se réaliser, je l'admets. Mais s'ils manquent de sucre poétique, ces messages possèdent en revanche une bonne dose de sauce Tabasco bien piquante. Et j'aime le ton employé durant les combats : reflet de nos années de luttes incessantes, il témoigne de la ruse et de la vivacité de nos esprits.

Nous ne sommes pas arrivés à vivre autant d'années ensemble en suivant une méthode et nous ferions piètre figure dans une publicité de «diamants-qui-durent-toujours». Mais, tout en luttant sans cesse l'un contre l'autre, nous y sommes tout de même arrivés.

PHYLLIS MILETICH

ROMANS D'AMOUR ET RÉALITÉ

Q uand j'ai pris la décision d'écrire, une amie m'a conseillé de lire, de lire, et de lire encore pour amorcer le processus. Puis elle m'a remis un sac rempli de livres — principalement des romans d'amour ; et, sans trop m'en apercevoir, j'ai pris l'habitude de me blottir dans un fauteuil et de m'absorber complètement dans ma lecture.

J'ai compris rapidement que la lecture de douzaine de romans d'amour n'allait pas nécessairement m'aider à écrire, mais après avoir lu quelques passages érotiques, qu'est-ce que ça peut faire, hein ?

Comme bien d'autres personnes, je crois que les romans d'amour sont vraiment des chewing gums pour le cerveau. À mon avis, toutes ces histoires sont bâties sur le même modèle et ne constituent qu'une littérature d'évasion. Les protagonistes sont stéréotypés. Les héros sont toujours très musclés, ils ont une forte mâchoire et ils sont naturellement protecteurs ; les héroïnes à la généreuse poitrine et à la taille mince ont de longs cheveux luisants et une peau satinée ; un feu intérieur — qui n'attend qu'une occasion pour se manifester — finit inévitablement par les consumer. Un feu qui bien sûr sera allumé par le héros protecteur à la constitution athlétique. Exactement comme Kirby, mon mari et moi, pensai-je en pouffant de rire, tout en m'installant pour lire tout l'après-midi.

La peau encore humide de sommeil, Blaze repoussa vers l'arrière la masse de ses boucles blondes et soyeuses et ses yeux d'une étonnante couleur émeraude fixèrent longuement les yeux sombres de Colt. Elle leva fièrement le menton, mais ses lèvres charnues tremblèrent légèrement ; Colt en fut très ému. Elle l'avait ému comme aucune femme ne l'avait fait auparavant. Colt, qui habituellement se faisait un point d'honneur de maîtriser ses émotions oublia tous ses principes et l'attira brusquement vers lui. Il sentit sa douce et généreuse poitrine sur ses muscles endurcis. Il inclina la tête pour l'embrasser.

Blaze sentit ses genoux faiblir lorsque sa langue si douce rencontra la sienne. Jamais auparavant elle n'avait éprouvé une telle sensation. Elle avait l'impression que tout son être fondait dans la chaleur intense de ses bras. Puis elle sentit la chaleur de sa main sur sa poitrine...

J'entendis Kirby entrer par la porte arrière, dans la cuisine.

« Hé, Lilian ! Où sont mes vieilles bottes ? J'ai ouvert la fosse sceptique et je ne veux pas mettre mes bottes neuves pour travailler là-dedans. *Man,* cette fosse est pleine ! Quelle puanteur ! »

Ne voulant pas quitter l'univers des romans d'amour mais obligé d'affronter la réalité, mon esprit eut un sursaut de créativité.

Kirby se tenait dans l'embrasure de la porte, la sueur luisait sur ses cheveux clairsemés.

Les cheveux aplatis sur un seul côté de la tête car elle venait de faire une petite sieste, Lillian leva les yeux et son double menton trembla. Elle fixa de ses étranges yeux bruns les yeux rouges de Kirby sujet aux allergies. Tout en grattant d'une main son ventre bedonnant, celui-ci porta une bière froide à ses lèvres.

Elle lui tendit ses bottes, et tandis qu'il les lui arrachait presque des mains, elle sentit ses genoux faiblir. Une chaleur intense l'enveloppait. Elle avait l'impression que tout son être allait fondre dans une autre bouffée de chaleur...

LILLIAN QUASCHNICK

QUE FAIRE DE CE CORPS ?

Récemment, ma mère déposa une pile de vieux albums photos sur ma table de cuisine. C'était à mon tour, disait-elle, d'être responsable de l'histoire familiale. Nostalgique, je passai la soirée à observer les images grises qui s'estompaient avec le temps. Même si je ne voyais pas toujours clairement les visages, je pouvais très bien discerner la forme des corps. Et pour la première fois, je me suis vue et j'ai vu les membres de ma famille tels que nous sommes et tels que nous serons toujours : une famille de poires. Mesurant à peine un mètre cinquante-deux, les épaules étroites, les hanches bien rondes. En une seule visite rapide dans le passé, j'ai compris ceci : *Il y a des changements qui ne se produiront jamais. Peu importe l'énergie que je consacrerai à prendre soin de mon corps, à le maîtriser et à le cajoler, il ne sera jamais grand et mince.*

J'avais toujours cru que si je surveillais constamment la quantité de calories et de gras que j'absorbais, si je faisais de l'exercice vigoureusement, un jour, je deviendrais grande et svelte. Pendant des années, j'avais siroté des bouillons clairs et grignoté des gâteaux de riz ; j'avais même suivi un régime consistant à prendre de l'eau de Seltz durant toute une journée.

Si j'étais une poire, j'étais bien mûre. Et là, devant mes ancêtres et le monde entier — moi qui a mon mariage avait porté une robe de taille sept, qui portait encore une gaine, véritable vierge de fer, moi dont les dîners étaient composés de jicama, de kiwi et de feuilles de laitue — je fis le bilan de la lutte que j'avais menée durant toute ma vie contre ma tendance à l'embonpoint.

« Je laisse tomber ! », dis-je.

Mon régime se manifesta par des tiraillements : il cherchait à me culpabiliser.

Mon organisme répliqua par d'autres tiraillements — il exprimait son besoin de nourriture.

Puis je passai à l'attaque — style Big Mac. Après avoir goûté à la sauce secrète du chef, je compris que je n'étais plus obligée de m'en tenir aux crudités. J'étais libre. Essuyant mes doigts poisseux sur le fond de mes jeans extensibles, je pensai, *Merci, ma bonne étoile. Je suis libre.*

N'étant plus confinée aux allées froides du supermarché — aux rangées réfrigérées de carottes et de kumquats, de brocolis et de choux-fleurs — je m'envolai vers la zone tempérée. Dorénavant, je pouvais fréquenter la boulangerie avec son merveilleux monde de gâteaux allemands au chocolat et ses légers croissants français. À la rôtisserie, je m'emparais de trois poulets rôtis. À la cafétéria du magasin, j'escaladais des Alpes de pommes de terre en purée baignées dans la brillante lumière du beurre.

Installée près d'un four portatif, une femme au sourire engageant incitait les clients à déguster de petits morceaux de pizza bien chaude. Autrefois, je recherchais les céleris ; maintenant, je craquais pour le mozzarella. Un autre jour, la dame qui s'occupait des dégustations apporta une poêle à frire électrique dans laquelle grésillaient des saucisses épicées à l'anis, au poivre rouge et à la cardamome — ce qui mit un peu de piquant dans ma vie.

À la maison, je m'approchais hardiment de l'étranger glacial qu'était devenu mon réfrigérateur avec le temps. Gonflée à bloc après ma session de magasinage, j'entreposais ma récolte à l'intérieur. Je chantonnais doucement et le réfrigérateur me répondait en ronronnant.

Tout se passait bien jusqu'à ce qu'un matin, encore tout endormie — les vieilles habitudes ont la vie dure — je montai sur le pèse-personne installé dans la salle de bain. J'aimerais pouvoir dire que j'avais perdu du poids, mais vous vous doutez bien quel fut le résultat.

Par contre, le pèse-personne ne disait pas tout, il ne parlait pas de mes autres acquisitions. J'avais trouvé la paix de l'esprit en faisant la paix avec mon corps. Tout comme j'avais été au delà des apparences pour découvrir le cœur et l'esprit merveilleux de ma mère, de ma grand-mère, de mes tantes et de mes cousines que j'affectionnais tout particulièrement, je pouvais maintenant aller au delà de la forme de mon propre corps pour découvrir celle que j'étais vraiment.

Avec le temps, je finis par être très à l'aise en faisant régulière-ment de l'exercice physique et en mangeant sainement — sans jeûner ni m'empiffrer et en navigant autant dans les allées froides que dans les sections plus tempérées du supermarché.

Bien qu'il soit assez élevé, mon poids se maintient à un niveau normal, selon mon médecin. Mon corps n'est ni svelte ni sculptural, mais il est en santé. Je ne suis peut-être pas plus jolie dans mon tricot, mais je me sens mieux, je me sens plus forte.

J'ai redécouvert cette vérité : un corps en santé est un corps heureux. En ayant adopté une nouvelle perspective — bien que je sois un peu plus enveloppée qu'avant — je suis beaucoup plus heureuse. Je perpétue l'histoire familiale. Et un jour, quand je confierai les albums photos à ma fille, celle-ci pourra trouver sa place parmi nous, les poires — des fruits délicieux, les meilleurs qui soient.

CAROL NEWMAN

« Vous espériez tout recevoir de l'amour ? Attendez-vous au contraire à tout donner. »

KATHARINE HEPBURN

NAVIGUER SUR LA MER DE CORTEZ

Un Jour de l'An triste et gris, après quinze ans de mariage, l'homme que je croyais débordé de travail mais toujours follement amoureux de moi me dit : « Je suis très malheureux, rien dans ma vie ne me plaît — pas même toi. » Ce rejet ébranla fortement ma confiance et ma façon de percevoir les choses. Si j'avais pu me tromper à son sujet de façon aussi magistrale, pourquoi croire encore à tout ce que j'avais cru jusqu'à ce jour dans ma vie ?

Chris me força à réexaminer plusieurs éléments de ma personnalité et de notre relation que je prenais pour acquis. Tous les deux, nous sommes passés en « mode de survie ». Nous avons lutté l'un contre l'autre. Nous avons demandé conseil. Nous nous sommes séparés durant un certain temps. Plus il décrivait en détails la nouvelle façon de vivre qu'il avait développée en secret, plus il me parlait de ses jeunes et insouciants amis cyclistes qui n'exigeaient rien de lui, plus je me sentais trahie et rejetée.

Souvent, durant cette année difficile, nos positions nous ont paru irréconciliables et notre mariage voué à l'échec ; malgré cela, nous tenions absolument à vivre avec nos deux enfants et à leur donner une bonne éducation. Cette volonté et le mince espoir de voir renaître une union si puissante autrefois nous donnèrent l'énergie nécessaire pour raviver la flamme et développer une relation plus satisfaisante.

Tout en consacrant beaucoup de temps et d'efforts à ce rapprochement, nous avons fait une découverte intéressante. Nous n'avions pas fait de voyage depuis longtemps et cette activité nous manquait beaucoup à tous les deux. Nous mourrions d'envie de relever de nouveau défis et d'être obligés de nous adapter à un environnement complètement différent. Nous rêvions d'aventure, à notre âge! En recommençant à rêver ensemble, tout doucement, Chris et moi avons commencé à envisager l'avenir de notre famille de façon plus positive.

Et, pourquoi pas un voyage en voiture à Baja? Ce projet nous emballait. Ayant passé une partie de sa jeunesse au Mexique, Chris se débrouillait bien en espagnol. Comme il est botaniste et physiologiste, cette étroite bande de terre où l'on retrouve tant de plantes, d'animaux et de paysages exceptionnels l'intéressait au plus haut point. Ses descriptions de la beauté sauvage des lieux ainsi que la perspective de passer de merveilleuses vacances en famille réussirent à me convaincre.

Partir à l'aventure avec deux enfants représente une entreprise assez compliquée. Tout en ayant envie qu'ils participent à cette expédition, nous étions un peu inquiets : notre très américaine jeune fille de douze ans et son petit frère de sept ans apprécieraient-ils ces vacances de rêve axées sur la botanique? Baja n'est pas Disneyland. L'endroit est magnifique mais rude. Le manque de confort et d'aliments familiers serait-il prétexte à des récriminations sans fin ou source de découvertes fascinantes? Il n'y avait qu'une seule façon de le savoir. Partir pour Baja.

À Baja, nous sommes tous redevenus des enfants. Nous nous sommes chauffés au soleil sur des plages désertes ; nous avons nagé et fait de la plongée avec des tubas. Nous avons mangé des poissons frais, des papayes, des avocats, des *queso fresco*, et des tortillas de maïs. Nous avons découvert au cœur d'une oasis un village où l'on pouvait trouver de l'art rupestre ; nous avons exploré les *mercados* locaux, et navigué sur la mer de Cortez dans une petite embarcation pendant que des baleines, une mère et son petit, sautaient ensemble dans les vagues. Chris et moi étions émerveillés de voir à quel point nos enfants avaient le sens de l'aventure. Ils aimaient tous les cours d'eau et tous les petits villages que nous visitions; ils se prenaient d'amitié pour tous les enfants et tous les chiens errants que nous croisions sur notre route.

Après quelques jours de détente et de vie de bohème, je pris conscience d'une chose : la crise de la quarantaine de Chris ne concernait pas que lui. Nous avions bâti cette vie ensemble. Sa rébellion nous avait tous secoués; mais je dois admettre qu'il s'agissait d'un mal nécessaire, pour nous tous. Son insatisfaction m'avait obligée à examiner mon propre comportement, à prendre ma part de responsabilités et à choisir le genre de partenaire avec lequel je voulais vraiment tisser des liens. Les enfants avaient appris que des parents peuvent parfois être en désaccord sur certains sujets et changer certaines choses dans leur vie sans pour autant être obligés de se séparer de façon définitive.

Un soir, vers la fin du voyage, nous avons quitté Bahìa de Los Angeles et nous avons marché sur une route poussiéreuse dans le désert, droit vers le sud, en direction de Los Arcos. Protégés par des guêtres de treillis métalliques — au cas où nous surprendrions un serpent à sonnettes — nous accompagnions une équipe de chercheurs dans leur expédition nocturne afin de trouver et de rapporter des scorpions. Les scorpions sont naturellement fluorescents lorsqu'ils sont exposés à la lumière noire; éclairés par nos lampes de poche, leurs petites formes spectrales étaient faciles à repérer.

Les enfants essayaient d'attraper des scorpions tandis que Chris et moi déambulions bras dessus, bras dessous, sous un ciel constellé d'étoiles. La constellation du Scorpion (mon signe astrologique) s'élevait droit devant nous au-dessus de la route poussiéreuse; elle brillait de tous ses feux et illuminait le désert, exactement comme notre voyage à Baja avait illuminé notre mariage. Le fait d'être ensemble, dans ce lieu, à ce moment précis, était un cadeau de l'Univers, un moment magique. Nous ne savions pas ce qui nous attendait, mais nous n'avions pas besoin de le savoir. Nous n'avions plus qu'à suivre la lumière et continuer à avancer.

GEORGIA C. HARKER

LES SIGNES DE L'AMOUR

J e suis de ces personnes qui ont tendance à voir des signes partout. C'est le dernier pull de la taille et de la couleur qui me conviennent? Je dois l'acheter. Une étrange sensation m'envahit au moment où je m'apprête à commencer quelque chose? Je fais mieux de ne pas aller plus loin. Et les cadeaux? Et bien, tous les cadeaux ont une signification symbolique, n'est-ce pas?

Durant la dernière année de mes études collégiales, ma nouvelle relation amoureuse envahissait tout le champ de ma pensée. Le jour de la Saint-Valentin approchait rapidement et je cherchais le cadeau idéal qui pourrait témoigner de ma profonde affection envers mon petit ami. Malheureusement, j'avais utilisé toutes mes bonnes idées lors de son anniversaire qui avait eu lieu une semaine auparavant. Je cherchais sans répit mais le grand jour, je n'avais rien trouvé sauf une carte sentimentale. Il m'avait déjà remis une épinglette en or représentant un petit ours, accompagnée d'un mot romantique, et je commençais à paniquer.

Cet après-midi-là, je partis à toute vitesse pour aller magasiner. Enfin, j'ai essayé de magasiner. J'ai tout visité — la librairie, les boutiques de cadeaux et de cartes ainsi que le petit centre commercial. Rien. Je revins vaincue, et jetai mon manteau et mon sac d'école sur le plancher de ma chambre d'étudiante. Je me laissai tomber sur mon futon en faisant la moue. Presque aussitôt, on frappa à la porte.

« Surprise ! » Mon petit ami était là, un large sourire éclairait son visage ; il tenait une douzaine de roses rouges d'une main et une luxuriante plante verte de l'autre. Je restai sans voix.

« Joyeuse Saint-Valentin ! », dit-il.

Je me mis à pleurer tout en le remerciant du fond du cœur. C'était le cadeau le plus romantique qui puisse exister : la beauté passagère pour le présent et quelque chose de durable pour le futur. Je ne sais s'il en était conscient. Je me sentais terriblement coupable et extrêmement heureuse en même temps. Je n'avais pu trouver le cadeau idéal mais j'allais prendre soin de notre amour et de la petite plante, j'étais bien décidée à le faire. En fait, je n'avais pas le pouce vert, c'était bien connu, mais je jurai que cette petite créature allait survivre.

Au cours des mois suivants, je fis de mon mieux pour prendre soin de la plante, pour lui donner de l'eau et de l'amour. Elle était pour moi le symbole de notre union, de notre amour grandissant ! Malheureusement, elle s'étiolait de plus en plus et, manifestement, quelques feuilles étaient en train de mourir. Mais c'était normal, n'est-ce pas ? Le fait qu'elle soit un peu moins pimpante qu'avant ne signifiait rien du tout. J'étais certaine qu'elle allait s'en sortir.

L'année scolaire se termina au début du mois de mai. J'apportai la plante chez les parents de mon petit ami qui habitaient au nord de l'état du Michigan ; je prévoyais y passer quelques semaines avant de me rendre chez mes parents. Nos parents habitaient dans des régions fort éloignées de notre collège et c'était la première fois que je rendais visite à sa famille. Je découvris une brillante tablette argentée où j'installai la plante près de quelques livres. Là. Elle était bien jolie et semblait tout à fait à sa place à cet endroit. Je lui donnai de l'eau puis je l'oubliai plus ou moins durant les deux semaines suivantes. Nous passions de merveilleuses vacances ; on commandait des pizzas, on jouait au Scrabble, on écoutait le hockey à la télé — des activités intérieures surtout car il faisait encore assez froid dans cette région.

J'allais bientôt retrouver mes parents qui habitaient sur la côte ouest ; au moment du départ, je fus submergée par une vague de tristesse ; notre relation arriverait-elle à se maintenir malgré la distance ? L'avenir était incertain. Au moins, j'avais la petite plante pour m'aider à garder confiance. Je m'approchai de l'étagère pour la prendre.

« Aaaarg ! » Mon ami entendit mon hurlement de la pièce voisine et arriva en courant.

« Quoi. Qu'est-ce qui se passe ? »

« Regarde ma plante ! » dis-je en gémissant. Tout en la tenant délicatement, je fixais d'un air lugubre son cadavre brun et sec. Il ne restait plus une seule feuille verte et les quelques feuilles encore accrochées à sa tige ressemblaient à des morceaux de bacon trop cuits. La terre s'était ratatinée tout autour de la tige et formait une masse compacte beaucoup plus petite que le pot.

« Qu'est-il arrivé ? » dis-je en pleurnichant.

Mon ami fit de son mieux pour cacher son amusement et me témoigner de l'empathie. « Tu l'as laissée ici ? » dit-il en indiquant l'endroit où j'avais posé la plante.

« Ouais... », dis-je en reniflant, sans comprendre.

« C'est le radiateur. Tu l'as laissée tout ce temps sur le radiateur. »

« Je l'ai tuée ! », dis-je en gémissant à nouveau. « Je ne savais pas ! » Je serrai bien fort dans mes bras mon ami et la plante morte. « C'est un mauvais présage ! »

« Ce n'est pas un présage », dit-il en riant et en m'attirant vers lui. « C'est un plant mort, c'est tout. »

Tristement, je quittai la maison en emportant le cadavre. En réalité, j'apportai avec moi une branche sèche. La terre cuite ne voyage pas bien. Je revins chez moi en avion et plaçai la branche dans ma boîte à souvenirs tout en priant pour que notre relation ne se termine pas de la même façon.

Ce ne fut pas le cas.

Deux ans plus tard, nous nous sommes mariés — malgré l'épreuve de la séparation, malgré les contraintes liées à sa nouvelle vie dans l'armée, et malgré la mort de la petite plante qui avait été un symbole de notre relation. Aujourd'hui, je suis moins portée à voir des signes partout. Mais plus important encore, peut-être, j'ai renoncé au jardinage.

ALAINA SMITH

CHERCHER LA FONTAINE
DE JOUVENCE

*R*écemment, *au cours d'une séance de photos, le photographe* me suggéra de me pencher vers l'avant et d'étirer le cou de façon à faire disparaître la peau en trop qui pendait sous mon menton. J'ai alors jeté un regard sévère et très attentif au miroir.

Il y a deux choses auxquelles je tenais beaucoup en prenant rendez-vous avec le spécialiste en chirurgie esthétique. Le respect de la confidentialité et la disparition de mon double menton.

À part ce double menton, le vieillissement de mon visage ne m'inquiétait pas trop, compte tenu du fait que j'ai déjà plus d'un demi siècle. Mais rapidement, le médecin me fit comprendre que j'avais vieilli considérablement et que mon visage n'avait plus cette apparence jeune et fraîche qu'il devait avoir autrefois. Sous les brillantes lumières de la salle d'examen, le docteur me tendit un miroir afin que je puisse observer au fur et à mesure tous les défauts qu'il allait m'indiquer. Quand donc ce pli inquiet s'était-il formé entre mes sourcils ? Tiens, tiens, j'avais maintenant un surplus de peau entre les oreilles et les pommettes — et le docteur pouvait saisir ce surplus avec ses doigts. Intéressant. Et mes paupières s'affaissaient.

Je ne suis pas du genre à poser beaucoup de questions avant de prendre une décision et c'est avec beaucoup de spontanéité que j'ai retenu sa suggestion, je devrais dire ses suggestions. Non seulement la peau sous mon menton avait besoin d'être resserrée, mais tout mon visage avait besoin d'un lifting !

Les infirmières étaient très persuasives et encourageantes. Elles avaient toutes été « améliorées ». L'une d'elles en particulier, était très excitée. Elle avait poussé la quête de la beauté un peu plus loin et m'informa qu'il lui fallait à peine deux minutes, à chaque matin, pour être séduisante. Pour accompagner le lifting, un artiste en tatouage avait imprimé de la couleur sur ses joues et dessiné une ligne autour de ses yeux et le long de ses sourcils.

Les idées s'enchaînaient dans mon esprit. Je réfléchissais à ce besoin d'efficacité, dans ce monde de vitesse qui est le nôtre — il faudrait presque dormir tout habillé pour ne pas avoir besoin de se vêtir le matin ; ou ne plus faire son lit puisque de toutes façons vous allez le défaire en rampant jusqu'à lui le soir ; ou ne jamais défaire vos bagages pour être prête à repartir en voyage — je voyais bien que les possibilités étaient infinies.

Je choisis judicieusement la date de mon opération : le cinq janvier. Nos quatre garçons et leurs femmes allaient venir nous rendre visite durant le congé des Fêtes et je ne les reverrais probablement pas avant trois semaines — ce qui me donnait suffisamment de temps pour guérir, ni vu ni connu !

Deux semaines après mon opération, on frappa une première fois à la porte. C'était David, notre fils. Nous avons bavardé une trentaine de minutes à la cuisine sans qu'il ne remarque quoi que ce soit. *L'affaire est dans le sac*, pensai-je.

Mais le lendemain, Rick vint sonner à la porte à l'improviste ; surprise ! il venait déjeuner avec maman. J'ouvris la porte en essayant de contraindre les muscles rigides de mon visage à former un sourire. « Maman, dit-il, où est passé ton sourire ? »

Ce soir-là, Pete téléphona : il devait se rendre à Portland le lendemain. Pouvait-il venir dormir à la maison ? Frustrée que mon plan ait été déjoué, je me dis : *Pourquoi pas ? Le jeu est terminé !* Pete est chercheur en technologie de pointe, et en un clin d'œil il me demanda : « Est-ce que tu t'es fait faire un lifting ? »

Notre quatrième fils est au collège dans un autre état, mais j'étais certaine que son téléphone ne dérougissait pas. Question confidentialité, c'était raté sur toute la ligne !

Durant ma convalescence, je compris rapidement pourquoi les chirurgiens plastiques ne donnent pas trop d'explications — car personne ne voudrait aller de l'avant ! Un certain nombre de femmes m'ont demandé si je recommandais cette opération. Au stade où j'en étais au moment où on me l'a demandé, cela pourrait se comparer à demander à une femme en train d'accoucher si elle projette d'avoir d'autres enfants.

Plusieurs mois plus tard, je dois admettre que c'est vraiment intéressant de me regarder dans le miroir. Je ne sais jamais d'avance ce que je verrai ! Je ne dirais pas exactement que je traverse une crise d'identité mais je suis d'accord avec les infirmières qui affirmaient : « Après l'opération, votre apparence changera à chaque jour durant les six premiers mois. »

Côté positif : pour un bon bout de temps j'aurai un regard vif, aucune ride autour des yeux, des yeux de trente ans, et aucune raison de repasser par le bistouri à nouveau. Mon mari dit que je suis jolie, et mes amies me disent que le lifting m'a rajeunie de vingt ans. Mais, curieusement, il y a une chose à laquelle je ne m'attendais pas : je ne savais pas qu'une partie de moi allait s'ennuyer de ces pattes d'oie autour des yeux qui m'étaient si familières, de cette peau en trop et de ces sillons dans le visage si chèrement acquis et qui ont disparus après ma découverte de la fontaine de Jouvence.

KAY ALLENBAUGH

III
LES GARDIENNES
DE L'ESPRIT

« *Nous ne sommes pas des humains en quête de spiritualité*
mais des entités spirituelles en quête d'humanité. »

JACQUELYN SMALL

SOUVIENS-TOI
QUE TU N'AS QUE DIX ANS !

« J'aurai cinquante ans cette année et Tannis a quarante ans ! » lança Gail, ma belle-sœur, sans la moindre gêne. J'avais envie de rentrer sous terre ! J'avais toujours menti au sujet de mon âge et d'entendre claironner ainsi la vérité m'humiliait au plus haut point. Heureusement le public était restreint : seule Betty, dont je venais tout juste de faire la connaissance par l'entremise de Gail, avait entendu. Et, puisque c'est d'âge dont il est question, je peux dire que Betty est une belle dame de plus de soixante-quinze ans.

Brian, mon mari, et moi venions de passer une semaine inoubliable sur le bateau de Gail et de Bob ; nous avions navigué dans l'océan Pacifique, traversant d'étroits bras de mer le long de la côte du Canada. L'air frais et vivifiant… des montagnes couvertes de glaciers… des forêts denses et sauvages… des aigles à tête blanche qui descendent en piqué pour pêcher… c'était époustouflant !

Un jour, nous avons jeté l'ancre près des îles San Juan dans l'état de Washington, plus précisément à l'île Waldron ; nous allions passer l'après-midi à la résidence d'été de Betty. Accueillante et chaleureuse, Betty se montra aussi très perspicace. Elle nous fit visiter sa charmante demeure puis elle nous guida sur un sentier à travers la forêt. Elle s'arrêtait souvent pour identifier des arbres et des plantes dont elle nous expliquait les caractéristiques. En revenant à la maison, elle prit un livre de recettes et me fit découvrir un passage très intéressant. Elle possédait une expérience et une passion extraordinaires — jamais je n'avais rencontré une personne semblable. Elle me fascinait !

Pendant que nous discutions de livres et d'auteurs, le sujet de l'âge revint sur le tapis. « Vous savez, j'ai de la difficulté à révéler mon âge aux gens, avouai-je. J'ai l'impression que mon âge ne correspond pas à celle que je suis et c'est pourquoi je n'aime pas en parler. »

« Vous avez plusieurs âges, répondit-elle. Vous avez un âge chronologique, un âge biologique, un âge psychologique, émotionnel, spirituel… c'est pourquoi vous devez demander aux gens à quoi ils font référence. »

« Wow ! Je n'avais jamais envisagé les choses sous cet angle. De fait, mon mari m'appelle toujours sa grande fille de dix ans. »

« Dix ? » dit-elle en riant. « Je peux comprendre ça. »

C'est une âme sœur, me dis-je en moi-même. Et je lui confiai : « Quand j'avais dix ans, je n'avais peur de rien, je jouissais pleinement de la vie. C'est ce que ma mère m'a dit. » Elle me fit un clin d'œil et me sourit d'un air entendu.

Juste à ce moment-là, Cathy, sa petite fille (qui, du point de vue chronologique devait se situer à la fin de la vingtaine mais du point de vue émotif ne devait pas dépasser quinze ans ce jour-là) entra en trombe dans la pièce. « Hé, mamie, nous allons nous balancer. Voulez-vous venir ? » dit-elle en s'adressant à nous.

« Vous devriez tous essayer la balançoire », dit Betty d'une voix insistante, avec une pointe d'espièglerie.

Quinze minutes plus tard, Gail, Bob, Brian et moi descendions vers la plage couverte de bois de grève ; puis nous avons grimpé au sommet d'une colline escarpée où se trouvait la balançoire. Je penchai la tête vers l'arrière pour avoir une vue d'ensemble de la plate-forme installée à quatre mètres cinquante au-dessus du sol ; la gorge nouée, je vis une jeune fille se cramponner à une corde attachée à un arbre beaucoup plus haut et s'élancer dans le vide. Le câble devait avoir une longueur d'environ neuf mètres. La jeune fille survola la cime des arbres, puis elle se balança au-dessus de la plage, le dos arqué, en appréciant chaque seconde de son envolée.

Installée sur la plate-forme, Cathy nous jeta un coup d'œil et dit : «Qui veut essayer en premier?»

À mon plus grand étonnement, Brian répondit : «Je vais essayer». Il grimpa rapidement sur la plate-forme, agrippa la corde et sauta en hurlant. Nous avons tous ri. Mais il avait réussi à le faire, bon sang! Mon vieux pote! Ses yeux brillaient et ses cheveux se dressaient sur sa tête. Il semblait galvanisé.

«Wow! Tout un voyage!» hurla-t-il.

Inspirée par mon mari, je voulus essayer. Je ravalai la peur des hauteurs qui m'habitait depuis toujours et grimpai sur la plate-forme. Cathy me rassura et me montra comment m'y prendre. J'agrippai la corde et croisai les jambes au-dessus du large nœud. Je m'apprêtais à m'élancer quand mes genoux commencèrent à trembler sans que je puisse les arrêter. «Je ne crois pas pouvoir y arriver», marmonnai-je.

Cathy tenta de me rassurer. «Ne vous inquiétez pas, chaque muscle de votre corps va automatiquement se cramponner à la corde dans un réflexe de survie. Vous n'avez même pas besoin d'y penser.»

J'essayai à nouveau mais mes genoux s'affaissèrent comme du Jell-O.

Je restai sur la plate-forme une quinzaine de minutes, en essayant de me calmer et de reprendre courage pendant que, chacune à leur tour, les jeunes filles s'élançaient joyeusement dans le vide, tout juste devant moi.

J'essayai une fois de plus mais je me trouvai mal : j'avais la nausée. Je n'y arrivais pas! Je remis la corde à Cathy en la remerciant de sa patience. Juste à ce moment-là, Betty qui était arrivée sur la plage cria : «Avez-vous essayé, Tannis?»

«Non, criai-je à mon tour, mes genoux n'arrêtent pas de trembler». Je ris et essayai de paraître désinvolte.

Elle cria : «Souvenez-vous simplement… vous n'avez que dix ans!»

Sa voix sympathique monta de la plage, apportant avec elle une énergie subtile et pourtant très puissante qui eut un effet immédiat : un déclic se produisit en moi et une transformation s'opéra! Sans hésitation, j'agrippai la corde, je fermai les yeux et sautai!

Un long cri jaillit des profondeurs de mon être tandis que toute une série de peurs anciennes disparurent dans cette gigantesque explosion sonore. Je passai à vive allure au-dessus de la cime des arbres où tout était un peu flou ; chaque seconde sembla durer une éternité. J'avais l'impression que la plage se trouvait à des milliers de kilomètres plus bas — l'assistance aussi d'ailleurs! Le cri se prolongeait et je me cramponnais comme si ma vie en dépendait!

En revenant vers l'arrière, ma peur se changea en euphorie et je me mis à rire très fort! Je continuai à me balancer jusqu'à ce que la balançoire s'arrête d'elle-même. Je sautai sur la plate-forme et me mis à sautiller de plaisir! J'étais entrée en contact avec une partie de moi qui n'avait que dix ans et je me sentais libérée! Rien d'étonnant à ce que je n'aie jamais aimé divulguer mon âge! Est-ce qu'une femme a envie d'exprimer ses craintes à quarante ans quand elle peut avoir le courage de ses dix ans?

TANNIS BENEDICT

JE SUIS UNE FEMME

Je suis une femme
Je suis Femme

Femme du Matin
Le vent dans les voiles
Je participe aux luttes actuelles
Bien intégrée à mon époque
Femme du chant de l'oiseau moqueur
Regardez-moi évoluer au royaume du cœur
Femme du Matin, Femme qui chante
Je suis Femme

Femme médiatrice
Qui veille au grain
Mère moderne, épouse généreuse
Gardienne du foyer
Ménagère accomplie
Voyez comme je suis en forme
Gardienne et conciliatrice
Je suis Femme

Femme lunaire
Sensuelle et chaude
Telle une brise tourbillonnante

Je m'exprime avec volupté
Conteuse, danseuse caracolante
J'invente de merveilleuses nuits
Courtisane, femme lunaire
Je suis Femme

Femme financière
Indispensable dans son milieu de travail
Dont la valeur croît sans cesse
Communicatrice à nulle autre pareille
Je peux réussir, je peux réussir,
Je peux être très compétente
Femme moderne, Femme financière
Je suis Femme

Femme semblable aux autres
Voilà la Femme que je suis
La féminitude est mon royaume
Voyez comme j'ouvre mes ailes,
Comme je les déploie, comme je m'élance
Je m'envole, quelle fête !

Je suis Femme

MARCI MADSEN FULLER

« La foi, c'est douter... et miser quand même jusqu'à son dernier sou. »

MARY JEAN IRION

AVANCER AVEC CONFIANCE

« *D* ans la vie, vous devez parfois sauter sans filet. Ce dernier viendra plus tard* », affirme Les Brown, mon conférencier préféré. Mais pour ceux et celles qui avancent dans la vie avec précaution, en ayant toujours le pied sur le frein, c'est plus facile à dire qu'à faire.

Comme je possède un bon sens pratique, j'ai choisi de ne pas courir de risques au point de vue professionnel — exactement comme pour les autres aspects de ma vie.

Je prévoyais continuer à travailler dans les services financiers jusqu'à la retraite — encore vingt ans. Dans mon esprit, c'était ce qu'il y avait de plus sécuritaire ; c'était la meilleure façon d'assumer mes responsabilités, surtout après tous les revers que j'avais subis en début de carrière. Pour ne pas avoir défini clairement mes objectifs, j'avais été obligée d'occuper plusieurs emplois sans avenir, mal payés et non valorisants qui, à tour de rôle, m'avaient empêchée de réaliser mon plein potentiel. Des années auparavant, j'avais rêvé d'obtenir une bourse et de poursuivre mes études au collège afin d'améliorer ma qualité de vie ; mais, je ne m'attendais pas à devoir assumer le rôle de mère si tôt et je dus mettre de côté mes projets. Sans parler de mes dettes. J'avais donc fini par considérer le travail que j'avais trouvé comme une sorte de condamnation à perpétuité.

J'ai travaillé à tous les jours, pendant quatorze ans ; j'accomplissais mes tâches de façon automatique, comme un robot. À cette époque je me disais que, de toute façon, personne *n'aimait vraiment* son emploi. Ce problème était beaucoup trop vaste pour moi. Même si j'avais l'impression de mourir à petit feu, je restais. Même si une petite voix en moi me disait que je ne me respectais pas, je restais.

Je restais et je fus récompensée. J'obtins six promotions, plus exactement. Par contre, plus le temps passait et plus c'était difficile de partir. Comme un cercle vicieux. J'étais bien loin de me douter que ma dernière promotion allait constituer l'élément déclencheur dont j'avais besoin pour sortir de l'ornière dans laquelle je m'étais embourbée.

En acceptant d'occuper le poste d'analyste principal ma rémunération augmentait, j'avais plus de responsabilités mais malheureusement je me retrouvais sous les ordres d'une superviseur qui se révéla fort peu sympathique. On pourrait parler d'incompatibilité de caractères ou de différences éthiques ; nous n'avions pas du tout la même vision des choses. Elle n'était jamais satisfaite de mon travail. Le jour où elle mit en évidence certaines erreurs mineures que j'avais commises alors que j'assumais la responsabilité d'une vaste étude portant sur la fin de l'exercice financier, ce fut la goutte qui fit déborder le vase.

Elle me mit en probation, elle me donna un plan de « redressement » et des objectifs à atteindre pour être plus « performante » et elle réévalua mon travail. J'avais quatre-vingt-dix jours pour atteindre ces objectifs ou j'allais être affectée à un autre poste. J'étais bouleversée, blessée et humiliée. Jusqu'à ce jour, je m'étais toujours relativement bien entendu avec mes supérieurs et mes résultats s'étaient toujours situés au-dessus de la moyenne.

À présent, j'avais l'impression d'avoir un fusil sur la tempe et mon niveau de stress augmenta considérablement.

Je revenais souvent à la maison avec une terrible migraine. J'avais l'impression d'avoir toujours la grippe, j'éprouvais souvent de la douleur au bas du dos et, honnêtement, je devenais insupportable à la maison.

Un jour, en arrivant au travail, la lumière se fit dans mon esprit. Je me dirigeais vers mon bureau lorsque tout à coup j'eus l'impression que j'allais assister à ma propre exécution. Les larmes me montèrent aux yeux; au prix d'un effort extrême, je parvins à me maintenir, sans m'effondrer ni me mettre à sangloter sur-le-champ. La perspective de passer une journée de plus dans ce qui était devenu pour moi un véritable enfer m'était complètement insupportable. Je compris qu'il était temps de partir.

Sans savoir comment j'allais m'y prendre pour assurer ma survie — et en instance de divorce — j'annonçai aux membres de ma famille ma décision : je quittais mon emploi et je retournais au collège.

Il y a maintenant cinq ans que je suis sortie de ce panier de crabes et que je suis partie sans jeter un regard en arrière. Plusieurs amies m'ont dit qu'elles me trouvaient très courageuse. Je vois cela plutôt comme un acte de foi. Lorsque j'ai confié à Dieu mes problèmes, des miracles ont commencé à se produire.

J'ai reçu deux bourses d'études et j'ai pu m'instruire sans m'endetter. J'ai donné libre cours à ma passion pour l'écriture. J'ai fait parvenir un article à un magazine féminin et, de fil en aiguille, j'ai été amenée à en écrire un deuxième; après avoir rédigé quatre textes sur commande, j'ai été officiellement acceptée dans l'équipe de rédaction. Quatre années ont passé et aujourd'hui, je peux dire que ma carrière me permet non seulement d'assurer ma survie mais de jouer un rôle utile dans la société.

Tout cela parce qu'un jour j'ai fait confiance, j'ai lâché prise et j'ai laissé Dieu agir !

JENNIFER BROWN BANKS

LA VÉRITABLE BEAUTÉ
VIENT DE L'INTÉRIEUR

J'ai rencontré Mary Jane pour la première fois lors d'une réunion d'un groupe de femmes qui avait lieu dans une résidence privée. La première chose qui m'a frappée c'est à quel point elle était différente de toutes les autres personnes présentes. Les proportions de son corps ne correspondaient pas au canon officiel de la beauté ; elle était plutôt corpulente, elle n'était pas maquillée et elle avait des cheveux minces très courts, sans coupe particulière. Elle portait ce qui semblait être un complet trois pièces pour homme ; elle ne ressemblait vraiment pas aux autres membres du groupe. Toutes, nous la regardions fixement. J'ai honte d'avouer qu'après la rencontre, mes amies et moi nous sommes moquées d'elle et nous avons passé des remarques peu flatteuses sur son apparence.

Je revis Mary Jane à nouveau quelques mois plus tard lorsqu'elle se joignit à un réseau de professionnelles dont j'étais la présidente ; pour assurer la publication du bulletin mensuel, il fallait trouver une responsable et Mary Jane proposa ses services. Durant les deux années suivantes, Mary Jane publia le bulletin de notre organisation avec fidélité et compétence.

Et c'est ainsi que j'ai découvert la véritable Mary Jane — non pas la personne qu'elle semblait être, mais celle qu'elle était vraiment. Pince-sans-rire, vive d'esprit, compatissante et honnête, elle menait sa barque à sa façon.

Petit à petit, j'ai appris à la connaître davantage ; j'ai découvert qu'elle était heureuse dans son mariage et qu'elle avait trois enfants. Elle aimait porter des vêtements de cuir pour conduire une motocyclette et elle arbitrait bénévolement des parties de balle molle entre des équipes féminines. Elle adorait jouer le rôle d'arbitre et elle organisait son horaire en fonction de cette priorité. Plusieurs membres de notre réseau devinrent les clientes de cette comptable expérimentée. Plus nous apprenions à la connaî-tre et plus nous étions en mesure d'apprécier son originalité ; et, plus important encore, nous avons découvert une femme mer-veilleuse qui savait soutenir ses amies avec loyauté.

Mary Jane est décédée récemment lors d'un tragique acci-dent alors qu'elle faisait de la plongée sous-marine. Abasourdies par ce départ si rapide, nous avions du mal à croire qu'elle ne serait plus jamais avec nous. Elle est morte comme elle avait vécu — de façon intrépide, au moment où elle relevait un autre défi.

Sa mort m'a profondément attristée ; Mary Jane m'a enseigné quelque chose d'inestimable : elle m'a fait découvrir ce qui est important et ce qui ne l'est pas dans la vie. Sa manière de vivre m'a inspirée : j'ai compris que dans ce monde de vitesse, de luxe et de prestige, il y a des choses beaucoup plus importantes que l'apparence ou le logo des vêtements. Malheureusement, en ce qui a trait à l'apparence et à l'idéal de beauté, les médias véhicu-lent des valeurs qui n'ont rien à voir avec la réalité.

Je ne me soucie plus de l'apparence des gens ; je regarde leurs valeurs fondamentales. Bien que Mary Jane soit décédée, les valeurs qu'elle a incarnées pour moi continuent de briller dans mon cœur. Mary Jane m'a fait un précieux cadeau : elle m'a donné son authenticité et le courage d'ignorer l'opinion des autres sur mon apparence ou ma personnalité. Elle m'a aidée à me débarrasser du masque de la superficialité et à ne pas avoir peur d'être vraiment moi-même !

LAUREN MASER

SON PLAN POUR MOI

*L*e destin s'apprêtait à transformer mon été qui, sans cet événement, aurait été tout à fait ordinaire. Je travaillais en soirée comme serveuse, dans une vieille grange transformée en chic restaurant, en Pennsylvanie. Les pourboires étaient généreux et j'aimais mon horaire de travail qui me laissait le temps de m'entraîner sérieusement durant le jour — course sur une distance de dix kilomètres dans la matinée, suivie de deux heures de natation. Je faisais partie de l'équipe de cross-country féminine du collège et je tenais absolument à m'entraîner pour être en forme.

Par un superbe dimanche du mois d'août, je m'en allais travailler en compagnie d'une amie, serveuse tout comme moi ; nous nous apprêtions à traverser une rue où la circulation était dense. Croyant que j'avais le temps de traverser, je suis descendue du trottoir et je me suis précipitée dans la rue. Malheureusement, j'avais mal évalué la vitesse de la voiture qui arrivait. Horrifiée, mon amie agrippa mon bras et tenta de me tirer vers l'arrière. Mais il était trop tard. La voiture me frappa. Le capot vint percuter ma hanche, le pare-chocs, mon genou et j'effectuai un vol plané de près de vingt mètres.

C'est la dernière chose dont je me souviens. On m'a raconté par la suite que j'avais rebondi sur le sol avant de glisser et d'aller m'écraser comme une masse inerte sur la ligne jaune de la route 222.

Des pompiers, des ambulanciers et des auxiliaires médicaux surgirent de nulle part dans le hurlement des sirènes ; attirés par les cris hystériques de mon amie, la plupart des clients d'une auberge située à proximité arrivèrent aussi sur les lieux.

Je demeurai inconsciente à l'unité des soins intensifs durant plus d'une heure. Ma mère et mon frère aîné arrivèrent en trombe à l'hôpital et se postèrent à mon chevet.

Finalement, je repris conscience et tout ce passa exactement comme dans un film : tout était flou, maman pleurait doucement debout à côté du lit, plusieurs personnes m'auscultaient avec des instruments ; les médecins examinaient mes jambes et mes bras et vérifiaient mes réflexes. Abasourdi, mon frère me regardait fixement ; soudain, il s'écria : « Combien de fois t'ai-je dis de ne pas jouer dans le trafic ? » Puis il se mit à sangloter sans pouvoir s'arrêter pendant que j'essayais de comprendre ce qui s'était passé. Je n'avais aucune idée de l'endroit où je me trouvais ni de la source de cette douloureuse pulsation qui agitait tout mon corps.

Ma mère et mon frère m'expliquèrent qu'une voiture m'avait frappée alors que je traversais la rue. La lumière se fit dans mon esprit : les phares qui arrivaient dans ma direction tout juste avant l'impact... le capot de la voiture... Puis, plus rien ; je n'avais plus aucun souvenir.

Un étrange phénomène se produisit alors — une expérience au delà des limites du corps. Je flottais à deux mètres au-dessus des personnes présentes dans la pièce. Je n'avais pas du tout l'impression d'être en train de mourir. Parfaitement immobile sur la civière, je savourais cette sensation de flottement. Puis, lorsque ma conscience est revenue à la civière, j'ai éprouvé une douleur si intense que j'ai bien cru que j'allais perdre l'esprit et j'ai eu très peur. J'ai eu tellement peur que j'ai commencé à trembler sans pouvoir m'arrêter. Une véritable attaque de panique.

Durant ces instants de frayeur extrême, alors que je commençais à me demander si j'allais mourir, j'entendis dans mon oreille gauche une voix murmurer : *Nous ne sommes pas prêt à te recevoir maintenant*. Aussitôt, chaque cellule de mon être comprit qu'un ange avait parlé. Sa douce voix m'apaisa ; ses paroles étaient aussi claires que le son d'une cloche. Comme si une douce brise avait traversé cette chambre d'hôpital aseptisée et très éclairée, un sentiment de paix m'envahit. J'eus la certitude que tout irait bien.

Ce soir-là, une infirmière de l'unité des soins intensifs me dit que les médecins attendaient l'analyse des radiographies qui avaient été prises alors que j'étais inconsciente. Si les clichés révélaient que certains de mes organes tels le foie, la rate ou les reins avaient été endommagés sérieusement, ils devraient m'opérer ; j'avais peut-être subi un grave traumatisme, et l'opération en elle-même pouvait être risquée. L'infirmière m'informait de tout cela en adoptant un ton tout à fait neutre. Confiante, je me dis à nouveau qu'*ils* n'étaient tout simplement pas prêts à venir me chercher, et qu'une opération ne serait pas nécessaire. Je ne dormis pas cette nuit-là et demandai à Dieu de m'épargner. Et la phrase de l'ange tourna dans ma tête comme une ritournelle.

Les médecins décidèrent de ne pas m'opérer et on me déménagea au département d'orthopédie. On me dit que je ne pourrais jamais mettre au monde un enfant de façon naturelle et que plus jamais je ne pourrais courir. Ma silhouette, qui avait plu à quelques garçons et dont j'avais été assez satisfaite jusqu'à ce jour, était maintenant déformée par une cicatrice très visible.

Au cours des vingt et une années qui suivirent, j'ai observé très souvent cette jambe et sa cicatrice plutôt disgracieuse ; et j'ai découvert que je l'aimais encore plus que l'autre. Mes enfants — qui, tous les quatre, sont venus au monde de façon naturelle — l'appellent « la mauvaise jambe de maman ». Cette jambe me rappelle toujours que j'ai une raison d'être. Dieu m'a fait suivre un chemin et il a voulu que j'aille jusqu'au bout. Ce n'est pas tous les jeunes dans la vingtaine qui peuvent avoir une telle assurance.

Depuis l'accident, je n'ai jamais oublié l'amour de Dieu pour moi : il a voulu que je subisse un traumatisme aussi important et que je ressente toute cette douleur parce qu'Il avait un plan pour moi. Il aurait pu très facilement venir me chercher quand j'avais vingt ans s'il l'avait voulu, mais Il ne l'a pas fait. *Il n'était pas encore prêt à le faire.*

CAROLINA FERNANDEZ

DE RACINES ET D'AILES

A u début de la trentaine, je vivais seule avec Travis, mon golden retriever à Mansfield, un domaine du Kentucky datant d'avant la guerre de Sécession, où j'avais loué un pavillon qui avait appartenu jadis à un jardinier et que j'avais transformé en « retraite pour écrivain ». C'était le matin du Jour de la Marmotte et j'étais assise à la vieille table en chêne, cette même table auprès de laquelle jouait ma grand-mère lorsqu'elle était enfant. Un radiateur espiègle toussotait, grésillait et menaçait mon équilibre mental en s'allumant et en s'éteignant constamment ; il s'éteignait durant quelques minutes puis il ronronnait ; une brillante couleur orange luisait alors et l'appareil crachait un peu de chaleur. Les doigts presque gelés, je persévérais — mettant la dernière touche à la pièce que j'avais écrite. Une rafale de vent arriva soudainement par la porte qui ne fermait jamais parfaitement et toutes mes feuilles s'envolèrent. Je pris une gorgée de café froid et me demandai pourquoi je persistais à louer cette villa.

Je jetai un coup d'œil par la fenêtre ; un grand pin balayé par les vents et chargé de neige épaisse se dressait devant le jardin à l'alignement très régulier conçu par un architecte italien du dix-neuvième siècle. La sonnerie du téléphone vint briser le silence. C'était un directeur de théâtre qui voulait que je vienne à Los Angeles pour assister à la lecture de ma pièce. J'étais très excitée : enfin j'allais pouvoir concrétiser un vieux rêve :

j'allais pouvoir vivre de mon écriture. Entraînant mes chiens dans l'aventure, je quittai la villa le soir même sans me retourner.

Après avoir parcouru mille six cents kilomètres (et avoir écouté à la radio toutes les chansons western du palmarès), je suis arrivée dans la banlieue de Los Angeles. Dans la chaleur et la pâle lumière de l'aube, s'étendait devant moi l'autoroute L.A., qui, tel un immense labyrinthe silencieux, émergeait des monts San Bernardino. Je pris la sortie *Chino* et me dirigeai vers la clinique équestre de *Chino Valley* où travaillait un de mes amis vétérinaire. Des poulaillers entourés de clôtures métalliques, des terres poussiéreuses brûlées par le soleil et des arbres décharnés se dessinèrent dans l'aurore déjà ternie par la pollution de la ville soufflée par le vent.

Mon ami usa de son influence pour que je puisse dormir sur un vieux divan de cuir installé sous la fenêtre de la salle d'opération de la clinique. Je finis par m'habituer à me faire réveiller par le bruit des portes métalliques et par les reflets aveuglants des lampes — les opérations d'urgence des chevaux ayant lieu à toute heure du jour et de la nuit.

J'appris bientôt que le directeur de théâtre qui m'avait téléphoné avait reporté aux calendes grecques la lecture de ma pièce ; c'est pourquoi le matin, je repassais la seule robe que j'avais apportée et je cherchais du travail ; j'arpentais les trottoirs de Los Angeles et je perdais mon temps dans une voiture de location sur des autoroutes bondées et sous un soleil de plomb. Lorsque j'étais seule, quand par exemple je sirotais un café dans un Mc Donald's d'une ville quelconque, le long de l'autoroute L.A., des souvenirs de mon enfance au Kentucky, des souvenirs de Shakertown à Pleasant Hill, du jardin de Mansfield, et de Elkhorn Creek où j'avais attrapé des écrevisses — me revenaient en mémoire par vagues successives. Au cours de mes périples, je vis les noms des vedettes de cinéma imprimés dans le béton ; j'aperçus les lettres géantes HOLLYWOOD dont les ombres se profilaient sur une triste colline, tandis que les voitures vrombissaient tout près. La vie, avec toutes ses formes et ses couleurs étranges et magnifiques, se déployait : en patins à roues alignées, à vélo ou en dansant, pendant que je longeais des murs de béton couverts de graffitis. Je me sentais comme une intruse arrivée à l'improviste dans un film dont je ne connaissais, et ne pourrais jamais connaître le commencement. Je continuais d'attendre un événement magique qui ne se produisait jamais.

Puis un après-midi, je grimpai sur une colline déserte surplombant l'océan Pacifique et, pour me protéger du vent, je me réfugiai sous un chêne dont les racines mises à nue semblaient s'agripper à la terre de toutes leurs forces. Et tout à coup, je compris que j'étais coupée de mes propres racines. Je voulais revoir la terre de mon enfance. J'avais perdu mes attaches, mes liens avec cette parcelle de terre que je pouvais nommer : chez moi.

Plus tard, comme je cherchais un endroit où habiter, je retrouvai un bout de papier sur lequel était gribouillé le nom d'une personne qu'on m'avait recommandée ; et c'est ainsi que je fis la connaissance de mon futur mari. Puis nous nous sommes mariés et nous avons déménagé dans un petit appartement. Plusieurs années plus tard, alors que je déjeunais dans un élégant restaurant japonais, je jetai un coup d'œil à mon assiette remplie de fleurs et de poissons et réalisai que je ne connaissais pas un seul de ces aliments. Je n'avais plus faim. Je m'ennuyais du pain de maïs frit dans un poêlon en fonte, de petits pains cuits dans le bouillon, de poulet frit et de biscuits au sorgho. Je m'ennuyais de chez moi.

Peu de temps après, je revins au Kentucky en compagnie de mon mari. Le jour de la Saint-Valentin, nous étions assis sur les marches d'une petite église historique, à la campagne, l'église même où nous nous étions mariés plusieurs années auparavant. Cette fois nous n'étions pas seuls. Meredith, notre petite fille, pressait sur ses lèvres un bouton d'or ; je la soulevai au-dessus d'une clôture de planches de couleur blanche pour qu'elle puisse voir courir les chevaux ; dans le crépuscule, la prairie prenait une teinte bleutée. Une odeur sucrée de chèvrefeuille flottait dans l'air ; nous avons cueilli des violettes parmi les hautes herbes qui nous chatouillaient les jambes. Puis, assis l'un près de l'autre, nous avons pris le temps de respirer dans la tranquillité du soir. Je compris alors que j'étais partie vers l'ouest à la recherche de quelque chose de magique alors que cette magie se trouvait dans mon propre jardin. Le lendemain, je pourrais me rendre à vélo à la boulangerie de Magee, là où, quand j'étais enfant, j'avais l'habitude d'acheter une tranche de gâteau après l'école ; un gentil commis derrière le comptoir allait donner à Meredith un petit biscuit taillé à l'emporte-pièce. Puis, chez Wheeler's, assis près de la fontaine de soda là où les habitués se rassemblent, nous allions pouvoir siroter un Cherry Coke avec des amis.

Puis je me mis à rêver : plus tard, mes enfants cueilleront des mûres dans les bois où autrefois je cherchais des artéfacts indiens près de Elkhorn Creek. Et ils retrouveront leurs racines sur cette terre cultivée par d'autres jardiniers avant eux. Au printemps, j'amènerai ma petite fille au pavillon de Mansfield. Le printemps est la saison par excellence, c'est à cette époque que le cottage est à son plus beau, quand les jonquilles tiennent compagnie aux violettes sauvages dans un arrangement à coupé le souffle, si beau qu'il n'y a plus de séparation entre moi et la terre. Assis sur la véranda, nous observerons un croissant de lune mince comme un ongle monter lentement au-dessus du vieux verger — un verger devenu sauvage, envahi par les bosquets de mûres et les pousses d'asperges.

Ma fille a glissé sa petite main dans la mienne et nous avons marché dans des prés couverts de trèfles. Je me suis sentie légère comme si j'avais des ailes. J'ai alors compris que j'étais revenue à la maison, une maison que je n'aurais peut-être jamais vrai-ment vu si je n'avais pas reçu un certain appel téléphonique et si je n'avais pas déployé mes ailes plusieurs années auparavant. Est-ce que j'ai changé ou est-ce le cadeau du temps — cette capacité de voir ce qui était là, devant nos yeux et dans notre cœur, depuis toujours ?

MARGARET C. PRICE

LE LEGS DE CHERYL

C'est en déambulant dans le corridor d'un hôpital que j'ai rencontré Cheryl pour la première fois. Elle occupait la chambre juste à côté de la mienne et nous avons bavardé en faisant notre marche matinale. Nous venions toutes deux de subir une mastectomie et nous avons découvert que c'était le même chirurgien qui nous avait opérées. Nous avons ri nerveusement, comme si nous venions de découvrir une coïncidence amusante.

Puis, ce fut un feu roulant de questions :

« Quand as-tu soupçonné pour la première fois… ? »

« Comment as-tu fait pour être certaine… »

« Comment réagissent tes enfants ? Qu'est-ce que tu leur dis ? »

« Et ton mari… ? »

« Que t'as dit le médecin ? »

Nous venions tout juste de nous rencontrer mais notre terrifiante expérience nous rapprochait et des liens durables se tissaient entre nous. Nous avons partagé des craintes que nous ne pouvions pas confier à nos proches, des questions que nous n'avions pas posées à notre médecin parce nous étions trop effrayées — et des questions que nous n'osions même pas nous poser à nous-mêmes.

Nous avons passé des heures à explorer nos nouvelles vies et à nous raconter comment nous en étions arrivées là. Nous étions étonnées et en colère car toutes deux nous avions reçu très tard un diagnostic de cancer du sein ; une question hantait notre esprit : pourquoi nos médecins connaissaient-ils si peu une maladie aussi répandue ? Nous étions aussi en colère contre nous-mêmes pour ne pas avoir écouter notre corps, et pour avoir écouté les paroles rassurantes de notre médecin — des paroles que notre intuition et notre cœur savaient être fausses.

Cheryl avait seulement trente-quatre ans lorsqu'elle constata pour la première fois la présence d'une bosse sur son sein en prenant sa douche. Terrifiée, elle prit aussitôt rendez-vous avec son médecin ; celui-ci la rassura, lui disant « qu'elle était trop jeune pour avoir un cancer du sein. Elle n'avait, disait-il, rien à craindre. »

Moi aussi, j'avais découvert une bosse, et pendant deux ans, on m'avait dit de ne pas m'inquiéter, qu'il s'agissait d'un kyste inoffensif. Je sentais la tumeur grossir à chaque jour. Elle se développa à l'intérieur de mon petit sein et prit la forme d'une pomme de moyenne grosseur. Comme Cheryl, je refusais de voir et j'écoutais gentiment les conseils de mon médecin pendant que mon corps m'envoyait constamment des signaux pour me prévenir.

Avant de recevoir notre congé de l'hôpital, Cheryl et moi avons eu souvent l'occasion de bavarder : nous avons exprimé notre crainte des traitements de chimiothérapie et de radio-thérapie ; nous avons parlé de nos enfants, de nos inquiétudes concernant notre vie sexuelle (avec un sein en moins et bientôt sans cheveux). Nous avons même parlé de la mort.

Heureusement, ces conversations nous ont permis d'évoluer : la colère que nous éprouvions après avoir reçu un diagnostic aussi tardif nous incita à passer à l'action. Nous avons décidé de publier une brochure ! Nous allions informer toutes les femmes que nous pouvions rejoindre : nous allions leur fournir une liste des questions qu'elles devaient poser à leur médecin. Nous allions inciter fortement les femmes à prendre des dispositions afin qu'elles ne subissent pas le même sort que nous. Nous étions devenues avocates. Nous étions maintenant des activistes. Deux bonnes épouses, deux mamans bien sages qui travaillaient aussi à l'extérieur se jurèrent de raconter leurs histoires sans relâche.

Cheryl et moi sommes revenues à la maison et nous avons commencé notre long traitement en clinique externe. On se téléphonait à chaque semaine pour préparer notre brochure qui devait contenir des renseignements sur le cancer du sein, des questions à poser au personnel médical et une liste de ressources. Puis j'ai commencé à distribuer notre brochure intitulée *Docteur je veux savoir* et à parler des mythes et de la réalité du cancer du sein devant tous les groupes qui en faisaient la demande.

Mais bientôt, je me suis retrouvée seule pour remplir toutes les tâches reliées à ce projet. Cheryl combattait sur un nouveau front. Son cancer était réapparu et ses jours étaient comptés. Mais nos luttes demeuraient liées. Cheryl est décédée vingt mois après avoir reçu son diagnostique de cancer ; après sa mort, j'ai décidé de continuer à parler en son nom.

Lors de notre dernière conversation, elle m'avait murmuré à l'oreille : « Lolly, n'arrête jamais de raconter notre histoire. » Tu peux reposer en paix Cheryl, je ne vais jamais renoncer.

LOLLY CHAMPION

« Mes ami-es sont ma plus grande richesse »

EMILY DICKINSON

LE PÉRIPLE
D'UN CŒUR VAILLANT

*E*lles sont arrivées dans leurs plus beaux atours. Elles avaient mis leurs vêtements des grandes occasions : ceux qu'on porte pour les mariages, les baptêmes, les confirmations et les remises de diplômes. Toute la neige d'un mois de janvier au Minnesota ne les avaient pas arrêtées. Elles n'étaient pas restées bien au chaud dans leurs maisons, même si le mercure était descendu sous zéro. Les bourrasques de vent qui venaient s'ajouter au froid n'avaient pas constitué un obstacle infranchissable. Deux par deux, pour plus de sécurité — et pour partager leur enthousiasme — elles arrivèrent chez moi avec une seule chose en tête : célébrer mon nouveau départ dans la vie.

Une année bien difficile au cours de laquelle des procédures de divorce et d'âpres discussions avaient eu lieu venait de se terminer ; vingt-trois ans auparavant, j'avais épousé un homme natif de la même ville que moi… comme tout cela était loin maintenant… des années de tristesse s'étaient soldées par des accusations et des paroles haineuses. Des blessures très profondes… difficiles à supporter et à décrire. Mes filles avaient pris position sans comprendre vraiment toute la peine et les bouleversements que leur choix allait entraîner. Des conseillers, des avocats, des voisins, des amis, des ennemis avaient pris part au débat, un débat qui en fait, ne concernait que lui et moi. Et à travers tout ça, j'avais conservé l'espoir de voir l'amour triompher avec le temps ; j'espérais que nous puissions oublier toutes ces procédures, j'espérais que la paix revienne dans le cœur et l'esprit de toutes les personnes impliquées — nos enfants, moi-même et lui aussi.

Aujourd'hui, ma peine s'allégeait enfin ; le jugement avait été rendu, et j'avais reçu les papiers annonçant ma libération. Et tel que promis — lorsqu'une partie des problèmes allait être réglée — j'allais célébrer avec celles qui m'avaient permis de me relever, qui avaient pris soin de mon cœur et de mon âme, qui avaient nourri mon esprit afin que je puisse prendre un nouveau départ. J'avais envoyé une invitation aux dix-neuf femmes qui avaient compris et assumé la tâche de me sauver au moment où je n'avais pas la force de le faire moi-même. Avec leurs prières et leurs encouragements j'avais survécu et une année s'était écoulée. Et pour les remercier, j'avais organisé cette fête de la liberté. L'invitation était très simple : « CŒUR VAILLANT » : c'est le thème d'une petite fête à laquelle vous êtes conviée. À 19:30 h. De la vodka-moka-crème et des « hors-divorce » seront servis. J'avais demandé à chaque invitée d'apporter une citation ou une chanson qui correspondait à l'esprit de cette soirée.

Le groupe était plutôt éclectique et je doutais un peu du succès de cette petite fête. La plupart des invitées avaient entendu parler les unes des autres, mais seulement deux d'entre elles connaissaient toutes les personnes présentes. Il y avait des artistes, des enseignantes, des infirmières, des femmes d'affaires, des mères, des jeunes filles, des amies du jardin d'enfant, des colocataires étudiantes au collège, des thérapeutes, des personnes ressources, des golfeuses, des avocates, des membres de ma famille, des amies, des âmes nourricières. Plusieurs échangèrent des regards étonnés en rencontrant pour la première fois ces personnes dont elles avaient entendu parler pendant tant d'années. Certaines étaient mes amies depuis quarante-cinq ans, d'autres, depuis un an et demi. Le fil conducteur était l'amour et l'appui qu'elles m'avaient donnés.

Dans chaque pièce de la maison il y avait des personnes qui m'avaient soutenue, des amies. Les conversations et les embrassades se multipliaient, des rires émergeaient de chaque petit groupe et fusionnaient, j'avais un large sourire ; un esprit de groupe commençait à se développer.

Puis, l'idée du partage se mit à me trotter dans la tête. Nous nous sommes rassemblées dans la salle de séjour — ou salle de l'amitié ; blotties les unes contre les autres, nous nous sommes installées en demi-cercle, en face du foyer où crépitaient doucement quelques bûches. Maman ouvrit le bal en récitant le verset 22 du Livre des Proverbes ; à côté d'elle avait été placée une photographie représentant une femme des années 1920, vêtue d'une longue robe ajustée et qui portait un chapeau à large bord ; visiblement, cette femme appuyée au bastingage d'un bateau était en voyage. Quelqu'un avait découpé avec soin une photographie — un gros plan de mon visage — et l'avait placée sur ce corps ; la pièce « Free at Last » tournait sur le lecteur de CD en arrière-fond. Puis ce fut une succession de chansons de Bette Midler, de citations de Gloria Steinem, d'Eleanor Roosevelt, du Ramayana, de Robert Louis Stevenson, d'Anne Sullivan, de Jean Kerr... puis un livre de poèmes de Jewel... des cartes avec des messages qui s'inscrivirent dans mon cœur... apportée par mon avocate, une citation personnalisée qui méritait d'être encadrée et qui parlait de bonds et d'atterrissages. « Avec grâce, courage, humour et détermination, et en plaçant toujours les intérêts de tes filles avant les tiens... » Des récits... des rires... des larmes... et pour terminer, un extrait de la comédie musicale *Rent*, qui montre comment « mesurer une année » de façon réaliste.

Nous avons levé nos verres et trinqué après chaque intervention ; une grande unité régnait entre nous. Le feu de bois pétillait, ponctuant les anecdotes, les confidences et les démonstrations d'amitié. J'avais l'occasion de remercier chacune de mes amies et de témoigner de l'importance qu'elles avaient eue dans ma vie. Tout le monde écoutait. Mes amies sont reparties heureuses d'avoir entendu ces témoignages et d'avoir participé à cette célébration.

La soirée s'est terminée aux petites heures du matin. Il y eut d'autres histoires, d'autres rires, d'autres embrassades, des danses dans la cuisine, des chansons accompagnées au piano et finalement, de tristes adieux ; l'énergie diminua, l'heure tardive et la température eurent le dernier mot. La maison se vida tranquillement ; pour plus de sécurité, certaines personnes suivirent la lumière des phares de la voiture qui les précédait... Reprenant le chemin en sens inverse, mes amies rapportaient avec elles la force de l'amitié et la certitude de pouvoir favoriser de nouveaux départs bénis par Dieu — qui se trouve au-dessus de nous — et par des amies — tout autour de nous.

ELIZABETH KRENIK

IV
LE POUVOIR
INTÉRIEUR

« L'enveloppe charnelle n'est qu'un point d'appui ;
l'essentiel se trouve à l'intérieur de nous. »

ETTY HILLESUM

« *On ne peut mesurer son courage lorsqu'on est trop prudent.* »
ANNIE DILLARD

ENFIN CHEZ SOI

Quand mes enfants fréquentaient l'école secondaire, ils jouaient tous les deux dans la fanfare. Lorsque j'avais leur âge, ce n'est pas la musique entraînante des tambours et des clairons que j'entendais : c'était le bruit des coups que mon père donnait à mon frère. Avec des parents alcooliques, le moindre incident au rez-de-chaussée tournait à la pagaille.

Ma chambre située au premier devenait le refuge précaire où je pouvais élaborer des plans pour l'avenir. J'allais finir mes devoirs. Et puis j'irais au collège. Je ne savais pas encore comment mais une chose était sûre, j'irais au collège.

Mais quand les cris, les menaces et les coups de poing assénés à mon frère aîné résonnaient un peu trop fort, je n'arrivais plus à faire mes devoirs. Une pensée tournait sans cesse dans ma tête : Que puis-je faire pour être utile ? Je savais qu'en descendant au rez-de-chaussée, je ferais monter d'un cran le niveau de violence — et c'est moi qui écoperait.

J'évaluais mon gabarit. S'il y avait affrontement, je serais perdante bien sûr car mon père était beaucoup plus grand et plus fort que moi. Je craignais sa colère. J'encourageais mon frère à se défendre, lui qui était maintenant aussi fort, sinon plus, que mon père.

Je pleurais dans mes livres scolaires. J'aurais donné n'importe quoi pour que cessent ces batailles.

Plusieurs années plus tard, je me débrouillai pour aller au collège. Ce sont les livres de psychologie qui m'ont été les plus utiles. Certaines personnes dénigrent les livres qui nous enseignent l'art de s'aider soi-même. Mais pas moi. Petit à petit, j'ai commencé à discerner les causes et les effets, à comprendre les croyances basées sur la peur, et les moyens de reconstruire ce qui avait été abîmé.

Un processus difficile et très lent. Des années houleuses pour moi et pour ma famille. Mais lentement, l'estime que j'avais de moi-même se développa. Et mon esprit grandit. Mes parents n'appréciaient pas toujours ma santé nouvelle. Alors je demeurais silencieuse et je poursuivais mon chemin.

Dans ma nouvelle vie, avec ma propre famille et ma maison, tout allait bien ou presque ; mais quand je retournais chez mes parents, j'avais l'impression de pénétrer dans une zone de guerre et je m'attendais au pire. Je ne me sentais pas prête.

Les années passèrent et, la prière et l'estime de soi aidant, je fus en mesure de pardonner de plus en plus souvent. J'avais moins d'attentes et davantage de compassion. J'avais repris possession de mon âme.

En revoyant le passé, je pouvais détester les gestes posés par quelqu'un sans détester la personne pour autant. Un jour d'été, alors que j'avais treize ans, mon père m'avait couchée sur ses genoux et il m'avait donné la fessée — devant mon petit ami. Un peu à l'écart, ma mère avait assisté à la scène en silence, sans protester. J'avais bien vu qu'elle éprouvait de la compassion envers moi, mais j'aurais tant voulu qu'elle prenne ma défense. Je m'étais sentie terriblement humiliée ; mais jamais je n'avais pu aborder ce sujet avec mes parents. Très peu de personnes essaient de clarifier par la suite les choses importantes. La tension persiste, le tabou prévaut.

J'avais maintenant atteint la quarantaine. Mes parents avaient cessé de boire depuis longtemps mais ils continuaient de reproduire les mêmes modèles de comportements — à peine modifiés avec le temps. Mon père et moi avions fini par nous rapprocher un peu, mais je cachais encore mes sentiments. Il le savait et il n'était pas prêt à changer de sitôt les règles du jeu.

Un week-end, j'avais vu un film des Beach Boys dont le message était le suivant : Confrontez votre père, assumez votre colère.

Le lendemain soir, alors que je dînais chez mes parents, je me moquai gentiment de mon père.

«Attention, hein?» Toujours sur la défensive, il répliqua aussi sec : «Sais-tu que je pourrais encore te coucher sur mes genoux et te donner la fessée?» C'était une menace, ce n'était pas une question. «Et je le ferais!» Le macho était toujours bien vivant en lui.

Pour plusieurs personnes, cette situation aurait pu paraître amusante, voire même humoristique. Mais, dans les propos aigris de mon père, on pouvait déceler la trace des horribles souvenirs accumulés.

Ma vie passa devant mes yeux. Bien sûr je n'étais pas à l'article de la mort mais quelque chose en moi cherchait à se débarrasser de la peur. J'entendis ces mots : *Affrontez votre père*. Et tout à coup je me revis, cachée dans ma chambre durant tant d'années. Je devais aussi me confronter à moi-même.

«Non, papa, tu ne peux pas faire ça.» Tels une source d'eau vive jaillissant d'une montagne, les mots prirent naissance en mon cœur. Malgré la peur qui essayait subrepticement de se frayer un chemin en moi, je parvins à dire : «J'ai un mari maintenant. Il ne te laissera pas faire.»

Voilà ce qui s'appelle se cacher dans les jupes de quelqu'un — même s'il s'agit de son gentil mari!

Mon père sauta aussitôt sur l'occasion. «Oh, alors c'est lui qui te donnera la fessée.» Il paraissait content. Échec et mat.

Je compris aussitôt que nous n'en étions plus à l'étape du pardon. Le temps était venu d'éprouver de la compassion pour moi-même, d'opposer la vérité au mal. Une force magnifique et une assurance qui avaient exigé de ma part des années d'efforts se répandirent dans tout mon être.

Avec confiance, sans colère, je prononçai distinctement ces mots afin de clarifier la situation. «*Non, papa, mon mari ne me donnera pas de fessée non plus. Personne ne va me donner de fessée. Je ne laisserai personne me donner une fessée.* »

Je dis cela de façon directe, mais sur un ton neutre, comme si j'avais dit : «Non merci. Ne me donnez pas de petits pois. » Mais tout le monde avait saisi la gravité de mes paroles.

À nouveau ma mère se tint à l'écart. Mais je n'avais plus besoin qu'elle prenne ma défense. Je ne comptais plus sur l'estime qu'elle avait d'elle-même. J'avais la mienne.

Je n'avais plus besoin d'acheter la paix. La paix résidait en moi.

J'avais exprimé ma pensée avec fermeté et il ne s'était rien produit par la suite. Rien ne s'était écroulé. Il y avait eu un instant de flottement puis, la vie avait continué.

Peu importe ce qui aurait pu se produire, leurs réactions n'avaient plus d'impact sur moi.

Je souris, en réalisant que j'étais enfin chez moi. Je n'étais plus chez mes parents, effrayée, tapie dans un coin de ma chambre.

J'habitais désormais ma propre maison. J'avais bâti des fondations solides. Je l'avais remplie d'amour — non seulement pour les autres mais pour moi-même.

Maintenant j'ouvrais les fenêtres et je laissais entrer l'air frais de la liberté.

J'aimais la maison que j'avais construite.

SHEILA STEPHENS

« Puissent tous les chiens que j'ai aimés
transporter mon cercueil, hurler par un soir sans lune,
et se coucher à mes côtés à l'heure de ma mort. »

ERICA JONG

ZOË

*M*a famille fait tout ce qu'elle peut pour que je mène une vie de colley barbu… passionnante, raffinée, remplie de joie. Ma mère m'a donné le nom de Zoë parce qu'il signifie « plein de vie et de joie ». Dans le Grand Livre, il est écrit que chaque chose a sa raison d'être ; alors il doit y avoir une bonne raison pour que je ne puisse pas faire ce que font les autres colleys barbus. Pas de tour de piste, pas de concours de beauté : pour moi, il n'y a que la vie de famille. Ces derniers temps, en observant ma mère à son insu, j'ai cru apercevoir de la tristesse dans ses yeux.

On a diagnostiqué une maladie de cœur chez Zoë alors qu'elle avait quatre mois ; c'est un problème que l'on retrouve fréquemment chez les femelles colleys. Le vétérinaire nous a alors prévenu : après son opération, elle devrait mener une existence très paisible. J'avais du mal à comprendre pourquoi elle avait cette maladie.

Lorsqu'elle eut six mois, le vétérinaire essaya sans succès, à deux reprises, de fermer la valve du cœur de Zoë. Il ne s'attendait pas à ce qu'elle survive ; mais Zoë avait une volonté de vivre exceptionnelle et elle possédait le caractère indomptable d'une championne. Après l'opération, nous nous sommes assis sur le plancher froid de la clinique pour la caresser et l'encourager. Malgré les effets persistants de l'anesthésie, notre chienne s'est levée et nous a accueillis d'un petit signe de tête.

Lors de ses examens de routine, son caractère enjoué et sa vigueur émerveillaient l'équipe médicale. On n'avait pas du tout l'impression en la regardant que son cœur allait flancher. On nous dit qu'au mieux, elle pourrait atteindre l'âge de six ans, mais que nous devions nous préparer à la laisser partir plus tôt. Chaque battement de cœur pouvait être le dernier.

Zoë a maintenant six ans ; son cœur est enflé et son niveau d'activité a quelque peu baissé ; mais nous faisons tout ce qui est en notre pouvoir pour la soutenir ; chaque journée revêt pour nous tous un caractère exceptionnel ; et pendant ce temps, Zoë défie toujours la loi des probabilités. Peut-être est-ce simplement l'instinct, ou ce caractère particulier propre aux chiens de bergers des rudes montagnes du nord de l'Écosse ; mais, sans l'ombre d'un doute, c'est le pouvoir de l'amour qui nous a aidé le plus à supporter les épreuves. Chaque journée avec Zoë fut un cadeau pour tous les membres de notre famille ; nous avons savouré chaque instant passé en sa compagnie. Avec Zoë, nous avons plus appris sur l'amour qu'avec bien des gens que nous connaissons.

À la fin de chaque journée, maman me murmure doucement à l'oreille qu'elle aimera toujours sa Zoë. Elle sourit et me dit qu'elle souhaiterait pouvoir me garder dans un endroit spécial où je ne vieillirais pas. J'aime encore me dérouiller les pattes en pourchassant mon petit chat jusqu'en avant de la maison. Maman m'amène encore courir librement dans ces immenses prairies et forêts qui entourent la ville. Sur la colline la plus escarpée je retrouve mon Lieu de prédilection et de joie. De là, je peux voir le monde entier et je peux tous vous voir.

Ce matin, maman a annoncé : « C'est aujourd'hui le Jour de Zoë ! ». J'ai bien compris qu'il s'agissait d'une journée spéciale parce qu'après avoir rafraîchi ma parure de colley, elle a couvert l'élastique avec ma barrette préférée — celle qui est décorée de minuscules ballons de fête. J'ai eu ma propre boîte de papiers mouchoirs à déchiqueter ; puis maman a attaché à mon collier le plus gros ballon à l'hélium de couleur violette de la terre. Au parc, j'ai couru avec les autres chiens, j'ai fait des bonds tout le long de la piste du petit boisé, et j'ai aboyé afin que tout le monde sache que c'était le Jour de Zoë. À mon Lieu de prédilection et de joie, maman a détaché mon ballon violet et nous l'avons regardé flotter jusqu'à ce qu'il ne soit plus qu'une petite tache. J'ai aboyé vers le ciel : « Hé, Dieu, regarde ! C'est moi Zoë. J'ai sept ans aujourd'hui. »

CAROL ANNE RUEL

LA GUÉRISON PAR LE RIRE

C'était en 1987 ; un jour, alors que j'étais assise sur le canapé, je portai la main à mon cou et remarquai deux bosses qui n'étaient pas censées y être. Les médecins diagnostiquèrent un cancer : j'avais la maladie de Hodgkin. Je savais que si je résistais à la maladie ou si je restais passive, mon état s'aggraverait. Ce mot effrayant de *cancer* m'enseigna à suivre le courant au lieu de pagayer avec frénésie pour tenter de remonter la rivière.

C'est facile de rire quand tout va bien, mais ça l'est beaucoup moins quand tout va mal. Le rire et l'amitié m'ont permis de traverser les épreuves. Le rire aide à accepter le changement ; il relaxe le corps, abaisse le niveau de stress et augmente la résistance à la maladie.

Je crois que le rire et les larmes sont inséparables. Nous pleurons jusqu'à ce que nous soyons capables de rire et nous rions à en pleurer. Si vous attendez de trouver une raison de rire, vous risquez d'attendre longtemps. Il faut parfois provoquer ce rire. Après avoir effectué une véritable introspection, j'ai retrouvé cette partie de mon être qui savait rire. À chaque matin, je me levais, j'enlevais tous mes vêtements, et les mains sur les hanches, je me regardais dans le miroir en disant : « Ha-ha, hi-hi, ho-ho » — jusqu'à ce que surgisse un rire spontané.

Pour atteindre un niveau de rire intéressant, il faut un certain niveau de gêne. Si vous n'acceptez pas d'être embarrassé à l'occasion, vous ne pouvez faire l'expérience du rire qui guérit.

Si vous voulez toujours avoir l'air « exactement comme il faut », vous ne pourrez pas saisir les occasions de vous exprimer — et de pousser jusqu'à la caricature, si nécessaire.

L'examen préliminaire au traitement consistait à passer une scanographie des os. Accompagnée de Marilyn, ma meilleure amie, je me rendis à l'hôpital tout près de chez moi. Je voulais connaître le coût de l'ensemble des examens, et c'est pourquoi nous nous sommes d'abord rendues au service financier. (J'ai toujours aimé magasiner). J'avais une maladie grave, d'accord, mais je voulais qu'au moins elle ne coûte pas cher !

Dans ce bureau, j'eus une conversation avec une femme enceinte de huit mois. Quand elle me révéla le coût des examens diagnostiques, je me mis à pleurer de façon hystérique. Les seules phrases que je parvins à articuler furent : « Vous savez, nous avons quelque chose en commun. Nous avons toutes les deux ici quelque chose qui grandit et que nous voulons faire enlever. » Elle eut un petit rire.

À la fin de la journée, Marilyn me dit : « Toi, tu es incroyable. Tu as subi tous ces examens éprouvants, et la seule fois où tu as pleuré de façon hystérique c'est lorsque tu as appris combien toute la série allait coûter ! »

Le deuxième examen consistait à passer une tomographie. On a l'impression d'être glissée dans un genre de tunnel — ou d'être une saucisse dans un pain à hot dog. Je n'ai pas eu la possibilité de pleurer longtemps. Je me suis arrêtée brusquement car j'avais peur que mes larmes provoquent un court circuit et que je sois électrocutée.

J'ai dû me rendre au *Stanford Medical Center*, à Stanford en Californie pour le dernier examen : une lymphographie — qui consiste à injecter de la teinture sur le dessus des pieds afin de voir jusqu'où le cancer s'est répandu. À nouveau Marilyn m'accompagnait. Quand on est nerveuse, on mange. Elle et moi avons survécu à plusieurs diètes — j'ai perdu 18 kilos, elle en a pris 36, vous voyez un peu. Elle avait apporté un gros sac en papier brun qui contenait un saucisson de salami, un pain au levain, deux boîtes de Cracker Jacks, trois *Ding Dongs*, et bien sûr, quatre bouteilles de *Coca-Cola diète*.

À cette époque, je vivais à San Francisco. Quand nous sommes entrées au centre de Stanford, un hôpital où règne un esprit très conservateur, l'infirmière nous a regardées avec méfiance. Et elle nous a demandé : « Êtes-vous toutes les deux de San Francisco ? »

J'ai répondu « Oui ». (Ils pensent que les gens qui habitent San Francisco sont très bizarres).

Mais l'infirmière voulait savoir autre chose. « Et bien, est-ce que cette dame est votre partenaire ? »

Je répondis : « Seulement à l'heure des repas, pas dans la vie en général. »

Ils m'ont enlevé la rate et j'ai dû réapprendre à marcher. J'ai de bons amis qui sont animés des meilleurs intentions du monde. L'un d'eux m'a apporté des cailloux de guérison qu'il a installés sur mon ventre pour atténuer la douleur. Le chirurgien n'a rien compris. Quand il est venu examiner la coupure sur mon ventre, il a aperçu les petits cailloux.

« Alors, qu'est-ce que c'est ? », demanda-t-il.

« Je pense que ce sont des cailloux pour favoriser la guérison », répondis-je.

Il secoua la tête et dit : « On ne voit ça qu'en Californie ! »

Le cancer fut pour moi un signal d'alarme. À cette époque de ma vie, chaque fois que j'offrais une résistance aux difficultés courantes, je tombais malade. En travaillant quatre-vingts heures par semaine et en persistant à demeurer dans une relation amoureuse malsaine — relation à laquelle j'aurais dû mettre un terme de nombreuses années auparavant — j'avais laissé s'installer le déséquilibre partout dans ma vie. Je n'avais pas pris le temps de faire toutes ces choses qui apportent à l'esprit la joie et la paix. Il est peu probable que, sur notre lit de mort, nous disions : « J'aurais souhaité travailler davantage. » Nous dirons plutôt : « J'aurais voulu aimer et rire davantage. »

Mon cancer est maintenant chose du passé. Récemment, alors que je me débarrassais des petites fioles de médicaments périmés, je lus sur l'une d'entre elles : « Suppositoires vaginaux. Insérez jusqu'à épuisement. »

Le rire est vraiment la clé de mon succès. Un enfant de quatre ans rit jusqu'à quatre cents fois par jour. Lorsque nous devenons adultes, nous ne rions plus que quelques fois par jour. J'ai entendu dire que nous devrions rire au moins quinze fois par jour. Aujourd'hui, mes médecins sont d'accord avec moi : plus je ris, plus je suis en santé !

MARIANNA NUNES

UN CADEAU
QUI VOUS REVIENT

«J e suis enceinte et je ne peux garder l'enfant», dit Susan en pleurant. «Je veux te le donner lorsqu'il viendra au monde.»

Comme si elle les avait répétés dans sa tête une centaine de fois, les mots sortirent en rafale de la bouche de la grande jeune femme aux cheveux noirs.

«Quoi?» J'avais sûrement mal entendu.

Elle répéta : «Je ne peux garder ce bébé! J'ai besoin d'aide. Si vous acceptez de payer les factures médicales et mes vêtements de maternité, le bébé deviendra le vôtre. Voulez-vous avoir mon enfant?»

Je fréquentais Susan depuis plusieurs années, sans vraiment bien la connaître. Nous n'avions jamais parlé des enfants. Pourquoi m'avait-elle choisie? Quelqu'un lui avait peut-être parlé de mon vif désir d'avoir un enfant. Je savais depuis l'âge de quinze ans que je ne pourrais jamais mettre au monde un enfant. J'avais confié ce secret à toutes mes amies intimes.

À cette époque, j'avais pleuré des semaines entières. Durant toute mon adolescence, lorsque quelqu'un me demandait : «Qui aimerais-tu être à l'âge adulte?» Je répondais : «Une mère!»

Comment Dieu pouvait-il me faire ça? Mes amis et les membres de ma famille essayèrent de me réconforter. Ils enseignèrent à leurs enfants à m'appeler tante Clara. J'étais la baby-sitter préférée de nombreux enfants et j'étais toujours très occupée.

Bien que mariés depuis près de cinq ans, mon mari et moi n'avions pas encore songé à adopter un enfant avant ce jour où

Susan vint me rendre visite. Sa question resta en suspens ; elle attendait avec impatience ma réponse tandis que les pensées se bousculaient dans ma tête.

Je tâchai de refréner mon excitation, de rester calme, de penser lucidement. En vain !

Et c'est presque en hurlant que j'ai répondu : « Si je veux ton bébé ? Oui ! ». Nous avons pleuré dans les bras l'une de l'autre. Je lui ai donné l'assurance que nous allions payer les frais médicaux et l'aider tout au long de sa grossesse. Conscientes que le cours de notre vie prenait alors un tournant décisif, nous sommes restées longtemps serrées l'une contre l'autre.

Plus tard cette semaine-là, nous avons fait des courses ensemble afin de trouver des vêtements de maternité. À chaque mois puis à chaque semaine, j'ai conduit Susan à ses rendez-vous avec son médecin de famille. Un jour elle m'a demandé si elle pouvait me téléphoner afin que je l'accompagne à l'hôpital juste avant l'accouchement. « Et encore une chose, ajouta-t-elle. Le docteur m'a dit aujourd'hui que les règlements de l'hôpital m'interdisent de voir le bébé puisque je l'ai donné en adoption. Pourriez-vous l'emmener chez moi, plus tard, afin que je puisse le voir ? »

« Bien sûr, je le ferai », ai-je promis. Je trouvais inconcevable qu'on puisse porter un bébé durant neuf mois et le mettre au monde sans jamais pouvoir le voir ou le toucher. Le vide serait alors impossible à combler. Mais après avoir acquiescé à sa demande, je fus assaillie par le doute. Et si elle changeait d'avis ? Par mesure de prudence, nous avons consulté un avocat.

J'étais convaincue que le bébé de Susan serait une fille. Ne me demandez pas pourquoi. C'est comme ça. En fait, j'en étais si convaincue que j'avais décoré la future chambre de l'enfant en utilisant surtout du rose. Pour le berceau, j'avais fabriqué une couverture qui comptait plusieurs volants, tous roses ; et j'avais choisi un nom pour une petite fille.

Quand le travail a commencé, mon mari et moi avons conduit en vitesse Susan à l'hôpital. Toute la nuit, nous avons fait les cent pas dans la salle d'attente. Tous les membres du personnel savaient que nous étions les parents adoptifs. Le lendemain matin, même si en principe c'était interdit par le règlement, nous avons pu regarder par la fenêtre de la pouponnière et nous avons aperçu pour la première fois Cindy, notre chère petite fille.

Quelques jours plus tard, je l'habillais d'une petite robe de nuit à volants et l'enveloppais dans une couverture de satin jaune pour l'amener chez Susan ; celle-ci habitait avec sa mère, dans un minuscule appartement ; nous nous sommes installées dans la salle de séjour et j'ai déposé la petite dans les bras de sa mère naturelle. Susan a enlevé la couverture, elle a embrassé la petite sur chaque joue, elle a regardé ses petits doigts et sa bouche en cerise, elle a embrassé son petit nez avant de déclarer tranquillement : « Elle est parfaite. »

Puis, Susan a couché l'enfant sur le divan. Avec précaution, elle l'a enveloppé, repliant chaque coin de la couverture avec précaution. J'avais les yeux pleins de larmes. Je pus quand même discerner la fierté dans son regard, tandis qu'elle déposait l'enfant dans mes bras, tel un précieux cadeau.

« Prenez bien soin d'elle », dit-elle.

« Je le ferai », ai-je promis. Puis je suis sortie, je suis montée dans ma voiture et je me suis éloignée avec Cindy qui dormait sur le siège à côté de moi. Nous n'allions revoir Susan que dix-neuf ans plus tard.

Durant les premiers trois mois de sa vie, je n'ai jamais fait garder Cindy, pas même par ma mère qui a pourtant élevé avec succès cinq enfants. Dans mon esprit, ma fille était un trésor qu'on ne pouvait confier à qui que ce soit. Elle dormait couchée sur ma poitrine ou, si elle était à côté de moi, je posais ma main sur elle afin de vérifier si elle respirait normalement. Le fait d'avoir un enfant était à mes yeux un miracle extraordinaire. Je pardonnai à Dieu et à tous ceux qui m'avaient méprisée parce que je ne pouvais porter un enfant. Cindy a su très tôt qu'elle avait été *adoptée.* Un peu plus âgée, elle aimait beaucoup entendre le récit de sa naissance et de son adoption ; c'était son histoire préférée.

Dans un cartable, je conservais des photographies des premiers événements ainsi que des moments importants de sa vie : les réceptions pour son anniversaire de naissance, les prix qu'elle avait gagnés, les nouvelles coupes de cheveux, les tours de poney, les camarades d'école puis les petits amis, les concerts à l'école ou à l'église, les leçons de natation ou de ski, et les randonnées pédestres en famille.

Puis elle a grandi et elle s'est mariée. Au cinquième mois de sa première grossesse, elle est tombée malade. Avec le temps, son état se détériorait, et l'équipe médicale se demandait si la mère et l'enfant allaient survivre à l'accouchement. Je priais avec acharnement. Nous avons passé beaucoup de temps ensemble dans les hôpitaux. Un jour je lui dis : «Cindy, je voudrais que tu me permettes de chercher ta mère naturelle. Elle possède peut-être certains renseignements médicaux qui pourraient t'aider.» Elle acquiesça sans manifester le désir de la rencontrer.

Par l'intermédiaire d'une amie commune, je pus localiser Susan. Elle habitait à quelques pâtés de maison de son ancienne adresse. Elle était à la fois étonnée et très heureuse d'entendre ma voix au téléphone ; mais elle fut incapable d'ajouter quoi que ce soit aux renseignements que nous possédions déjà. «Je suis si heureuse que vous ayez téléphoné», dit-elle. «S'il vous plaît, venez faire un tour chez moi.»

Quelques jours plus tard, avec sous le bras le cartable de Cindy que j'avais conservé précieusement durant toute sa vie, je frappais à sa porte. Assises sur le divan, comme plusieurs années auparavant, nous avons regardé les photos de Cindy et de notre famille. Sans lever les yeux Susan dit : «Vous savez, je n'ai jamais pu avoir d'autres enfants, mais je suis heureuse dans mon mariage.»

«Nous aurons peut-être la joie de voir grandir ensemble notre petit enfant», ai-je répondu.

Près d'un an plus tard, quand elle fut parfaitement guérie, Cindy décida de rencontrer sa mère naturelle. En prime, elle amenait une petite fille en parfaite santé.

Ce jour-là, j'ai compris quelque chose de très important : mères et filles, nous accomplissons toutes ensemble ce pèlerinage qu'on appelle la vie, et personne ne possède qui que ce soit. Au regard de Dieu nous formons une famille. Le cadeau de la vie revenait à son point de départ : la boucle était bouclée.

CLARA OLSON

L'ESPRIT DE LA PÊCHE

*L*a confusion fit place à la clarté dans mon esprit. *Ma ligne à* pêche forma un arc gracieux et j'observai les gouttelettes d'eau qui s'envolaient tandis que les rayons du soleil transformaient l'embrun en une myriade de couleurs étincelantes. Durant un instant, j'eus l'impression que ma canne à pêche était devenue une extension de mon bras; elle bougeait avec une grâce et un rythme que je n'avais jamais retrouvés à l'extérieur de cet univers aquatique. J'entendis la rivière glouglouter gaiement sur les rochers. *Écoute*, me dis-je. *Écoute simplement et apprends.*

Quelques années s'étaient écoulées depuis mon initiation à la pêche à la mouche. Et quelles années! Traquée par un fou qui faisait jouer sa radio à tue-tête, rescapée d'un divorce très médiatisé, j'avais sombré dans une profonde dépression. Un slogan me revint à l'esprit: «Tu as parcouru un grand bout de chemin, chérie». Mais la peur d'avoir à continuer seule le voyage continuait à hanter mes pensées et m'insécurisait.

Pour l'instant, la journée s'annonçait bien. En parcourant des yeux ce cours d'eau sauvage, je pouvais apercevoir plusieurs personnes de ma famille qui pataugeaient ou qui lançaient leur ligne — à tour de rôle, elles démêlaient des lignes presque invisibles et replaçaient des mouches qui s'étaient égarées dans les branches épaisses surplombant les rives. Mon intérêt récent pour la pêche à la mouche s'était communiqué comme une fièvre à toute ma famille. Les yeux plissés par le soleil, j'observais mon père lancer sa ligne sur une eau calme, à l'ombre d'un petit escarpement. Une multitude d'insectes dansaient à la surface de l'eau et j'aperçus un éclat argenté et fugace signalant la présence d'une truite en quête de nourriture. J'étais certaine de voir bientôt apparaître un arc-en-ciel sur la ligne de mon père.

Comme des galets, mes pensées ricochaient sur la surface scintillante de la rivière, et je finis par m'abandonner au charme de la rêverie. Des images de la petite Debb à l'âge de cinq ans défilèrent devant mes yeux. Je me souvins du jour où j'avais extrait de l'eau vaseuse un poisson flasque, en m'assurant que toutes les personnes présentes aient la possibilité de bien le voir. C'est en attrapant ce poisson que j'ai éprouvé, pour la première fois de ma vie, le sentiment d'être invincible!

Récemment, j'ai appris la vérité sur cette soi-disant première prise. Je ne sais si mon père s'était senti triste pour moi, ou s'il avait simplement voulu me faire connaître l'excitation de la victoire, mais il s'était arrangé pour accrocher un poisson à ma ligne sans que je m'en aperçoive. En réalité, ce poisson que j'avais réussi à sortir de l'eau avait été pêché par mon père. Peut-être l'avais-je toujours su...

Ce souvenir me fit sourire; combien de temps serais-je restée assise sur ces rochers avec un bâton et une ficelle si mon père n'était pas intervenu? C'était peut-être ce même amour qui rendait mon père soucieux aujourd'hui. Quelques minutes plus tôt, il avait attrapé, puis relâché une truite d'une taille intéressante. Je l'avais félicité pour sa prise en lui faisant un clin d'œil, un sourire, et un signe du pouce vers le haut. Et pourtant, je pus voir dans ses yeux qu'il était préoccupé quand il s'avança vers moi et me demanda : «As-tu eu de la chance, chérie?» Heureusement, je connais mieux l'univers de mon père que celui de la rivière; il craignait que je sois déçue si je n'arrivais pas à sortir un poisson de l'eau cet après-midi-là. «Ne t'inquiète pas», répondis-je en souriant. «Je n'ai pas besoin d'attraper un poisson pour être heureuse. Je ne repars jamais d'ici les mains vides !»

En revenant à la maison ce soir-là, je confiai à mon père mon amour de la rivière. J'exprimai mon désir de me sentir invincible à nouveau. «La musique de la rivière me fait penser aux rythmes éternels de la nature, commençai-je. Je suis consciente de l'équilibre délicat qui règne entre cette rivière, les arbres, les insectes et le poisson qui se nourrit. Je perçois cette harmonie» Je pris une bonne inspiration et enchaînai. «Je crois que les rivières détiennent le secret de bien des mystères. Prenons les relations, par exemple.» Gênée de parler de moi, je regardai au loin en sentant le rouge me monter aux joues. «Les membres de la famille, les amis et les amants devraient pouvoir comprendre à quel moment retenir l'autre et à quel moment le laisser partir.» Mon père m'écoutait attentivement tandis que je continuais. «Ce monde et tout ce qu'il contient ne pourrait se perpétuer sans la confiance et la capacité de croître : ce sont ses racines et ses ailes. Le rythme de la ligne qui se déploie au-dessus de l'eau, la rivière, le vent, tout est en synchronie. Nous n'avons qu'à écouter.» Je jetai un coup d'œil à mon père pour voir s'il pouvait me suivre dans mes élucubrations spirituelles. Puis je conclus : «Tu sais papa, peut-être que j'ai simplement grandi et que j'écoute mieux qu'avant. Même l'ancienne sagesse de la rivière parle.» Avec des larmes dans les yeux, il saisit ma main et dit simplement : «Je comprends».

Plus tard, étendue dans la paisible pénombre de la chambre d'amis de mes parents, je songeai au cadeau que je venais de recevoir. Je fermai les yeux et souris, heureuse. J'avais la certitude de disposer d'un certain pouvoir sur mes propres réalisations et mon bonheur. Je n'avais plus besoin que mon merveilleux papa ou qu'un autre homme prenne soin de cela à ma place. Je voulais être patiente, je n'essaierais pas de lutter contre le courant et, à chaque jour je deviendrais un peu plus forte. Inspirée par la grâce et le rythme de la pêche à la mouche, je laisserais la magie de la rivière me rendre invincible.

DEBB JANES

L'AMOUR EST ÉTERNEL

*M*on mari bien-aimé respirait par petites saccades, et je compris que sa vie touchait à sa fin. Sur le manteau de la cheminée — ce foyer devant lequel nous avions partagé tant de rêves, blottis l'un contre l'autre, les soirs d'hiver — étaient alignées vingt-sept fioles de médicaments ; une infirmière spécialisée dans les soins à donner aux personnes âgées les administrait à mon mari, avec beaucoup d'attention et d'affection afin d'atténuer sa souffrance. Mais personne ne pouvait soulager la douleur de mon cœur. Gary allait bientôt mourir.

Peu de temps auparavant, les médecins ne lui donnaient que quelques semaines à vivre ; et maintenant, je le regardais, je relisais la liste de recommandations qu'on m'avait donnée à l'hôpital et je savais que nous étions en train de partager nos derniers moments. Il n'y avait plus grand-chose à faire car il avait glissé dans le coma ; je sombrais de plus en plus profondément dans les méandres obscurs de la dépression.

De l'homme que j'avais aimé plus que tout au monde, il ne me resterait bientôt que des souvenirs. Ma source d'amour, mon compagnon, mon ministre du culte, mon amoureux serait parti. J'étais complètement bouleversée et désespérée à l'idée de vivre sans lui.

Au moment où mon mari poussait son dernier soupir, un ami entra chez nous ; j'avais probablement laissé la porte ouverte par inadvertance. Son arrivée vint interrompre mes réflexions sur la possibilité de suivre mon mari dans la mort. Une fenêtre se referma : je ratai l'occasion de passer à l'acte : l'infirmière entra et vida dans les toilettes le contenu des vingt-sept fioles de médicaments. En me jetant un regard entendu, elle expliqua que personne n'avait le droit d'utiliser ces médicaments. Toutes les deux nous connaissions le vrai motif de son geste. Il n'y avait rien à ajouter. Nous nous comprenions.

Puis le téléphone se mit à sonner sans arrêt. Bien que je n'aie appelé personne, des gens qui aimaient mon mari téléphonèrent pour dire qu'ils avaient senti sa présence et qu'ils savaient qu'il était décédé. Une personne me donna même l'heure exacte de sa mort. La sonnerie de son réveil était restée coincée à 22:40 h. Mon horloge personnelle tournait au ralenti tandis que j'avançait comme un automate. Submergée par ma peine, j'entrevoyais des années de solitude — je me préparais à traverser la période la plus éprouvante de ma vie.

Une nouvelle année scolaire commença. Mes merveilleux étudiants, maintenant en troisième année, passèrent chez moi pour m'embrasser et s'enquérir affectueusement de la santé de mon mari. En leur apprenant qu'il était décédé, je priais pour avoir la force de contenir mes larmes jusqu'à ce qu'ils soient repartis.

Je décidai de ne pas consulter de thérapeute et de traverser seule cette épreuve. J'écrivis de longues lettres à Dieu et je fus bouleversée en recevant Sa réponse. Un matin, alors que je priais et méditais, j'entendis la voix de Dieu ; Il m'aimait et Il avait un plan magnifique pour moi. Mais je m'accrochais au passé et j'acceptais presque avec joie la douleur qui s'était installée dans mon cœur.

Une année s'écoula et je passai par toutes les étapes du deuil. Je donnai les vêtements de mon mari, j'enlevai ma bague de mariage ; je revins de l'épicerie avec un dîner pour une personne. Je ne m'étais jamais sentie aussi seule.

La douleur qui ravageait mon âme se manifesta dans mon corps. D'étranges accidents se produisirent. Je me fracturai un orteil en tombant. Je glissai sur quelque chose à la cafétéria et me blessai au genou. Au moment où je recommençais à marcher, je tombai à nouveau et me blessai à l'autre genou — exactement au même endroit. Je cherchais la cause de tous ces incidents.

À la fin de l'année, je pris conscience que je n'étais pas prête à laisser partir mon mari — pas davantage qu'au jour de sa mort. Mais par ailleurs, je pouvais facilement vivre une trentaine d'années encore ; je souhaitais connaître à nouveau la joie, je voulais danser et chanter à nouveau. Je voulais me délivrer de la peine qui me consumait. J'étais la seule à pouvoir m'offrir ce cadeau, mais rien de ce que je faisais ne semblait m'aider.

Un jour, en nettoyant la maison, j'ai trouvé la réponse. Oubliée dans un tiroir, fanée par le temps, il y avait une feuille de papier froissée portant des traces de cire fondue et sur laquelle je reconnus mon écriture. Je lus le contrat que j'avais passé avec Dieu ; j'avais dressé la liste de ce que je donnerais à mon bien-aimé si Dieu m'accordait la grâce de vivre cette relation privilégiée. Je lus :

Voici ce que je donnerai à l'homme que j'aimerai : Je vais le soutenir dans toutes ses entreprises ; de façon inconditionnelle, je lui ferai don de ma loyauté, de ma fidélité, de ma confiance et je partagerai avec lui seul mon intimité. Je serai à ses côtés pour l'encourager et le réconforter, pour panser ses blessures et apaiser son cœur. Je lui donnerai la chaleur d'une maison, une douce couverture de laine pour s'emmitoufler devant un bon feu de foyer, et un fauteuil confortable pour rêver. Je lui donnerai la sérénité et l'harmonie. Je prêterai une oreille attentive à ses propos, et je lui lirai des extraits de ses livres préférés. Je verrai à ce qu'il ne manque de rien. Sa force me soutiendra. J'accepterai ses cadeaux et les ferai fructifier car j'en ferai bénéficier d'autres personnes. Je louerai Dieu et le remercierai à chaque jour d'avoir placé cet homme dans ma vie — l'homme que j'aime et qui m'aime. Voilà ce que je ferai.

Un profond sentiment de paix m'envahit quand je réalisai que j'avais rempli mon contrat. J'avais donné à mon mari tout ce qui était inscrit sur la liste. Alors je pris la décision de garder en mon cœur tout l'amour merveilleux que nous avions partagé et de laisser partir la peine. Mon esprit se tut et dans ce silence bienfaisant la guérison put s'opérer.

Au premier anniversaire du décès de mon mari, les membres de notre église se rassemblèrent dans notre jardin de prières et relâchèrent vingt-quatre colombes blanches. En s'accompagnant à la harpe, un ami chanta une très jolie mélodie : « Love Is Forever ». Je regardai autour de moi et vis les membres de ma famille et mes amis. Ma source d'amour était là depuis toujours. J'observai les vingt-quatre colombes s'envoler avec grâce, elles étaient libres. Les beaux oiseaux volèrent en cercle au-dessus de nous durant quelques instants, comme pour un salut final — comme pour nous aider à nous souvenir que nous pouvons tous être libres car l'amour ne meurt jamais.

JUDITH McCLURE

« Là où il y a un grand amour, il y a toujours des miracles. »

WILLA CATHER

À RUDE ÉCOLE

«**S**ors d'ici Courtney!». *Le visage inondé de larmes, j'ignorai* l'ordre de ma sœur. En proie à la colère, elle m'avait hurlé ces mots. Toute discussion au sujet de mon petit ami était inutile. Ces échanges ne nous avaient jamais menées nulle part. À la fin Penny insistait toujours pour que je fasse mes valises et que je le quitte.

«Je vais ramasser tes affaires moi-même», dit-elle.

«Je n'ai pas besoin que tu te mêles de ça!», criai-je à mon tour.

Penny se rendit dans la cuisine, trouva sous l'évier des sacs à ordures, revint comme une flèche dans ma chambre et commença à y entasser pêle-mêle mes vêtements, sans vouloir m'écouter.

Greg, mon petit ami, entra. «Courtney n'ira nulle part, Penny. Remets ses affaires à leur place!»

«Désolée, tu te trompes!» dit Penny. «Elle déménage chez moi. Un endroit où *tu* ne seras jamais le bienvenu!»

À ce moment, j'éprouvai de la haine envers ma sœur. Je venais juste d'avoir dix-huit ans. Comment osait-elle me dire où habiter et qui fréquenter? Bien sûr Greg et moi nous disputions de temps en temps, mais c'est parce que je suis du genre à rentrer tard du travail et à oublier de téléphoner.

Frustré de voir à quel point ma sœur pouvait garder son sang-froid, Greg hurla «On va bien voir si elle va s'en aller!» et il sortit comme un ouragan.

Je m'assis sur le lit et observai Penny en train de ramasser mes effets personnels. Elle laissa de côté les photos de Greg et de moi placées sur la table de chevet. « Je suis assez grande pour prendre soin de moi ! », dis-je.

Penny m'agrippa par le bras et me traîna devant le miroir. Mon visage et mes bras étaient couverts de bleus. « Alors pourquoi restes-tu avec quelqu'un qui te bat, Courtney ? », demanda-t-elle sur un ton exaspéré.

J'accusai le coup. « Je l'aime ».

Penny attacha ensemble plusieurs sacs qu'elle avait remplis et se dirigea vers la porte principale de la maison. Je courus derrière elle, tâchant de la convaincre d'écouter mon plaidoyer. Posté dans l'embrasure, Greg bloquait la sortie. Au début, je n'ai pas remarqué qu'il avait quelque chose à la main. Ma sœur n'a pas dû le voir non plus. Elle se dirigea droit vers lui, et il lui donna un coup de couteau entre les côtes.

Les voisins qui étaient à l'extérieur, sur leur terrain, entendirent mes hurlements. Ils avaient tout vu ; ils téléphonèrent à la police et firent venir une ambulance. Je n'avais jamais été aussi inquiète de toute ma vie. En me rendant à l'hôpital, je demandais deux choses dans mes prières : que ma sœur guérisse complètement et qu'elle comprenne que Greg n'avait pas eu l'intention de la blesser. C'était un accident ! Un simple accident !

Penny ne voyait pas les choses de la même façon et elle n'était pas d'accord. Quand elle fut complètement rétablie, elle ne voulut pas écouter mes explications. Malgré mes supplications, elle entama des poursuites judiciaires. En allant tout raconter aux policiers, elle nous trahissait tous les deux, Greg et moi.

Greg ne put obtenir de libération sous caution.

Cette séparation me mit sans dessus dessous. Le procès fut une vraie torture, pour moi et pour ma famille. Nos liens en furent très affectés. J'étais furieuse en entendant les témoignages des membres de ma famille : ils révélaient que Greg m'avait battue à plusieurs reprises. J'avais l'impression de ne plus pouvoir compter sur ma propre famille : ils ne m'épaulaient pas, ils ne respectaient pas mes désirs.

Au lieu de prendre mon parti, ils prirent celui de ma sœur. Le jury fut bien obligé de les croire. Ils étaient si convaincants ! Greg fut condamné à un an de prison.

Je l'attendis. Le jour de sa libération, j'avais presque complètement perdu contact avec les membres de ma famille. Quelques semaines plus tard, quand Greg me frappa à nouveau, je ne m'y attendais pas du tout. Du sang me sortait par le nez et la bouche ; je courus hors de la maison et parvins à me rendre dans une épicerie où se trouvait une cabine téléphonique. Je téléphonai à ma mère. Elle me dit simplement que j'aurais dû l'écouter avant que Penny ne soit blessée. Je téléphonai à mon cousin qui me dit la même chose en ajoutant : « Tu es responsable de ce qui t'arrive. »

J'ai dû essayer de joindre une douzaine de personnes. Ils en avaient tous ras-le-bol de mes problèmes et de mes mensonges. Anéantie, dévastée, je me demandais qui voudrait m'aider maintenant. Il ne me restait qu'un seul numéro à signaler — celui de ma sœur — et je ne lui avais pas reparlé depuis qu'elle avait témoigné contre Greg.

Je mis trente-cinq cents dans la fente de l'appareil mais je reposai brusquement le combiné en entendant sa voix, incapable de supporter le sentiment de culpabilité qui me submergeait. Je me roulai en boule sur le bord du trottoir et me laissai aller, indifférente aux regards des passants.

Peu de temps après, je sentis une petite tape sur mon épaule. Puis quelqu'un me tendit une bouteille d'eau. Je levai les yeux pour voir qui était assez bon pour m'offrir quelque chose à boire. Les yeux gris remplis d'amour de ma sœur étaient fixés sur moi. « Maman m'a téléphoné et elle m'a dit que tu avais besoin d'aide. »

Il fallait que je touche le fond pour comprendre combien ma sœur m'aimait.

Elle me demanda : «As-tu besoin d'un médecin ou seulement d'un endroit où rester?»

Je m'attendais à ce qu'elle me dise : «Je t'avais prévenue», ou encore «je te déteste». J'ai souri car elle comprenait très exactement ce dont j'avais besoin.

Tout cela s'est passé il y a six ans. Aujourd'hui, je suis mariée à un homme merveilleux qui ne me fera jamais de mal. Ma sœur a été dame d'honneur à mon mariage. Nous sommes plus proches l'une de l'autre que jamais auparavant.

Penny est plus qu'une sœur pour moi; elle est mon héroïne et ma meilleure amie. Je repense souvent à ces années avec Greg et je remercie Dieu de m'avoir donné une sœur qui m'a aimée suffisamment pour me sauver de mon pire ennemi — moi-même.

COURTNEY S.

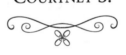

V
UNE NOUVELLE JEUNESSE

*« Je vais mourir très jeune… peut-être à soixante-dix, quatre-vingt
ou quatre-vingt-dix ans. Mais je serai très jeune. »*

JEANNE MOREAU

LE CIEL DE NICKY

*P*endant que je laissais tomber les dernières cuillères de pâte dorée dans le moule à gâteau, Nicky, mon fils de cinq ans, me poussa du coude en essayant de hisser son menton jusqu'au plan de travail de la cuisine.

« Maman, puis-je lécher la cuillère ? »

Ses yeux bruns s'agrandirent de plaisir quand je lui tendis la cuillère. Il lécha minutieusement les bords de l'ustensile et la pâte s'étala sur ses joues. « Mmmm, c'est bon. C'est l'anniversaire de qui ? »

La question était simple mais la réponse, plutôt complexe. Ma voisine venait de mourir après une longue et douloureuse maladie ; c'était pour elle une bénédiction, mais je ne savais pas exactement comment expliquer la chose à mon petit garçon.

Beaucoup de gens — et Nicky faisait partie du groupe — aimaient Madame Skelton. J'avais fait cuire ce gâteau pour sa famille.

Je mis un genou à terre afin de me placer à son niveau pour lui expliquer toutes ces choses.

« Nicky, madame Skelton est morte ce matin. J'ai confectionné ce gâteau pour monsieur Skelton — pour qu'il se sente mieux. »

Tout en promenant sa langue rose sur la cuillère, Nicky ne me quittait pas des yeux.

« Madame Skelton est morte ? »

« Nicky, madame Skelton est au ciel maintenant. »

« Avec Jésus ? »

« Oui, avec Jésus. » Jeune maman, je prie souvent pour que la foi que j'essaie de transmettre à mon fils se développe et l'aide à trouver ses propres réponses, mais je ne peux jamais être certaine du résultat.

« Où est le ciel ? », demanda-t-il en se léchant les babines.

Je lui donnai la même réponse toute simple que sœur Augustine m'avait fournie lorsque j'étais enfant.

« Le ciel est très loin — très haut. »

« Tu as dit que grand-père était au ciel. Alors pourquoi est-il dans la terre ? »

L'aptitude de Nicky à faire des liens me désarçonne souvent. Je ne suis pas une théologienne. Je suis sa mère.

Comme je ne répondais pas, il répéta sa question et ajouta : « Mamy m'a emmené là. Sur un rocher, il y a le nom de grand-père. Nous avons déposé des fleurs là où il est. Alors le ciel est dans la terre. »

C'était d'une logique implacable et je ne trouvais rien à ajouter. Alors j'ai interrogé ma propre foi. « Et bien, Nicky, c'est l'endroit où se trouve le corps de grand-père. Son esprit, son âme… elle est au ciel. »

« Tu as dit que les anges vivent au ciel. Est-ce que grand-papa a des ailes ? Il se déplace en volant ? »

« Et bien, je crois que grand-papa peut avoir des ailes. »

« Maman, quand le gâteau sera prêt, est-ce que je pourrai en avoir un morceau ? »

Je me détendis. Enfin une question à laquelle je pouvais répondre. « Un petit morceau, Nicky. N'oublie pas, c'est pour monsieur Skelton. » J'enlevai la pâte à gâteau de sa joue. « Nous irons le voir plus tard. »

« Je peux t'aider à apporter le gâteau. Jusque chez monsieur Skelton. Je lui dirai : « Madame Skelton est au ciel maintenant. Elle a des ailes et elle peut voler. » » Nicky fit cette annonce en levant les bras dans les airs.

« Maintenant madame Skelton n'a plus besoin de cette chose en métal pour marcher. Elle peut voler avec ses ailes d'ange. Ça va aider monsieur Skelton a se sentir mieux, maman. Tout comme ton gâteau. »

Comme il s'éloignait en trottinant, je réalisai que l'emplacement exact du ciel n'avait pas vraiment d'importance. L'important c'est qu'il existait dans le cœur de mon fils. Le ciel de Nicky est un endroit où tout le monde est heureux et libre de toute souffrance. C'est un endroit où vit Jésus. Un jour, je veux y aller aussi.

DIANE GONZALES BERTRAND

TROUVER SON CHEMIN

*J*e l'ai rencontrée une seule fois, alors que je venais d'avoir quatorze ans, et pendant dix ans elle a occupé une place essentielle dans ma vie. À chaque fois que je devais m'attaquer à une tâche importante, ses paroles m'ont inspirée et m'ont motivée à faire de mon mieux.

Adolescente, j'étais naïve, insouciante et indécise ; un jour, j'ai participé à un atelier filmé qui s'adressait aux personnes désireuses de travailler dans le domaine de la publicité. Une conférencière se présenta devant l'auditoire, calme et sûre d'elle-même. Elle parla de choses qui m'étaient totalement inconnues à l'époque : l'importance d'avoir une attitude positive, l'identification des objectifs, le plan d'action et la responsabilisation face à sa propre vie. Des concepts très simples lorsque j'y songe aujourd'hui. Mais à cette époque, j'étais aux prises avec mes problèmes d'adolescente. J'étais désorientée et je cherchais un modèle pour m'aider à effectuer le passage si difficile entre l'enfance et l'âge adulte ; on aurait dit que cet atelier avait été bâti sur mesure pour moi.

Comme si une intervention divine avait permis qu'elles arrivent dans ma vie juste au bon moment, ses paroles résonnaient en moi et s'amplifiaient. J'ai continué sur cette lancée durant les dix années suivantes ; je tenais toujours son livre à portée de la main ; il était devenu ma bible, mon livre de chevet. Je le consultais avant chaque événement important : à chaque fois que je me retrouvais dans une situation angoissante, avant chaque examen, chaque compétition sportive, et chaque entrevue pour obtenir un emploi. J'ai même suivi le conseil mentionné au chapitre sur la visualisation lors de mon premier baiser!

Les années passèrent; souvent, je me demandais ce qu'était devenue cette femme extraordinaire qui avait eu un tel impact sur ma vie. Je cherchais son nom dans les dépliants promotionnels de différents séminaires, sans jamais le trouver. À l'âge de vingt-trois ans, je décidai de devenir conférencière motivatrice et je modelai mon approche sur celle de mon mentor. Je joignis les rangs d'une association de conférenciers et un jour où je feuilletais l'annuaire, je vis son nom, sa photo et son numéro de téléphone! Je n'en croyais pas mes yeux. Elle n'avait pas changé, semblait-il. Étonnée et ravie, je me précipitai sur l'appareil téléphonique et composai son numéro.

«Vous ne vous souvenez probablement pas de moi, dis-je rapidement sur le répondeur, mais j'ai assisté à l'une de vos conférences il y a dix ans; cela a changé ma vie. Les conseils que l'on retrouve dans votre livre m'ont guidée lors de chaque événement important de ma vie. À chaque carrefour, j'ouvrais le livre et j'y trouvais l'inspiration dont j'avais besoin; il m'a aidée à prendre des décisions importantes. Je ne peux vous dire toute l'influence que vous avez eue sur moi. Vous avez changé ma vie!» J'ai laissé mon nom et mon numéro de téléphone, en me demandant si elle allait me rappeler.

Ce qu'elle fit. Elle m'invita chez elle et, avec le temps, nous sommes devenues amies. Dans les années qui suivirent, elle m'enseigna encore bien d'autres choses. Elle me conseilla lorsque j'élaborai un nouveau plan de carrière, elle me montra les trucs du métier et me fit part de son expérience. Nous sommes maintenant de grandes amies; je suis la marraine de sa petite fille et nos vies sont intimement liées.

Récemment, un jour où je me sentais nostalgique, je commençai à fouiller dans les tiroirs d'un bureau remplis de souvenirs d'enfance. Assise sur le plancher, je retrouvais des objets oubliés depuis longtemps et de lointains souvenirs remontaient à ma mémoire. Dans un des tiroirs, j'aperçus le livre qu'elle m'avait donné à ce séminaire — beaucoup de temps s'était écoulé depuis. Ma bible. Je le feuilletai, le livre s'ouvrit à la dernière page et j'aperçus son nom, son adresse et son numéro de téléphone — le même numéro que j'avais composé quelques années aupa-ravant — imprimé en caractères gras. Toutes ces années passées, alors que je me demandais ce qu'elle était devenue, croyant ne jamais la revoir... et dire que j'avais son numéro. Je pouffai de rire en constatant qu'une telle chose m'avait échappé.

Je me levai en poussant un soupir, émerveillée par les voies singulières de l'Univers. Bien sûr, je n'avais pas vu son numéro avant; il fallait d'abord que je trouve ma propre voie. Elle avait allumé le feu dans mon âme quand j'avais quatorze ans, mais je devais apprendre à nourrir ce feu. Quand j'ai eu suffisamment confiance en moi pour agir selon mon cœur et commencer mon travail de conférencière, mon professeur est apparu. Elle attendait simplement que je me manifeste.

JENNIFER ESPERANTE GUNTER

« Les amours d'enfance habitent le cœur éternellement. »

Mary Jo Putney

MOMENTS MAGIQUES

Mes fréquents voyages d'affaires m'avaient permis d'obtenir deux billets d'avion gratuits. En réalisant que les billets ne seraient plus valides après le week-end de la Fête du Travail, je pris des renseignements sur les destinations possibles. J'appris avec plaisir que la compagnie d'avion organisait depuis peu des vols directs pour Orlando, en Floride.

J'ai un petit garçon de huit ans qui s'appelle Ryan. Mon mari approuva mon projet de l'emmener à Disney World et j'ai commencé à préparer ce voyage à Orlando.

Le vendredi du week-end de la Fête du Travail, en soirée, nous allions rendre visite à l'un de nos proches à l'hôpital ; en passant devant l'aéroport, mon fils me demanda comment les avions faisaient pour trouver leur chemin depuis la piste d'atterrissage jusqu'à la porte d'embarquement. Nous avons décrit le parcours effectué par les appareils ainsi que les voies de circulation qu'ils utilisent. Et je dis à Ryan : « Un jour, on pourrait venir à l'aéroport afin d'observer les avions défiler sur la bretelle d'accès. » Cette idée eut l'air de lui plaire.

Tôt le lendemain matin, je déclarai que j'allais faire de l'exercice. Une activité habituelle pour moi. Mais au lieu de cela, je me rendis à l'aéroport pour déposer quelques bagages. De retour à la maison, mon mari et moi avons demandé à Ryan ce qu'il voulait faire ce jour-là. Ensemble, nous avons élaboré un programme d'activités amusantes pour les trois jours de congé.

Ryan répondit sans hésiter. Il voulait aller dans un parc d'attractions local où l'on offrait des spectacles, où on avait la possibilité de faire des balades etc. Il tenait à y passer la journée entière ainsi que la soirée afin d'assister au spectacle des feux d'artifice. Nous avons accepté. Comme nous allions prendre deux repas sur place, je suggérai de préparer des sandwichs de façon à ne pas dépenser trop d'argent pour la nourriture.

Nous sommes donc partis en emportant des sandwichs. J'avais pris soin de me munir d'un grand sac dans lequel je pus aussi placer d'autres objets sans éveiller les soupçons. En reculant la voiture, je dis à mon mari et à Ryan : « Nous sommes en avance ; et si on arrêtait à l'aéroport avant de nous rendre au parc ? Nous pourrions jeter un coup d'œil aux voies de circulation des avions dont tu as parlé hier soir. » Nous habitons tout près de l'aéroport, et mon mari et mon petit garçon trouvèrent l'idée excellente. Comme je sais que Ryan adore les balades, je dis en pénétrant sur le terrain de stationnement : « Pourquoi ne pas garer la voiture sur le stationnement de longue durée ? Nous pourrions prendre la navette pour nous rendre à l'aérogare, ce serait plus amusant ! » Ryan était enchanté ! En sortant de la voiture, je fis remarquer qu'il y avait de la mayonnaise dans les sandwichs et qu'il serait préférable de ne pas les laisser dans la chaleur de la voiture, alors, j'ai emporté le sac avec moi.

En secret, je suggérai à mon mari d'emmener Ryan à quelques barrières plus loin et de venir me retrouver à la barrière numéro deux dans cinq minutes environ ; puis j'annonçai que j'allais me rendre aux toilettes. Pendant qu'ils s'éloignaient, je demandai à l'agente postée à la barrière de se prêter au jeu. Quand mon mari revint en compagnie de Ryan, l'agente appela au micro notre fiston. Nerveux, Ryan me demanda ce qu'il avait fait de mal. Je répondis que je l'ignorais et lui suggérai de demander à l'agente. Il s'approcha du comptoir où se tenaient deux autres agents qui observaient la scène tandis que l'agente demandait à Ryan de s'identifier. Un peu inquiet, Ryan donna son nom et son prénom. Puis l'agente lui tendit une rutilante enveloppe jaune en précisant qu'une personne très spéciale l'avait chargée de la lui remettre en mains propres. Conscient d'être devenu le centre d'attention, Ryan ne savait pas quoi faire. Je lui suggérai d'ouvrir l'enveloppe. Il en sortit une feuille de papier d'un jaune éclatant sur laquelle étaient inscrits ces mots :

Cher Ryan,
S'il te plaît, viens me rencontrer demain matin, à 8:30 h à l'entrée principale du Royaume Magique de Disney World.

De ton grand ami
Mickey Mouse

Il lut le message puis il me regarda, interloqué. Nous n'arriverons pas à temps, demain, dit-il. Et je répondis : « Tu as raison, nous devons y aller aujourd'hui. Encore mieux : allons-y tout de suite ! » Les agents arboraient de larges sourires. Cette petite mise en scène les amusait beaucoup et ils avaient été heureux d'y participer.

En montant dans l'avion, Ryan, un petit garçon de huit ans très malin, demanda : « Maman, est-ce qu'on apporte seulement des sandwichs ? » Je lui expliquai en souriant que nos bagages étaient déjà dans l'avion. « Mickey Mouse m'avait téléphoné plus tôt, et je savais ce que nous devions emporter. » Mon mari et moi observions Ryan qui montait dans l'avion : il n'en revenait pas encore.

Évidemment, je racontai à l'agent de bord qui nous accueillit ce qui venait de se passer. Elle annonça à tous les passagers que nous avions à bord « une personne spéciale qui avait un rendez-vous important avec Mickey Mouse demain matin. » Le vol dura un peu plus de deux heures. À plusieurs reprises, je vis Ryan sortir sa lettre et la relire encore et encore. Il passait par une gamme d'émotions inoubliables. Quelques personnes assises tout près qui avaient compris ce qui se passait firent grimper encore le niveau d'excitation de Ryan en lui demandant ce qu'il dirait à Mickey Mouse lorsqu'il le verrait le lendemain matin. Un homme âgé se tourna vers moi et me dit : « Vous créez un événement dont il gardera le souvenir toute sa vie. Il a de la chance ce garçon d'avoir des parents tels que vous ». Mon mari et moi lui avons souri avec reconnaissance. En approchant d'Orlando, l'hôtesse de l'air annonça à nouveau l'important rendez-vous de Ryan avec Mickey Mouse et chargea Ryan de dire à Mickey que la compagnie d'aviation l'avait conduit en toute sécurité et qu'il était arrivé à l'heure dite. Pendant que les passagers descendaient, on pouvait entendre certaines personnes demander : « Qui est Ryan ? »

Nous avons passé une journée complète à Disney World, plus particulièrement au Royaume enchanté où nous sommes restés de 8:30 h à 23:30 h. En arrivant à la barrière, je dis à Ryan que le préposé aux billets venait de m'informer que Mickey Mouse était occupé présentement mais qu'il nous rencontrerait un peu plus tard. Mon fiston trouva l'explication tout à fait plausible.

Le lundi midi nous avons effectué le vol de retour et vers 14:00 h, nous étions à la maison. À la fin du congé de la Fête du Travail, au moment où il allait se mettre au lit, Ryan me demanda : « Est-ce que Mickey Mouse m'a vraiment envoyé cette lettre ? » Je posai ma main sur mon cœur et répondit : « Il suffit que tu le crois de tout ton cœur pour que cela soit vrai. » Il sourit, me serra bien fort et, en m'embrassant il me confia : « Maman, tu fabriques les plus beaux souvenirs au monde. Je me souviendrai toujours de ce voyage. »

JAYNE GARRETT

« Pour les enfants tout est magique, même les choses ordinaires. »

VIRGINIA DIXON

LA DANSE

Q uand notre premier enfant est né, il y a treize ans, son père et moi... euh, d'accord... c'est surtout moi qui a pris la décision de travailler à temps partiel à l'extérieur de la maison durant ses années d'apprentissage. Je sentais du plus profond de mon être qu'il y avait des phases et des moments marquants dans la vie de mes jeunes enfants que je ne voulais tout simplement pas manquer ! Récemment, j'ai eu l'occasion de vérifier la justesse de mon intuition.

C'était une soirée chaude de fin d'été — ce genre de soirée qui vous incite à rester à l'extérieur un peu plus longtemps car vous savez que les nuits fraîches de l'automne vous attendent au tournant. En compagnie de mon fils de trois ans, je me suis avancée dans les bois. Le feuillage des arbres encore vert, l'air frais et vivifiant, les lucioles et leur charmant ballet : cette soirée exceptionnelle nous grisait.

Nous avons traversé le petit boisé et nous sommes arrivés à la source d'eau vive qui bouillonne en sortant de terre et se déverse dans une ancienne baignoire sur pied que nos voisins ont installée pour recueillir l'eau pure.

C'est l'endroit parfait pour se rafraîchir : on joint les mains pour former une coupe, on recueille l'eau glaciale dans ce bol improvisé et on le porte à ses lèvres. Mon fils et moi appelons cette façon de s'abreuver : « boire à la manière des cow-boys. »

Puis, sans nous presser, nous sommes revenus à la maison tout en bavardant ; j'utilisais un langage accessible à un enfant de trois ans et nous parlions de tout : des lucioles, des cow-boys, des camions et des voitures, des petits chiens et... si vous avez déjà jasé quelques instants avec un garçonnet de cet âge, vous savez de quoi je parle !

Au milieu de la conversation, mon fils se tourna vers moi et dit : « Maman, veux-tu danser ? »

Je ne saurai jamais ce qui l'a incité à formuler pareille demande à ce moment particulier ; mais jamais je n'ai vu une salle de danse aussi grande, un partenaire aussi attentif, — ni entendu de musique aussi grandiose que ce soir là ; les arbres et les étoiles naissantes tenaient lieu de marquise, les criquets et les hannetons formaient l'orchestre.

Il s'inclina profondément et je fis la révérence puis nous avons dansé un menuet. J'étais émerveillée en voyant avec quelle rapidité mon petit cow-boy s'était transformé en danseur. Et à nouveau, je débordais d'amour pour ce bambin de trois ans.

Quand la lessive s'accumule, quand une cocotte déborde dans le fourneau de la cuisinière fraîchement nettoyée, quand le chien vient tout juste de labourer la plate-bande pour laquelle vous aviez obtenu un prix d'horticulture — il est bon de se remémorer ces instants magiques !

CHRISTI KROMMINGA

LE COLLIER DE TROMBONES

« **V**ient un moment, dans la vie d'un jeune homme où il ne veut plus embrasser sa mère avant d'aller dormir », du moins, c'est ce qu'on m'avait dit. J'ai quatre garçons et je ne croyais pas vraiment à cette histoire de vieilles femmes. Puis ça m'est arrivé.

Tout a commencé graduellement. Miles, qui avait huit ans à l'époque, m'embrassait à la sauvette avant que l'autobus scolaire n'apparaisse au coin de la rue et s'avance vers notre allée. Je n'avais pas remarqué ce manège jusqu'au jour où l'autobus a tourné le coin avant que Miles n'ait eu le temps de m'embrasser. À ma surprise, il refusa de s'approcher de moi et sauta rapidement dans l'autobus, sans même me donner un petit bec sur la joue ! Je regardai l'autobus s'éloigner. J'éprouvai une sensation de vide au niveau de l'estomac en réalisant que mon aîné jadis si affectueux s'éloignait de moi en grandissant !

Au départ, la répugnance de Miles envers toute forme de contact physique avec moi ne se manifesta qu'en public. Devant les gens, il ne me donnait plus la main et refusait que je le serre dans mes bras. Quand je lui disais que je l'aimais, il murmurait rapidement : « Je t'aime aussi maman ». J'essayai d'atténuer son embarras en lui parlant : comme il était un grand garçon maintenant, c'était tout à fait normal qu'il m'embrasse sur la joue et non plus sur les lèvres. Sa tension diminua un peu. À la même époque, une jeune fille de l'école commença à lui téléphoner régulièrement. Jamais il ne me parla d'elle. (C'est son petit frère qui m'apprit son nom et me renseigna sur son niveau scolaire). J'essayai de ne pas me laisser démonter par ces changements et de ne pas prendre la situation trop à cœur. Et, je me disais qu'éventuellement il reviendrait vers moi.

Six mois passèrent. Miles et moi étions plus à l'aise l'un avec l'autre, même s'il me touchait ou s'assoyait rarement très près de moi. (Je remarquai qu'il continuait de s'asseoir près de son père quand ils regardaient la télé ensemble et qu'il l'embrassait sans hésitation en lui souhaitant bonne nuit !) Il venait tout juste d'avoir neuf ans et je commençais à croire que plus jamais il ne me témoignerait d'affection. Un après-midi, alors que je conversais au téléphone, à ma grande surprise Miles m'offrit un collier de trombones de différentes couleurs.

«C'est pour moi ? » demandai-je. Il acquiesça d'un signe de tête et sourit en le déposant à côté de moi. Il partit en courant avant que j'aie pu le rattraper mais ce fut comme si j'avais reçu la plus belle étreinte de toute ma vie.

Aujourd'hui, Miles me témoigne son amour de façon différente. Nous nous racontons des blagues et jouons aux cartes et il tient à ce que je sois présente à chacune de ses parties de soccer. Il ne grimpe plus jamais sur mes genoux pour lire une histoire avec moi, il ne me demande plus jamais de le bercer avant d'aller dormir, mais Miles n'a pas cessé de m'aimer pour autant. Et quand je doute, je regarde mon collier de trombones.

JENNIFER HOWARD

UN PAPA NOMMÉ JOHNNY

Bien avant qu'il ne devienne mon beau-père, Johnny fut mon ami et mon protecteur. Dans le village de l'Ohio où j'ai grandi, il était un policier aimé de toute la communauté. Il était connu, autant pour ses parties de golf que comme symbole de la loi. Quand mes parents divorcèrent, j'éprouvai un véritable soulagement en apprenant que c'était Johnny et non un quelconque étranger qui allait faire briller à nouveau les yeux de ma mère.

Il a toujours été là pour moi, même avant d'épouser ma mère. Quand le vent du lac Érié devenait cinglant et que l'air était tellement chargé de neige que vous ne pouviez même pas distinguer la maison de votre voisin, je regardais par la fenêtre de la boulangerie suédoise où je travaillais après l'école et j'apercevais sa voiture; il m'attendait pour me reconduire chez moi. Les journées d'été chaudes et écrasantes, il était «l'homme à la crème glacée»; quand j'atteignis l'âge de quinze ans, il m'enseigna à conduire, sans perdre patience, même lorsque j'ai embouti un érable en voulant effectuer un stationnement en parallèle.

Jamais je n'aurais voulu le décevoir, mais à l'époque, le moins qu'on puisse dire c'est que je n'étais pas une adolescente facile à vivre. Si Johnny me suggérait de ne pas sortir avec un certain garçon parce qu'il conduisait beaucoup trop vite, je sortais quand même avec ce garçon. Quand il nous déconseilla d'aller à Cedar Point le soir, dans la vieille Dodge déglinguée de mon petit ami (nous allions participer à une petite fête et dormir sur place, avions-nous prétendu), nous, les filles, sommes allées à Cedar Point et nous avons dansé jusqu'à l'aube. Et le jour où il me prévint que d'étranges choses pouvaient se produire si je mettais du peroxyde dans mes cheveux, j'achetai deux bouteilles de peroxyde et en aspergeai complètement ma chevelure. Je voulais être blonde. Erreur. Je ne devins pas rousse non plus, pas exactement ; mes cheveux prirent la couleur du jus de carottes pourries. Le lendemain, Johnny me conduisit à l'école sans me demander pourquoi je portais un foulard sur la tête. Sœur Mary Agnes m'obligea à l'enlever puis elle téléphona immédiatement à ma mère. Je fus suspendu de l'école jusqu'à ce que mon problème de cheveux soit « réglé ». Au salon de coiffure, on me décolora complètement les cheveux mais ceux-ci étaient en si mauvais état que durant un mois on m'appela Blondie. Je fuyais constamment les regards mauvais que me lançait la sœur.

Je me suis mariée jeune, les grossesses se sont succédées à intervalles rapprochés et j'ai mis au monde quatre filles. Papy Johnny a fourni des litres et des litres de crème glacée et plusieurs pièces de un dollar pour les tirelires.

Il y a une journée en particulier que je n'oublierai jamais : l'air était immobile, et le ciel très menaçant. À la radio, on lançait des avertissements : une tornade se préparait. Les filles jouaient dans la cour, devant la maison ; je les appelai et découvris que ma petite de trois ans était partie sur son tricycle. Je l'appelai et la cherchai partout dans le voisinage ; peu après je hurlais son nom mais… aucun signe de sa présence.

Le ciel devint encore plus menaçant. En proie à la panique, je me précipitai sur l'appareil téléphonique et appelai Johnny. Il arriva en trombe dans sa voiture de patrouille. En le voyant, je sentis aussitôt un sentiment de calme m'envahir : j'étais convaincue que tout irait bien. Son expérience de policier dans la recherche des petits enfants constituait un atout précieux. Il me demanda de rester sur la véranda avec les filles au cas où ma petite vagabonde reviendrait à la maison. Puis il se mit à arpenter le pâté de maison ; il frappait aux portes, donnait la description de la petite et demandait aux gens s'ils l'avaient vue. Les voisins qui plus tôt m'avaient aidée à la chercher se dirigeaient maintenant vers le sous-sol de leur maison pour se mettre à l'abri. On était seulement au milieu de l'après-midi mais jamais je n'avais vu un ciel aussi sombre et effrayant. Il ne restait plus beaucoup de temps. Je me sentais désemparée et très effrayée, mais j'arrivais tout de même à prier et je suppliais Dieu qu'il me ramène ma fillette saine et sauve.

Quand je vis arriver la voiture de police de Johnny, je descendis les marches à toute vitesse et courut jusqu'au bord du trottoir. Le visage illuminé par un large sourire, il sortit de la voiture ; il tenait délicatement dans ses bras ma petite fille. Il l'avait découverte, assoupie sous une véranda tout près de chez nous. Puis Johnny fronça les sourcils en levant les yeux vers le ciel. « Nous ferions mieux de descendre rapidement au sous-sol ».

La tornade se déchaîna et endommagea plusieurs résidences voisines de la nôtre. Pas un seul volet ne fut arraché de notre maison et personne ne fut blessé sérieusement.

Ce jour-là — plus que tout autre jour — j'éprouvai un immense sentiment de gratitude pour cet homme si gentil et sage qui m'avait enseigné à avoir confiance, qui m'avait aimée comme sa fille, qui m'avait transmis ses valeurs et préparée pour la vie. Pendant qu'il expliquait patiemment à ma fille pourquoi les petits enfants devaient rester dans leur cour quand on leur demandait de le faire, je me fis cette réflexion : les pères et les grands-pères sont des êtres merveilleux et indispensables mais les beaux-pères attentionnés sont de véritables cadeaux du ciel.

JOAN ROELKE

VI
UNE INTUITION
INFAILLIBLE

« *Quand vous lâchez prise, vous devenez calme et silencieuse.*
Vous apprenez à vous asseoir tranquillement et à attendre, en compagnie de Dieu. »

SUE MONK KIDD

LA SAGESSE DU CORPS

Tout a commencé par un rêve prémonitoire à la fin du mois de mars. Dans ce rêve, j'entrais dans la salle à dîner familiale. Sur la table il y avait des brochures aux vives couleurs. Je m'arrêtai pour les examiner plus attentivement. Ces livrets provenaient d'un bureau d'oncologiste ; l'un d'eux, placé sur le dessus de la pile avait pour titre : *Tout ce que vous devez savoir sur la chimiothérapie*. Je n'accordai que très peu d'attention à ce rêve, me disant qu'il s'agissait d'un de ces tours que le cerveau vous joue lorsqu'il est fatigué. J'allais bien. Je n'étais pas malade. Mais j'avais toujours un peu la nausée.

Durant les trois mois suivants, sans que j'arrive à comprendre pourquoi, j'eus l'impression qu'un nuage noir me suivait partout où j'allais. J'étais alors préposée aux relations avec la communauté dans un département de pédopsychiatrie ; même si mon travail me tenait très occupée, je ne pouvais me débarrasser de cette morosité. Après des jours et des jours à pleurer dans mon bureau sans raison apparente, j'ai fini par suivre mon instinct et j'ai pris rendez-vous avec un médecin.

Durant l'examen, le médecin me proposa de passer une mammographie. *Ça y est*, pensai-je. *J'ai un cancer du sein*. Je passais une mammographie à chaque année mais cette fois-là, le technicien me fit passer aussi une échographie — avant tout pour apaiser mes inquiétudes, je crois. « La radiographie et l'échographie semblent normales. Aucune raison de vous inquiéter », me dit-il. En revenant chez moi, je me réprimandai pour m'être mise dans tous mes états durant des mois — et avoir communiqué cette angoisse à mes proches.

Cinq ans passèrent sans que d'autres craintes ou mauvais rêves reviennent me hanter. Je changeai d'emploi. Je consacrai toute mon énergie à l'éducation de nos deux adolescents, au développement de ma nouvelle entreprise, et à la présentation de messages motivants devant des auditoires féminins. La vie était belle jusqu'à ce qu'un jour je découvre une bosse sur mon sein. Je fus abasourdie. Je dois admettre que j'avais négligé l'auto-examen des seins. J'avais renoncé à le pratiquer, premièrement, parce que je ne savais pas comment détecter une bosse et deuxièmement, je passais un examen des seins et une mammographie à chaque année, et ce depuis cinq ans.

Je téléphonai à une spécialiste. La mammographie ne détecta pas la tumeur, mais l'échographie fut plus révélatrice. Il y avait dans mon sein gauche une grosse masse. Une nouvelle difficile à accepter; là, dans la salle d'examen de l'oncologiste, comme la plupart des femmes qui entendent le mot *Cancer*, j'eus l'impression de plonger, seule, dans un trou noir et froid où régnait une odeur de moisi. Elle me dit que la tumeur avait commencé à se développer cinq ans plus tôt environ; elle poursuivit ses explications mais je n'écoutais plus. Mon rêve me revint en mémoire, je revis les brochures aux vives couleurs, je retrouvai la sensation de malaise dans mon corps, je repensai à l'examen et à l'échographie qui m'avaient laissé croire que j'étais en parfaite santé. Furieuse, je quittai son bureau. *Qu'est-ce qui ne va pas? Pourquoi les gens ne réalisent-ils pas que je viens de recevoir une terrible nouvelle?* Les gens vaquaient à leurs occupations comme si rien ne s'était passé. Une immense vague de solitude s'abattit sur moi.

En apprenant la nouvelle, mon mari demeura calme et après quelques instants, il me regarda droit dans les yeux et me dit: «Nous allons traverser cette épreuve ensemble». Jamais mots plus justes ne furent prononcés. Il m'accompagna au bureau du médecin à chaque visite et lors de chaque traitement de chimiothérapie. Il resta assis des jours entiers à l'hôpital, convaincu que le traitement serait efficace et que j'allais recouvrer la santé. Le pouvoir de l'esprit est impressionnant. L'amour entre deux personnes peut nous permettre de surmonter n'importe quelle épreuve. La détermination et la confiance de mon mari renforcèrent mon attitude positive et à travers cette expérience, Dieu m'enseigna à me battre, non pas contre le cancer mais pour la vie.

J'ai appris à faire confiance sans réserve à mon sixième sens en ce qui a trait à mon organisme. Mon corps est plus intelligent que mon esprit et lorsque ma santé est en jeu, il ne ment jamais. Voilà maintenant cinq ans que je suis en rémission ; désormais, je suis plus attentive aux signaux internes que m'envoie mon corps et je prête une grande attention aux messages de mon cœur. Je ne suis plus jamais pressée — quand je conduis la voiture, je prends le temps d'observer le magnifique paysage que chaque saison nous offre. Et à chaque fois que je vois un arc-en-ciel, j'arrête la voiture sur le côté de la route et je prends le temps de jouir du spectacle. Je me souviens alors que la beauté resplendit toujours malgré les crises que nous sommes parfois obligés de traverser.

C. YVONNE BROWN

« Le succès guérit bien des blessures. »

GERTRUDE ATHERTON

NE VOUS LAISSEZ JAMAIS ARRÊTER PAR UN « NON »

*L*es politiques ne sont pas réservées aux seuls gouvernements. Elles jouent un rôle important dans le monde des affaires aussi. Fatiguée des petites combines qui se jouaient à la compagnie où je travaillais, je démissionnai le 5 octobre 1987. Après tout, les bons emplois dans un service du marketing ne manquaient pas sur Wall Street. Je pouvais dénicher un autre job sans problème. Je ne me pressais pas. Je prenais le temps de vivre, je retrouvais le plaisir de lire.

Je n'avais pas prévu le coup : le 19 octobre, ce fut le Lundi Noir. Le Dow Jones enregistra une baisse de 508 points et le paysage de Wall Street s'en trouva radicalement changé. Un recruteur me prévint : « Permettez-moi de vous dire les choses telles qu'elles sont. Trouver un emploi aujourd'hui n'est pas une sinécure. » Je répondis aussitôt : « Je n'en veux qu'un et j'apprécierais volontiers votre aide ». Les sociétés de placements licenciaient en masse. Des milliers de personnes intelligentes et instruites se retrouvaient au chômage. Quelles étaient mes chances ? Je n'avais pas de diplôme collégial ; et mon expérience de travail, bien que remarquable était un peu courte. J'étais effrayée.

Puis je lus une annonce dans le *New York Times* qui semblait correspondre exactement à ce que je cherchais. Une banque cherchait un administrateur fiduciaire pour vendre des services à des clients à hauts revenus. Un diplôme collégial et une expérience pertinente étaient requis. Je ne possédais ni l'un ni l'autre mais je *savais* que cet emploi m'était destiné. Je téléphonai aussitôt à l'agence de recrutement qui avait placé cette annonce.

« Trop tard », répondit la réceptionniste sur un ton cassant. « Nous avons déjà plus de candidatures que ce que nous pouvons traiter. »

« Mais vous ne comprenez pas », dis-je sur un ton énergique. « Cet emploi m'est destiné. » Excédée, l'employée se montra intraitable. Je raccrochai le combiné en me disant : *Cet emploi m'est destiné et je l'aurai.*

Gonflée à bloc, j'enfilai un tailleur — que je ne portais plus depuis des semaines — je ramassai mon curriculum vitae et me rendit en ville dans ma voiture. Étonnée de me voir là, la réceptionniste me dit : « Je vous ai dit au téléphone que nous n'acceptions plus de C.V. » J'expliquai tranquillement : « Cet emploi m'est destiné et j'aimerais passer une entrevue. » Elle secoua la tête. « Monsieur Bishop n'a pas le temps de vous faire passer une entrevue. Nous avons reçu des centaines de C.V. pour cet emploi. Vous arrivez trop tard. »

« Je comprends », dis-je en acquiesçant d'un signe de tête, avec un sourire.

Je m'assis dans un des fauteuils du hall. Calmement, je dis à la réceptionniste : « Je vais attendre. Il trouvera bien une minute pour me parler. Après tout, comme je suis la candidate idéale, cela lui évitera de lire tous ces C.V. Notre rencontre pourra probablement lui sauver un temps précieux », dis-je en riant. La réceptionniste ne broncha pas. *Elle ne me connaît pas vraiment,* pensai-je, *mais elle va me connaître. On va s'amuser.* De façon viscérale je savais que cet emploi était pour moi et que je ne pouvais pas me « laisser arrêter par un « non » ». J'attendrais toute ma vie s'il le fallait. De toute façon, je n'avais rien d'autre à faire. Les gens en chômage ont beaucoup de temps libre !

Je restai assise longtemps. De temps en temps la réceptionniste jetait un coup d'œil dans ma direction et je souriais. Le temps passait et j'étais encore là. Finalement, un peu déconcertée elle me dit : «Vous arrivez trop tard et monsieur Bishop est trop occupé. Vous feriez mieux de partir.» Je répondis que je comprenais, mais que je voulais tout de même attendre jusqu'à ce qu'il ait une minute de libre.

La journée se termina sans que j'aie la chance d'apercevoir monsieur Bishop une seule fois. «Je reviendrai demain», dis-je à la réceptionniste. «Je suis sans emploi alors j'ai tout mon temps. Je veux seulement passer une entrevue, et si la réponse est «Non», je partirai. Mais je n'abandonnerai pas avant d'avoir obtenu une entrevue.» La réceptionniste ouvrit de grands yeux; mon audace la stupéfiait.

Je me présentai à l'agence à 9:30h le lendemain matin — pleine d'entrain et d'énergie, et prête à relever le défi. Encore une fois, la réceptionniste semblait étonnée de me voir. Au milieu de la matinée, elle cessa de répéter son mantra : «Vous arrivez trop tard», et rapidement, nous nous sommes liées d'amitié. Elle s'appelait Patty, et elle me confia que Monsieur Bishop se sentait comme un prisonnier dans son bureau. Il se privait même d'aller aux toilettes pour ne pas avoir à passer devant moi. En entrant et en sortant du hall d'entrée, les autres employés me souriaient. Je conversais avec chacun d'eux. Mais toujours pas de monsieur Bishop.

À l'heure du déjeuner, monsieur Bishop finit par capituler. En secouant la tête et en marmonnant, il me fit venir à son bureau. Comme je posais ma candidature à un poste dans le domaine de la vente, ma tactique, dis-je, était tout à fait appropriée dans les circonstances. Les objections glissaient sur moi comme de l'huile d'olive dans une poêle en Teflon. Son rire finit par résonner dans la pièce et il me dit qu'il n'avait jamais fait passer d'entrevue de ce genre jusqu'à ce jour.

Après avoir lu mon C.V., monsieur Bishop téléphona à la banque où il m'envoya immédiatement. Mon approche non orthodoxe avait été efficace. Moins de deux semaines plus tard, j'avais décroché l'un des meilleurs emplois de ma carrière.

Malgré toute ma détermination à ne jamais «me laisser arrêter par un «Non»», je n'ai jamais su qui, de moi ou de monsieur Bishop, avait été le plus surpris!

KAREN SHERIDAN

DE LA RECHERCHE INTUITIVE D'UNE MAISON

Il y a quelques années, j'avais loué un petit appartement situé tout près d'une rivière. J'adore l'eau et j'ai besoin vivre près d'un plan d'eau. À la vue d'un lac, d'un océan ou d'une rivière, mon âme chante et ma créativité s'épanouit. Des broussailles cachaient l'étroite rivière. Je pouvais entendre le glouglou de l'eau sur les rochers sans pouvoir contempler la rivière depuis ma fenêtre.

Un matin, au réveil, je réalisai que j'en avais assez. J'étais fatiguée de vivre dans des pièces exiguës ; fatiguée de payer une fortune en loyer. Et surtout, fatiguée de ne pas pouvoir contempler l'eau de ma fenêtre. Ce jour-là, je fis le vœu d'acheter une maison avec vue sur l'eau et avec suffisamment d'espace.

Je m'accordai toute la latitude voulue pour imaginer ma nouvelle maison avec tous les éléments que je désirais y retrouver. Je visualisai la maison de mes rêves — tout en restant réaliste. Je ne cherchais pas un château mais une maison. J'ai appris que les rêves ne se transforment en réalité tangible que si l'on y croit.

Je pouvais m'imaginer vivre dans un condo situé sur les berges d'un lac. Rien de trop chic, juste quelque chose de sympa et en bonne condition. Ce serait mon chez-moi et il me coûterait moins cher qu'un loyer. Ah oui, encore une chose : comme je ne possédais pas beaucoup d'économies, je ne voulais pas être obligée de verser un acompte.

En y repensant, je constate qu'à aucun moment je n'ai remis en question la légitimité de mon désir. Je savais ce que je voulais un point c'est tout! J'avais pris ma décision avec désinvolture, comme si j'avais demandé un verre propre dans un resto ou un remboursement dans un grand magasin.

Alors que je me rendais à mon travail, le jour même où j'avais décidé de trouver la maison de mes rêves, une impulsion soudaine m'incita à tourner dans une petite rue adjacente que je n'avais jamais remarquée jusque là. Je suivis mon instinct et me retrouvai sur une route où soufflait le vent, près d'un superbe lac.

Comme un aveugle suivant son chien, je me laissai guider par mon intuition. Ma raison tenta de s'opposer : déjà en retard au travail, descendre ainsi le long du chemin... puis j'aperçus un immeuble splendide à deux étages comme ceux que l'on voit à Cape Cod, avec des fenêtres panoramiques donnant sur le lac. Mais le plus beau c'était une grande affiche portant l'inscription «À vendre» perchée sur un appui de fenêtre couvert de géraniums.

Mes mains tremblaient lorsque je notai le numéro de téléphone de l'agent immobilier, car je savais — j'en étais certaine — que cet appartement serait le mien! J'eus de la difficulté à me rendre au travail. Aussitôt arrivée à mon bureau, je composai le numéro que j'avais vu sur l'affiche. Au lieu de tomber sur un message enregistré, j'entendis la voix de l'agent immobilier qui accepta de me rencontrer au condo l'après-midi même.

Même si l'appartement avait besoin d'un bon nettoyage, l'intérieur était encore plus beau que l'extérieur. Le prix était beaucoup moins élevé que ce à quoi je m'attendais. J'expliquai ma situation financière à l'agent qui me dit que le condo lui appartenait. Il n'exigea pas de versement initial. Une heure plus tard, j'avais en main un contrat signé et la clé de la maison. Je déménageai le week-end suivant dans cette maison qui, peut de temps auparavant, n'était qu'un rêve.

Je crois que nous possédons tous ce guide, cette force extra-ordinaire que nous nommons l'intuition. Si nous écoutons vraiment cette petite voix tranquille à l'intérieur de nous, si nous la suivons en toute confiance, celle-ci nous conduira à notre véritable demeure.

DOREEN VIRTUE

« Les gens rencontrent Dieu à chaque jour mais malheureusement,
ils ne Le reconnaissent pas. »

PEARL BAILEY

UNE MÉDAILLE D'OR

*L*a prairie couverte de neige, de l'autre côté de la route, se découpait sur le ciel d'un bleu éclatant. Dennis mon mari et Kris, notre fils aîné étaient partis avec le chasse-neige pour affronter les amas de neige fondante d'avril. Le soleil réchauffait doucement notre haute région du Colorado et la chaleur de ses rayons annonçait le printemps. Je souriais en étendant la lessive sur la véranda, à l'arrière de la maison, tout en surveillant Todd, notre fils de dix-huit mois qui découvrait l'art de patauger dans les flaques de boue. Il poussait de grands cris de joie à chaque éclaboussure. Ses pantalons de velours côtelé et sa veste maculés étaient irrécupérables. J'avais du mal à croire que dans trois mois il deviendrait le grand frère de cette nouvelle vie qui grandissait en moi.

Un peu plus tard, une voix claire qui s'exprimait sur un ton impérieux me fit tressaillir. La voix disait : *Trouve-le — immédiatement.* Sans hésitation, j'agrippai ma paire de bottes d'hiver et sortis en courant, aussi vite qu'une femme enceinte de six mois peut le faire. Todd n'était plus là. Je pouvais l'entendre se débattre, mais je ne pouvais l'apercevoir. Le son de ses cris se répercutait sur les rochers, ce qui m'empêchait d'en localiser la provenance. Je grimpai la colline à toute vitesse espérant l'apercevoir de là-haut. De façon viscérale, je savais que c'était une question de vie ou de mort. *Pas de panique, concentre toute ton attention sur Todd.* Je ne pus l'apercevoir du haut de la colline non plus.

J'entendais seulement ses cris qui faiblissaient. Désespérée je criai : « Mon Dieu, conduisez-moi jusqu'à lui. » Sans réfléchir, je traversai à nouveau la prairie.

D'abord je vis le trou dans la glace où il était tombé ; puis sa tête émergea de l'eau. La terreur se lisait dans ses yeux. Je courus vers lui, la glace céda sous mes pieds et je sombrai à mon tour dans l'eau glaciale.

Je n'ai aucun souvenir de ce qui s'est passé dans l'eau ni de la façon dont j'ai pu en sortir avec mon petit garçon. Je courus avec Todd dans les bras jusqu'à la maison ; je fis couler un bain d'eau tiède et lui enlevai ses vêtements. Je le déposai doucement dans l'eau et subitement, il se mit à haleter et à serrer très fort ses petits poings. Il était en état de choc. J'avais besoin d'aide. L'hôpital se trouvait à au moins dix minutes de chez nous. Dans la voiture, le visage de Todd prit une couleur bleu-gris inquiétante pendant que nous dévalions la montagne aussi vite que possible. Sous le coup d'une impulsion, je fis un petit détour pour me rendre chez une amie infirmière. En approchant de chez elle, j'appuyai sur le klaxon. Beth sortit en courant. En hurlant, je la mis au courant de la situation. Elle sauta sur le siège arrière et prit aussitôt les choses en main.

Nous nous sommes ruées dans la salle d'urgence. Je concentrais toute mon attention sur le doux visage de mon fils et lui murmurait ces mots dont les mères ont le secret quand la vie de leur enfant est en jeu. Je concentrais toute ma volonté sur lui pour qu'il vive. Je le suppliais de respirer. Todd souffrait d'hypothermie grave et les signes vitaux étaient de moins en moins perceptibles. Il allait bientôt mourir. Les policiers avaient localisé Dennis et Kris qui arrivèrent en trombe à l'hôpital. Après ce qui sembla une éternité, Todd commença à réagir. Frigorifiée moi aussi après mon plongeon dans l'eau glacée, je sentis que quelqu'un déposait une couverture sur mes épaules et je m'aperçus alors que je n'avais pas de chaussures.

La nouvelle de l'accident s'était maintenant répandue dans notre petite ville. De bons amis et les grands-parents de Todd, Nana et Popi vinrent nous réconforter. Todd avait frôlé la mort ; malgré les progrès de la science et de la technologie, le médecin avait douté un instant qu'il puisse s'en réchapper. Ne pouvant trouver d'explication scientifique au changement survenu, seul un miracle, disait-il, avait pu le sauver.

Récemment, je brandissais fièrement un petit drapeau américain et mon visage était inondé de larmes tandis que je regardais Todd, maintenant âgé de vingt-et-un ans, concourir parmi les meilleurs athlètes du monde lors du Combiné nordique des jeux olympiques d'hiver de 1998 au Japon. Pendant que je l'encourageais en compagnie de milliers de supporters, le visage de mon fils — sur lequel se lisait la détermination — remplit le grand écran du stade.

Cette image ramena dans mon esprit le souvenir de Todd à l'âge de dix-huit mois, lorsqu'il avait aussi effectué une course contre la montre — une course pour la vie — et qu'il avait remporté l'or.

JEANNE EVANS LODWICK

SPARKY

Il ne restait que quelques semaines avant mon retour aux États-Unis ; sur le point de quitter le Royaume-Uni, je voulais être certaine de pouvoir ramener avec moi Sparky, ma chatte. Celle-ci m'avait adoptée un jour, alors que je revenais à la maison après ma journée de travail. Personne ne savait d'où elle venait mais à partir de ce jour, elle devint ma meilleure amie.

J'avais terminé mes préparatifs et mon billet était acheté ; je n'avais plus qu'à conduire Sparky chez le vétérinaire afin qu'on lui administre une injection contre la rage — nous allions ainsi pouvoir traverser les douanes sans problème. Trois semaines auparavant, j'avais présenté une demande au ministère de l'Agriculture, de l'Alimentation et des Pêcheries afin d'obtenir le certificat de vaccination requis. Le jour où elle reçut son injection tout se passa bien ; Sparky, m'avait-on dit, était en excellente santé. Il ne restait plus que deux jours avant le départ.

De retour à la maison, je me rendis compte que j'avais égaré le certificat. Je téléphonai à la clinique : il n'y était pas. L'assistante m'assura que je l'avais bien en main en partant. Un appel à la compagnie de taxi qui nous avait ramenées à la maison ne donna rien non plus. Il était maintenant trop tard pour demander un autre formulaire. Il aurait fallu attendre encore trois semaines. Désemparée, je savais que sans ce certificat, je ne pourrais probablement pas emmener mon petit animal aux États-Unis ; je serais probablement obligée de le laisser sur place. En regardant ses yeux confiants, le désespoir m'envahit. Il fallait que je trouve ce certificat! Le lendemain, je téléphonai à nouveau à la clinique ainsi qu'à la compagnie de taxi, en vain. Il ne restais plus beaucoup de temps.

Cette nuit-là, je fis un rêve : je me voyais dans le bureau du vétérinaire et je regardais une table en verre (cette table n'existe pas). Sur la table, il y avait plusieurs magazines et dans l'un d'eux se trouvait le certificat de ma chatte. En m'éveillant le lendemain matin, l'image de ce rêve était encore très vive dans mon esprit. Mais je me souvins aussi que l'assistante avait affirmé m'avoir vu repartir avec le certificat.

Il ne restait plus que quatre heures avant le départ de l'avion et j'hésitais encore : devais-je téléphoner à nouveau à la clinique? Au même instant le téléphone sonna et l'assistante du vétérinaire me dit : «J'ai de bonnes nouvelles pour vous! Un client qui attendait dans la salle d'attente vient tout juste de retrouver votre certificat. Il était entre deux pages d'un magazine.»

SHEILA O'CONNOR

UNE VISION D'ENSEMBLE

*A*utrefois, *dans une autre existence, me semble-t-il, je* travaillais comme ingénieure électricien pour une importante firme d'avionique. En dépit de ma réussite je restais insatisfaite car je n'avais pas l'impression de poursuivre un objectif valable. Je priai pour trouver un sens à ma vie et, comme toujours, Dieu répondit.

Je travaillais dans une petite équipe de recherche et développement lorsque des rumeurs voulant que notre équipe soit démantelée sous peu se répandirent comme une traînée de poudre. Les compagnies aériennes se disputaient le marché ; la guerre des prix faisant fondre les profits, l'industrie de l'avionique commençait à accuser des pertes énormes. Les conversations journalières dans la cafétéria donnaient à penser que nous serions bientôt réaffectés à d'autres projets. Nous avions l'impression d'être des pions dans le jeu des grandes corporations ; d'une façon ou d'une autre, nous serions les grands perdants de toute cette histoire.

J'aimerais pouvoir prétendre que je ne suis pas de celles qui se plaignent et critiquent ; mais je nourrissais moi aussi de la rancune à l'endroit de ces managers qui, d'une simple signature, pouvaient décider de mon avenir.

Dans le but de me ressourcer et de décider moi-même de mon avenir, je commençai à fréquenter après le travail un atelier de croissance personnelle. Je n'aurais pu choisir meilleur moment. Je m'aperçus qu'il était possible d'appliquer à tous les aspects de ma vie les principes de base de l'ingénierie : d'abord élaborer un plan, ensuite exécuter le projet et enfin réexaminer la situation afin de vous assurer que votre création corresponde bien à votre vision de départ..

Bien mais, quelle était ma vision ? Je l'ignorais jusqu'au soir où, spontanément j'exposai devant une classe remplie de gens ce qui avait de l'importance à mes yeux. Ces idées m'étaient venues à l'esprit subitement et sans effort, en dépit de mes réticences à me prêter à l'exercice. «Je vois des gens qui communiquent, coopèrent et travaillent de concert à créer de grandes choses,» déclarai-je d'une voix forte et puissante qui m'étonna moi-même. Je me tenais la tête haute, je pensais clairement, je parlais avec assurance, tout cela m'enivrait. L'étonnement se lisait sur mon visage quand je passai le micro à la personne suivante.

Je découvrais avec intérêt que j'avais toujours eu cette vision en travaillant. La communication et la coopération avaient toujours eu de l'importance pour moi. Pour la première fois, je prenais conscience de ma valeur véritable — qui allait bien au delà des réalisations sur le plan technique; même si mes plans d'ingénierie tombaient parfois dans l'oubli, je jouais tout de même un rôle important dans la vie de mes cinq coéquipiers. Une semaine plus tard, je recevais mon avis d'affectation à un autre poste.

Mon nouveau travail consistait à coordonner les efforts de plus de deux cents personnes dont une centaine d'ingénieurs; tous ces employés des compagnies Honeywell et Boeing travaillaient ensemble au design et à la programmation des instruments des cabines de pilotage du Boeing 777, un avion qui pour le moment n'existait que sur papier.

Malgré les longues heures de travail et les licenciements, motivée par le désir d'atteindre l'objectif final, je me consacrais à mon travail avec une ardeur grandissante. Possédée par une volonté plus grande que la mienne, j'évaluais bien l'ampleur de la tâche : des milliers de facteurs étaient en jeu. Il fallait que la synchronisation de tout le travail soit parfaite afin de satisfaire les clients potentiels. Le projet semblait beaucoup trop ambitieux mais cela m'était bien égal. Boeing devait construire cet avion. La compagnie United Airline devait faire voler cet avion dans le ciel. Et nous, à Honeywell, nous avions beaucoup à faire pour que les échéanciers soient respectés. Il n'était pas question de faillir à la tâche.

En plus de mes tâches régulières, je rédigeais un bulletin quotidien afin que tous participent d'un même élan à la réalisation du projet ; j'apportais aussi des beignes fourrés à la crème chocolatée aux meetings du matin pour apaiser les tensions générées par les trop longues heures de travail. Je finis par me joindre à une équipe de managers seniors qui veillaient à remonter le moral des troupes. J'eus ainsi l'occasion de démontrer encore une fois qu'en nous préoccupant les uns des autres et en attachant une grande importance à la communication, nous pouvions réaliser de grandes choses.

Après dix-huit mois passés à travailler sur ce programme, je m'envolai pour Seattle afin d'assister à une autre série de rencontres avec les clients. J'étais en avance et un de mes amis qui travaillait chez Boeing m'amena sur la piste voir le tout premier 777. Une équipe de mécaniciens effectuait une dernière mise au point des moteurs et nous avons pu grimper dans la cabine de pilotage sans nous faire remarquer.

Je m'assis sur le siège du capitaine et touchai délicatement de la main les six écrans d'affichage du tableau de bord qui représentaient une année et demie de travail pour moi et des années d'efforts pour des milliers de gens à travers le monde. Je regardai par la fenêtre et j'imaginai l'avion quittant la piste pendant que les écrans colorés s'animaient. *Nous avons réalisé ça*, pensai-je. Durant un instant, j'oubliai ma fatigue et j'eus le sentiment d'avoir pris part à quelque chose qui me dépassait, quelque chose d'immense.

Je voyais pour la première fois les résultats du travail de notre équipe et j'étais très émue ; je sortis de l'avion puis je me retournai pour jeter un dernier coup d'œil. Je ne m'attendais pas du tout à ce que j'allais voir. Sur le nez du magnifique avion, étaient peints les mots UN TRAVAIL D'ÉQUIPE. J'interrogeai mon ami à ce sujet et ce dernier m'expliqua que cette expression avait été la devise de la compagnie Boeing depuis le premier jour du programme de construction du 777. Un souvenir me remonta brusquement à la mémoire : debout devant un vaste auditoire, j'affirmais avec conviction : «Je vois des gens qui communiquent, coopèrent et travaillent de concert à créer de grandes choses».

Un travail d'équipe. Je crus rêver. Ce brillant avion était beaucoup plus qu'un véhicule : il était le symbole de la communication et de la coopération sur une vaste échelle. Soudainement, ma vie des dix-huit derniers mois prenait un sens. Je compris pourquoi mon travail était devenu pour moi une obsession. Je compris pourquoi j'avais été aussi passionnée par mon travail, pourquoi j'avais tant voulu apporter une contribution efficace à ce projet. Je haletais et je retenais avec peine les larmes de joie qui soudainement me montaient aux yeux. Au même instant, venue du plus profond de mon être, une voix calme et paisible me souffla : *Mon amie, les réponses sont à l'intérieur. Toi seule peux créer ta propre réalité.*

ANN ALBERS

UNE TEMPÊTE DE VERGLAS

J'enseignais dans le cadre d'un programme d'éducation alternatif à des jeunes de douze à dix-sept ans. J'effectuais un retour sur le marché du travail après avoir passé cinq ans à la maison pour prendre soin de mon fils.

Bien vite, je me rendis compte que le terme *délinquant* recouvrait à présent une tout autre réalité : sous l'emprise des drogues, les jeunes adoptaient des comportements violents, psychotiques, incontrôlables. Ils ne ressemblaient pas du tout aux étudiants légèrement perturbés, présentant des difficultés d'apprentissage à qui j'avais enseigné avant la naissance de mon fils.

Je découvris rapidement que ces étudiants n'avaient pas du tout l'intention de s'intégrer à la population étudiante. Ils affirmaient ouvertement qu'il étaient là uniquement pour terminer leur période de probation, parce qu'ils y étaient obligés. Essayer de motiver ces jeunes gens était tout à fait inutile.

Autrefois, les permis de travail et les offres d'emploi intéressaient mes étudiants — mais ces gamins étaient des revendeurs de drogues et des cambrioleurs. Ils faisaient probablement plus d'argent en une semaine que moi en un mois. Je fis plusieurs tentatives pour les intéresser à des choses comme un compte en banque et un budget. Mais ces renseignements semblaient à leurs yeux ridicules et dépassés.

Je découvris un puissant moyen de les motiver le jour où je téléphonai à l'officier de probation pour l'informer que l'un de ses petits « récalcitrants » allait probablement échouer en Anglais. Je plaçai l'appel depuis ma salle de classe et un silence de mort s'installa. À ce moment, j'aurais pu demander n'importe quoi à mes étudiants et ils l'auraient fait.

Malgré leur apparence de petits durs et leur attitude nonchalante, ils me témoignaient du respect — sans grand enthousiasme à vrai dire ; un certain ordre régnait dans la classe : ils surveillaient les uns les autres leur langage et leurs comportements.

Je découvris une autre façon de les motiver tout à fait par hasard. Je conduisais une Nova 1969 qui avait déjà parcouru 250 000 kilomètres. Il y avait toujours quelque chose qui clochait dans cette bagnole. Les trucs bizarres que j'avais trouvés pour la faire démarrer et la faire rouler fascinaient les jeunes : insérer une règle à mesurer dans le carburateur afin qu'il ne déborde pas pendant que j'essayais de démarrer ; remettre de l'anti-gel dans le radiateur afin qu'il ne surchauffe pas, ou tenir le réservoir d'huile toujours plein.

Leur intérêt s'éveilla lorsqu'ils me virent accomplir toutes ces tâches simplement pour retourner chez moi dans l'après-midi. En misant sur cet intérêt, j'invitai Bob, mon mécanicien, à venir les rencontrer en classe. Il apporta avec lui le moteur d'un malaxeur et en moins de cinq minutes, il réussit à captiver leur attention.

Bob, lui-même un décrocheur de l'école secondaire, leur prodigua plusieurs conseils au cours de sa démonstration : il recommanda aux jeunes de se prendre en main et de prendre leurs études au sérieux. Les jeunes étaient suspendus à ses lèvres, ce qui me donna une idée : j'accepterais qu'ils passent beaucoup de temps à réparer des moteurs avec Bob à condition qu'avec moi, ils se préparent aux examens du diplôme général (GED) — une démarche qui pouvait leur permettre de compléter leurs études secondaires en moins de quatre ans.

Avec les premières réussites vinrent les premières transformations. Peu à peu, ils perdirent leur côté bourru. Dans ma salle de classe, j'eus un aperçu de ce qu'ils auraient pu devenir s'ils ne s'étaient pas retrouvés si souvent dans la rue. Un incident en particulier me revient à l'esprit.

Ils se préoccupaient maintenant de mon bien-être et un après-midi, alors qu'une tempête de verglas faisait rage, ils se demandaient avec inquiétude si j'arriverais à me rendre jusqu'à ma voiture. Ils décidèrent de m'escorter. Un jeune homme se plaça devant moi, un autre derrière et un de chaque côté. Puis, telles des tiges de vigne grimpante, nous nous sommes accrochés les uns aux autres pour descendre avec précaution les marches glissantes. Nous allions réussir quand soudain, les autres membres de la bande surgirent de derrière l'école avec en mains suffisamment de balles de neige pour nous enterrer tous. Mes escortes m'abandonnèrent un instant pour riposter à l'attaque et je déboulai les marches — entraînant les quatre jeunes dans ma chute. Nous commencions à glisser dans l'escalier lorsque les autres étudiants arrivèrent à la rescousse et nous nous sommes tous retrouvés pêle-mêle sur la dernière marche ; on riait tellement qu'on avait du mal à respirer.

Le souvenir de cet incident restera gravé dans ma mémoire pour toujours ; je nous revois encore, empilés les uns sur les autres, trempés jusqu'aux os, dans un entrelacs de bras et de jambes, à des années-lumière de la rue, des drogues et de la violence, riant et jouant dans la neige comme des enfants — les enfants qu'ils n'avaient jamais pu être auparavant.

MARTHA NICHOLSON

VII
SONNER LE RÉVEIL

« Nous n'avons qu'un seul professeur — la vie. »
CHARLOTTE JOKO BECK

ET LA GAGNANTE EST...

*L*a journée avait commencé de façon on ne peut plus routinière. Je m'étais rendue à mon travail — j'occupais alors un bureau privé situé sur une rue tranquille bordée par une rangée d'arbres, dans une petite ville de banlieue. J'habitais à moins de cinq minutes de là ; ce travail routinier et cet environnement familier me procuraient un sentiment de bien-être et de sécurité que j'appréciais beaucoup. Je laissais à d'autres femmes les luttes pour jouer un rôle important dans le monde du travail. J'étais satisfaite de ma routine quotidienne, de ma paperasserie sans complication aucune, et de ma clientèle établie. Je m'apprêtais à déjeuner seule comme à l'accoutumée, quand le téléphone sonna.

« Bonjour, Rod ? Quoi de neuf ? » demandai-je.

Rod, une de mes connaissances, était très fier de son travail d'acteur et de modèle, à temps partiel ; il travaillait présentement à installer l'éclairage pour des spectacles et des événements sportifs.

« Écoute, chérie, je suis un peu dans la merde. »

Oh oh, nous y voilà, pensais-je. *Je sens que je ne vais pas aimer ça.*

« J'ai conclu une entente avec un imprésario et je dois lui amener des gens pour des auditions. J'obtiens une commission pour chaque acteur qui se présente, qu'il soit engagé ou non. J'avais trouvé une fille qui devait auditionner pour une publicité de boisson gazeuse, mais elle a reçu une offre plus intéressante et elle m'a fait faux bond. »

Je m'enfonçai dans mon fauteuil et laissai errer mes pensées. Je fus rapidement fascinée par une toile d'araignée élaborée qui décorait le plafonnier.

« Il s'agit de jouer le rôle d'une femme d'affaires accomplie. Tout ce que tu as à faire c'est : improviser sur la journée trépidante que tu viens de passer, prendre une gorgée de la boisson gazeuse et dire à quel point c'est rafraîchissant et ravigotant. Ça ressemble un peu à ces publicités où on voit des gens frapper à la porte d'une maison privée et poser des questions au sujet de la lessive à une femme qui leur montre tout son linge blanc. Tu dois simplement être naturelle et jouer avec sincérité. Le feras-tu ? »

« Allo ? Quoi ? Faire quoi ? »

« Passer l'audition pour cette publicité. Je te jure que ça ne prendra que quinze minutes. C'est un jeu d'enfant. Tu parles un peu de ta journée épuisante, tu prends une gorgée de soda, tu souris, le changement s'opère subito presto, et c'est fini. »

Des signaux d'alarme résonnèrent dans ma tête. *Attention, soyons réaliste. Je suis plutôt rondelette, j'aurai bientôt cinquante-cinq ans, mes cheveux teints ont la couleur « monnaie de cuivre » et le bord de ma jupe tient avec du ruban gommé. Danger. Apocalypse.*

« Rod, chéri, dis-je patiemment. J'apprécie sincèrement ton offre, mais… je ne crois pas, c'est que, je ne suis pas le genre à… comment dire ?… Je n'aime pas trop voir mon image sur les moniteurs télé placés dans les magasins. Je veux dire, j'aimerais t'aider mais… » Je fis une pause. Une panne subite dans mon cerveau.

« OK, j'irai », dis-je rapidement ; émergeant de je ne sais où, ma spontanéité se manifestait tout à coup ! « Où et à quelle heure ? »

Une heure plus tard, en serrant fiévreusement dans ma main un morceau de papier sur lequel était inscrite l'adresse, je pris le train de San Francisco ; étudiant mon reflet sur la vitre de la fenêtre, indifférente aux regards des autres passagers, je répétais mon rôle.

« Citrus-Ade est le meilleur ami de la femme », articulai-je plusieurs fois, tournée vers la fenêtre, dans ma meilleure imitation de Marilyn Monroe. « Il est tel… lllement rafraîchissant ! »

Le studio était un sinistre édifice à deux étages au sud de la ville. J'entrai et on me donna aussitôt un questionnaire à remplir. Dans la salle d'attente, je vis que plusieurs personnes avaient apporté des photos couleurs grand format; un homme récitait quelques phrases, un autre arpentait la pièce. Après avoir complété le formulaire, je retournai voir la réceptionniste. «Chérie, dis-je, on me demande si je fais partie de l'Union des Artistes et j'ai répondu «non». C'est vrai pour l'instant. Mais j'ai l'intention de m'y inscrire aussitôt après cette audition». Aucune expression dans ses yeux cerclés d'épaisses lignes noires.

«Assoyez-vous», dit-elle en m'indiquant vaguement une rangée de chaises beiges.

Peu après, le directeur me conduisit à la salle d'enregistrement et m'expliqua brièvement la scène qui allait être filmée par une caméra vidéo.

«Vous êtes une femme très occupée et vous avez de lourdes responsabilités. Imaginez que vous êtes sénateur ou quelque chose comme ça. Vous devez participer à de nombreuses réunions. Vous passez la main sur votre front comme si vous étiez fatiguée, exténuée, vidée. Mon assistante, hors champ, vous tendra une canette de Citrus-Ade. Ouvrez la canette, prenez une gorgée et expliquez à la caméra, dans vos propres mots, à quel point c'est rafraîchissant. Compris?»

«Compris», dis-je, en gonflant mes cheveux de la main et en formant avec les lèvres une moue provocante.

La caméra commença à tourner et ma bouche en fit autant. Un flot de paroles en sortit. Des mots inusités, incohérents, des fragments de phrases. Mes lèvres se contractèrent et ma bouche ne fut plus qu'une mince ligne brisée.

On déposa une canette de soda dans ma main. Je la brandis vers la caméra et appuyai mon pouce sur la languette métallique.

La canette résista, alors en la maintenant fermement entre mes genoux, je tirai vigoureusement sur la languette. Le contenant s'ouvrit enfin mais l'ongle de mon doigt se brisa, vola à travers la pièce et vint heurter la lentille de la caméra. Je pris une gorgée de boisson gazeuse puis je fixai la caméra tout en louangeant le goût rafraîchissant du principal compétiteur de Citrus-Ade !

Tout avait été trop vite. Je descendis la rue sans me presser, mes pieds touchaient à peine le trottoir. *Qu'est-ce qu'ils ont mis dans cette canette ? Tout semble si brillant !*

Et c'est à ce moment que je pris conscience de ce qui venait vraiment de se passer. J'étais partie à l'aventure, loin de l'oasis où j'étais en sécurité, et j'avais tenté ma chance. J'avais avancé comme en rêve et je m'étais transformée, même si ce n'était que pour quelques heures. Jamais je ne m'étais sentie aussi vivante — aussi « rafraîchie » !

À la gare, j'arrêtai à un kiosque de fleurs et choisis un bouquet. Au vendeur qui me tendait les fleurs épanouies, je souris de toutes mes dents et dit : « Je veux remercier tous ceux et celles qui ont travaillé dans l'ombre pour ce trophée. Je ne serais pas ici aujourd'hui sans votre aide. »

« De rien, madame », dit-il en s'éloignant. « C'est pas la peine d'en parler ».

Je souris tout au long du chemin en revenant à la maison.

CLAUDIA McCORMICK

« Parlez à Dieu — Il a de merveilleuses choses à vous dire,
des choses que vous ne savez pas. »
La Révérende Mary Omwake

LE MOT DIEU

près deux années d'études intensives dans un programme de thérapie spirituelle, j'ai obtenu mon diplôme et j'ai continué à me perfectionner auprès de chaque thérapeute ou maître spirituel qui passait dans les environs de la Baie. J'éprouvais une immense compassion à l'endroit de chaque personne que je croisais sur ma route et je pouvais discerner en chacune d'elles la lumière intérieure, même si celle-ci restait invisible pour la plupart des gens.

J'avais participé à d'innombrables ateliers et classes qui cherchaient à explorer l'âme, le cœur, l'humain, l'univers et leurs modes de fonctionnement. J'évitais les causeries où je savais que le conférencier parlerait de Dieu.

De temps à autre, il arrivait que le mot Dieu surgisse à l'impro-viste au cours d'une conférence ; cela provoquait chez moi un malaise et me gênait le plus souvent. Je rejetais alors le message en entier et je concentrais mon esprit sur autre chose. J'éprouvais un sentiment de gêne pour le conférencier, comme une adoles-cente honteuse d'être vue en public en compagnie de ses parents.

J'avais beaucoup appris en regardant de près mes problèmes familiaux non encore résolus et en acceptant de plonger dans la souffrance émotionnelle qui en résultait ; et pourtant, j'éprouvais encore une sensation de vide intérieur qui allait en grandissant. Je cherchais des solutions, un guide, sans arrêt. Un dimanche matin j'allumai la télé afin de regarder une émission dominicale

hebdomadaire qu'un ami m'avait recommandée. Dans son ser-
mon, la ministre du culte faisait preuve de beaucoup de sagesse
et d'humour mais le nom de *Dieu* revenait un peu trop souvent
à mon goût !

J'ai commencé à me lever à sept heures, tous les dimanches,
afin de ne pas rater son émission. Toujours indisposée par
l'emploi abusif du mot Dieu, je pouvais tout de même admettre
devant mes amis que ces conférences pouvaient nous être très
utiles à condition de faire abstraction de cette habitude de citer
le nom de Dieu à tous propos — il s'agissait d'écarter certaines
choses pour ne garder que le meilleur.

Durant ce temps, je continuais mon introspection et je découvrais les couches plus profondes de ma blessure existentielle. Ces
moments de découvertes énergisants étaient invariablement
suivis par une période d'agitation dans mon âme.

À Santa Cruz, des Sufis initièrent une session sous la conduite
d'un shaman Huichol, Don José Matsuwa. Âgé de 105 ans, il
émanait de Don José une énergie énorme. S'exprimant dans sa
langue maternelle — ses paroles étaient ensuite traduites en
espagnol puis en anglais — il nous parlait de la vie, de la destinée,
de l'amour, du monde spirituel, de l'importance du rire et de
plusieurs autres éléments issus de la riche tradition des Huichols.
J'étais complètement captivée. Un vaste univers s'ouvrait à moi.

Il nous conduisit dans une vaste arène en plein air, où, pendant plusieurs heures, il nous enseigna une danse sacrée avec
ses nombreux rituels d'accompagnement ; puis nous avons fait
brûler de la sauge. Nous avons formé un cercle au centre duquel
chaque participant a placé un objet personnel. J'ai déposé un
cristal d'améthyste. Par une superbe journée ensoleillée comme
on n'en voit qu'en Californie, ce petit homme revêtu de l'habit
traditionnel très coloré des Huichols, nous fit découvrir d'autres
dimensions par le mouvement et la méditation. Dans les profondeurs océanes de ma vie, un changement se produisit au
rythme des vagues de lumière ridant la surface.

Don José expliqua que dans la religion Huichol, tout est sacré
et que la vie est unique et merveilleuse. Il y a la Grand-mère,
une divinité de la Croissance qui procure l'énergie à la Terre, et
le Dieu Chevreuil qui symbolise les aspects mâles de la divinité.
Leur tradition religieuse exige qu'ils accomplissent un pèlerinage
annuel difficile afin de récolter dans le désert les boutons de
peyotl ; ces derniers sont rapportés dans la communauté et
consommés au cours des rituels sacrés.

À la fin de la journée, la joie et les rires — qui forment une
partie intégrante de la philosophie Huichol — montèrent en moi
tels une source profonde et vinrent laver ma souffrance émotionnelle. J'achetai un de ces sacs à peyotl tissés à la main que
j'apportai chez moi. Il portait les symboles du Dieu Chevreuil
(des panaches de cervidé) et de la Grand-mère Croissance (un
œil stylisé). Je repris mon cristal d'améthyste placé sur l'autel
que nous avions créé au milieu du cercle et je revins à la maison.

Après l'atelier, je continuai à regarder mon émission préférée
à la télé le dimanche matin et à pratiquer la méditation quotidienne. Maintenant, quand j'avais besoin de conseils, je visuali-
sais l'image d'un chevreuil (une tête de chevreuil avec ses bois,
en fait) à qui je m'adressais en l'appelant « Dieu Chevreuil ».

Un jour, je réalisai que l'image de la tête de chevreuil (*Deer
God*) avait disparu et que je priais le « Dieu que j'aime (*Dear God*) ».
J'utilisais maintenant le mot Dieu ! Je riais à m'en tenir les côtes,
comme mon ami de 105 ans, en m'émerveillant de tout cela.

À partir de ce moment, après avoir compris que Dieu était
toujours à mes côtés, j'ai développé avec Lui une relation
extrêmement enrichissante et stimulante. J'utilise souvent le
mot Dieu, à chaque fois que j'en ressens le besoin. Si je croise le
regard méfiant et sceptique d'un de mes étudiants, je me
demande toujours si je suis en présence d'une autre personne
sur le point de s'ouvrir aux forces créatrices de l'univers. Et quand
parfois il m'arrive d'oublier à quel point je suis privilégiée, je

porte sur moi mon cristal d'améthyste et je repense au petit shaman qui fut le catalyseur de ma transformation.

Voyez-vous, quel que soit le chemin que nous prenons, nous n'avons qu'à effectuer un tout petit changement de direction pour que Dieu nous accepte tels que nous sommes et nous accueille à la maison.

MARTHA POWERS

LA SURPRISE DE DAVID

*L*e 31 janvier 1974 fut une journée incroyablement ensoleillée et chaude. Ce fut aussi le jour où tout s'effondra pour moi. Jusqu'alors tout allait bien dans ma vie. J'étais à la maison avec Lee, mon mari, et David, notre garçon de sept ans, lorsque l'horrible nouvelle arriva : Angie, notre fille de onze ans venait d'être tuée dans un accident, en même temps qu'une autre adolescente à qui mes deux filles avaient rendu visite.

Une angoisse... une douleur indescriptible.

Submergée par la peine, je revis en mémoire David et Angie à vélo sur les pistes ensablées de Shiloh en Caroline du Sud où nous avions vécu durant six mois ; je les voyais encore jouant au *Old Maid* ou captivés par le jeu de *Password*, essayant de relever un défi plus sérieux. Dans cette région rurale tranquille, Pam, notre fille de treize ans au caractère plus indépendant cherchait à s'isoler pour protéger son intimité alors que les deux plus jeunes tissaient entre eux des liens étroits. Angie avait toujours fait preuve de patience et de gentillesse envers son petit frère un peu turbulent à l'occasion. Qu'allait faire David à présent, sans sa sœur bien-aimée ?

Qu'allais-je faire moi-même sans ma petite baby-sitter ? Oh mon Dieu, comment réussir à traverser cette épreuve ? Comment lâcher prise ?

Les jours suivants furent remplis de confusion ; les membres de la famille se serrèrent les coudes et des gens aimants et attentionnés vinrent nous visiter. Peu à peu, je remarquai que David semblait se tenir à l'écart. Son visage ne témoignait aucune émotion, comme s'il n'avait pas conscience du drame effrayant qui venait de se produire.

Son attitude m'effraya. Essayait-il de l'oublier ? Aveuglée par ma peine, franchement je ne savais pas quoi lui dire et quand j'essayais — quelque chose m'arrêtait toujours.

Quelques jours plus tard, je remarquai qu'il s'adonnait à d'autres jeux. Écrasée par la douleur, je fus contrariée lorsque je le vis creuser à l'extrémité de notre cour arrière, dans les basses terres parsemées de marécages herbeux, au pied d'une colline sablonneuse. Son centre d'intérêt se déplaça, et il sortit du champ de vision que je pouvais avoir par la fenêtre de la cuisine. Tout en accueillant les gens qui venaient nous présenter leurs condo-léances, j'avais conscience qu'une intense activité avait lieu dans la cour arrière et je me demandais, vaguement, dans quel jeu imaginaire il s'était enfermé.

Au départ, son activité solitaire ne me parut pas constituer un phénomène extraordinaire puisque David avait perdu sa com-pagne de jeu. J'en conclus qu'il s'agissait simplement d'un passe-temps, d'une diversion pour canaliser son énergie ; je me plongeai dans les activités quotidiennes et entrepris le processus de deuil.

David poursuivait inlassablement son dur labeur au pied de la colline, creusant du lever au coucher du soleil. Perplexe je lui demandais : « Qu'est-ce que tu fabriques ? »

« C'est une surprise », répondait-il sans me donner un seul indice. De tous les membres de la famille, il était celui qui mani-festait le plus d'enthousiasme pour les jeux d'aventure. Mais franchement son enthousiasme cette fois-là éveillait ma colère. Car enfin, il n'avait pas une seule fois mentionné le nom d'Angie. Je ne m'attendais pas à ce qu'il éprouve autant d'angoisse que moi mais… ignorer ainsi l'absence d'Angie… quelque chose clochait.

Un jour de jeunes amis vinrent le visiter. David les mit sim-plement à l'ouvrage. Par la fenêtre, je vis avec étonnement les enfants s'activer dans toutes les directions comme des castors, transporter des bacs d'eau, couper des morceaux de bois tirés d'une corde de bois de chauffage et disparaître derrière le talus. Quand David entra en courant dans la maison pour prendre un verre d'eau, je l'attrapai par la manche de son pull maculée de boue.

« Pour l'amour du ciel, qu'est-ce que vous fabriquez ? »

Il me fit un sourire énigmatique comme à l'accoutumée. « Tu verras, maman. »

Finalement, quelques jours plus tard, David se précipita dans ma chambre. « Maman, c'est prêt ! » Ses yeux bleus brillaient d'excitation. Il agrippa ma main, m'obligeant à quitter la pile de lessive que j'étais en train de plier ; en traversant le hall, en franchissant la porte, il arborait un sourire de plus en plus large. « Attends de voir ! » Il continua de me tirer jusqu'au pied de la colline, sur le lieu de l'excavation.

Je figeai brusquement sur place, bouche bée d'admiration.

Il me regarda rayonnant de fierté. « Je l'ai fait pour Angie. »

Sous mes yeux il y avait un étang miniature. Une petite passerelle faite de bûches empilées formaient une rampe grossière assez grande pour permettre à quelqu'un de marcher jusqu'au centre de l'étang.

Surplombant le tout, une bannière blanche fixée à une longue perche sur la rive, flottait au vent. David y avait écrit de son écriture nette les mots suivants : L'ÉTANG SHILOH D'ANGIE.

« Alors maman, qu'en dis-tu ? » Il me regardait fixement.

J'avais le souffle coupé. J'étais envahie et bousculée par toutes sorte d'émotions. La tristesse, la fierté, l'amour, l'admiration… la honte. Comment avais-je pu douter un instant de l'amour de David pour Angie ? J'avais l'impression de m'être enlisée dans un marécage sans pouvoir jamais m'en sortir.

Puis je réalisai subitement pourquoi je n'avais pu m'entretenir de tout ça avec lui : Dieu m'avait demandé de remettre David entre Ses mains toute puissantes.

Je pris une grande inspiration et je me mis à chercher les mots. «Je trouve que c'est un geste touchant de ta part. Angie serait très fière de savoir que tu as construit tout ça en son honneur.» Oh oui, si fière.

Plus tard dans la soirée, David m'appela de sa chambre et tandis qu'il enfilait son pyjama pour la nuit, je vins m'asseoir à ses côtés. La magie de notre échange chaleureux de l'après-midi était encore perceptible.

«Maman, tu comprends pourquoi j'ai creusé cet étang, n'est-ce pas?» Pendant qu'il tirait vigoureusement sur sa chaussette, je remarquai que ses petites mains étaient calleuses et pas très propres.

«Je crois que oui, chéri, mais explique-le moi quand même.»

«Et bien — tu sais, il fallait que je fasse quelque chose — quelque chose de grand». Il me regarda avec intensité. Et c'est là que je vis toute la profondeur de sa tristesse. Et l'ombre noir au fond de ses yeux bleus.

«Elle n'a pas vraiment vécu, n'est-ce pas?» demanda-t-il.

«Que veux-tu dire?»

«Onze ans... c'est court...» Il grimaça en retirant son autre bas. «Voilà pourquoi je ne pouvais me contenter d'un petit geste — c'aurait été comme dépenser dix cents pour elle. Je voulais faire quelque chose qui compte, quelque chose de grand — comme dépenser un billet de dix dollars.» Il demeura silencieux durant un long moment; l'air grave, il réfléchissait. «Je crois qu'elle le sait, maman.»

J'acquiesçai d'un signe de tête, trop émue pour parler, comprenant sa logique de petit écolier. Il aimait tellement sa sœur.

Durant au moins un mois après cette conversation, David transporta quotidiennement de l'eau à l'étang d'Angie car le sable fin l'absorbait rapidement. Je savais que cela ne pourrait durer indéfiniment. Il avait franchi avec succès cette étape du deuil où l'on se sent tenu de faire quelque chose et le petit étang d'Angie finit par s'assécher. David passa à une autre étape de guérison et d'acceptation.

Pendant des mois, le petit pont et sa bannière demeurèrent en place, dans ce coin isolé de notre terrain. Je ne pouvais me résoudre à m'en départir. L'inscription pâlissait sous l'effet de la pluie, le bois commençait à pourrir mais le message demeurait bien vivant. Le temps passait et il me réconfortait encore.

Un jour, vers la fin de l'après-midi, je montai sur la passerelle afin de me recueillir. Alors le chant d'un oiseau pénétra ma mélancolie et je me retrouvai enfin en paix. Je sus dès lors que même si la peine de David n'était pas toujours visible, son hommage à Angie surpassait tous les autres hommages réunis. Je compris que son cadeau me faisait aussi du bien.

Si David avait pu se libérer de son fardeau, je le pouvais aussi. Une douce brise agita mes cheveux et me força à redresser mon visage humide. Je regardai par delà les grands pins les nuages floconneux sur le bleu infini.

Je pris conscience que cette visite à l'étang serait ma dernière.

Car je savais ce que David avec sa simplicité d'enfant avait toujours su : dans l'esprit du Seigneur, on ne perd jamais vraiment les êtres aimés.

Je soufflai entre mes doigts un baiser en soupirant, « Je t'aime Angie. » Puis je m'éloignai sans me retourner.

EMILY SUE HARVEY

DE LA GRANDE CLASSE

*T*rois mois avant d'atteindre mes quarante ans, un jour glacial de janvier, je revenais de l'épicerie et je roulais sur l'autoroute en direction de la maison. Je me mis à penser que bientôt, trop tôt, je franchirais le cap de la quarantaine. Je sentis soudainement mes mains devenir moites et ma lèvre inférieure commencer à trembler. C'était une vérité implacable et, en même temps, il y avait un tel décalage avec l'époque où je croyais que j'aurais toujours 27 ans…

Que m'arrive-t-il? pensai-je, tout en sachant pertinemment la réponse : je vieillissais et cela se voyait. Je réalisai que je ne m'étais pas regardée longuement dans le miroir pour me maquiller ou me coiffer depuis très longtemps. J'examinai minutieusement les rides et les affaissements. J'allai même jusqu'à tirer la peau de mon front pour évaluer avec précision les ravages de la gravité et les avantages d'une éventuelle chirurgie. Même chose pour la couleur de mes cheveux ; ces six derniers mois, j'avais tenté de trouver la teinte idéale qui recouvrirait le gris de ma chevelure sans toutefois désavantager ma peau moins éclatante qu'auparavant. J'avais d'abord opté pour une couleur «sable du désert» puis un ton « or pur » et enfin une nuance «fraise au lever du soleil», tout cela dans l'espoir de paraître — un peu plus jeune? Non. Mieux que cela. Je voulais paraître *jeune*. Je voulais avoir l'air complètement, absolument et parfaitement *jeune* comme avant.

Mon allergie à la quarantaine se reflétait dans toute la maison. Sur la table à café, le parquet de mon bureau, ma table de chevet, s'empilaient des revues de mode et de beauté qui ne convenaient pas du tout à mon âge. Mais tel était le problème. Je pouvais y découvrir puis copier des trucs pour paraître jeune et des tenues suggérées par des ingénues, des starlettes, des stylistes de la mode et de la coiffure. Ma recherche obsessionnelle de ces symboles de la jeunesse et l'importance que je leur accordais se reflétèrent bientôt dans mes placards et sur mes étagères : la courte tunique de velours bleue, les sandales de brocart noir et doré à semelles compensées, le vernis à ongles jaune, bleu et vert. Et quand j'apercevais mon reflet dans la vitrine d'un magasin ou dans le rétroviseur de ma voiture, ou que je surprenais le regard éloquent de mon mari ou de mon adolescente, avais-je l'impression d'être en train de gagner la bataille contre le vieillissement dans laquelle je m'étais engagée ? Est-ce que j'arrivais à oublier mon âge véritable ? Non. Et de plus, j'avais l'air un peu ridicule et je me sentais superficielle. J'étais malheureuse. Je faisais semblant de me baigner dans la fontaine de Jouvence mais tout était faux. Mince consolation : je savais que j'étais loin d'être la seule à agir de la sorte.

Plusieurs mois après mon quarantième anniversaire de naissance, dans un aéroport, en route vers la porte qu'on m'avait indiquée, je remarquai, du coin de l'œil, une personne que j'avais bien besoin de voir — une femme, dans la soixantaine, peut-être plus âgée, qui était l'incarnation même du raffinement, de l'élégance et de la grâce. Ce n'était pas une femme « encore belle à son âge » car, même si elle avait des rides, elle était encore sensationnelle. Sa longue chevelure grise striée de larges bandes de cheveux blancs, était relevée en une torsade à la française. Elle respirait la santé ; son visage n'était pas émacié, tendu ou stressé comme ceux de certaines personnes qui abusent de l'exercice. L'agencement du maquillage — avec une subtile nuance de rose sur les lèvres et une ombre parfaite sur les paupières — rehaussait la couleur naturelle de sa peau. Elle portait un pimpant chemisier de coton de couleur blanche, des pantalons noirs assez amples et des sandales brunes ; elle ne portait que quelques bijoux très simples : quelques bracelets tubulaires en or et de minuscules boucles d'oreille serties de diamant. Dès l'instant où je l'aperçus, elle devint, sans le savoir, mon mentor dans l'art de vieillir. L'image qu'elle projetait m'incita à sortir de cette « crise du vieillissement » dans laquelle j'étais embourbée. L'influence qu'elle exerçait sur moi n'était pas due uniquement à son apparence. La sérénité et la quiétude se reflétaient sur son visage et révélaient en silence la profonde sagesse et la compréhension d'une personne qui a vécu bien des expériences. Chose qu'on ne peut avoir à vingt ans.

Je compris que cette nostalgie de ma jeunesse, de cette époque pour moi révolue, était stérile et entravait ma constante évolution en tant que femme et être humain. Pourquoi regarder vers l'arrière quand on peut regarder vers l'avant ? Alors, ce n'est pas grave si je suis un peu « fatiguée sur les bords » — les meilleurs livres de ma bibliothèque et les étiquettes des meilleures bouteilles de vin que j'ai bues dans ma vie le sont aussi.

SARAH HEEKIN REDFIELD

« On a la vie qu'on choisit. »

ANONYME

IL N'EN TIENT QU'À MOI

J e suis une femme au foyer « à temps plein », et comme j'ai épousé un militaire, cela signifie que je déménage très souvent. Ainsi, en quinze ans de mariage, j'ai eu douze adresses. Je n'ai jamais vécu plus de deux ans dans la même maison.

Je me souviens qu'après six années de mariage, nous avions déjà déménagé cinq fois, et nous avions deux enfants — un enfant de quatre ans et un nouveau-né — Je n'avais pas bonne mine. J'étais alors dépressive et je me sentais extrêmement seule.

Je portais d'amples survêtements, je ne me maquillais pas, j'avais un excès de poids, je n'étais pas en forme ni en santé, et ma plus grande réalisation, semble-t-il, se résumait à regarder *Sesame Street* à la télé à la même heure, à chaque jour. Je contemplais en soupirant les murs blancs de notre maison fournie par le gouvernement : des murs nus et ternes. Je n'avais installé aucune plante ou autre élément décoratif dans la maison. *À quoi bon ?* pensai-je. *De toute façon, nous allons déménager bientôt.* J'avais perdu toute motivation et tout intérêt. Mon attitude fataliste déteignait sur tous les aspects de ma vie.

Nous habitions dans le Dakota du sud et nous étions au début du printemps avec une température qui stagnait à un ou deux degrés au-dessus du point de congélation quand je décidai, en désespoir de cause, d'assister à une rencontre de femmes à notre église. J'y allais sans grand enthousiasme, en me disant : *Bof, au moins la garderie est gratuite!* J'emmitouflai mes petits et me dirigeai vers l'église pour aller y entendre une conférencière motivatrice invitée.

Je n'en attendais pas grand-chose et je décidai de m'asseoir à l'arrière de la salle au cas où je voudrais partir avant la fin. Le thème de la conférence était : « Épanouissez-vous là où vous êtes ! ». *Ouais, c'est ça,* pensai-je, en faisant la sourde oreille, *il faut des racines pour fleurir et je n'ai jamais eu la chance d'en développer. Alors à quoi bon ?*

Je me tortillai sur mon siège durant plusieurs minutes, mais ses paroles finirent par s'introduire dans mon esprit résigné. Elle était sensible, disait-elle, aux problèmes des femmes de militaires et elle reconnaissait que la vie était difficile pour elles. Je me mis à l'écouter attentivement. Par-dessus tout, je crois que j'avais besoin qu'on me témoigne un peu de sympathie. Mais après avoir sympathisé quelques instants, elle commença à nous critiquer gentiment — nous n'avions pas le droit de nous apitoyer sur nous-mêmes. Nous étions chanceuses : alors que tant de gens étaient sans travail, nos maris au moins avaient des emplois ! Et il importait peu que nous habitions dans un endroit durant deux mois ou vingt ans, notre responsabilité était la même : nous avions le devoir de laisser les lieux en meilleur état que nous ne les avions trouvés, même si cela devait se résumer à planter quelques malheureux pétunias à l'avant de la maison.

Je commençai à me sentir coupable et ingrate. J'absorbais son message comme les fleurs absorbent la lumière du soleil. Je devais me transformer. Je devais apprendre à tirer le meilleur parti possible de la situation au lieu de toujours me plaindre. Après tout, j'avais su dès le départ à quoi m'en tenir ; j'étais consciente en l'épousant que mon mari était un militaire ; j'avais accepté son style de vie.

Ses dernières paroles agirent sur moi comme une perceuse : « Allez-vous gaspiller, ici ou ailleurs, deux de ces précieuses années sur terre que Dieu a bien voulu vous donner ? Sortez et changez les choses! Fleurissez là où vous êtes, et pour le moment, c'est ici!»

Je compris en franchissant la porte à toute vitesse que le premier endroit où je devais m'épanouir était ma propre maison. J'accrochai des cadres aux murs et posai des bordures de tapisserie. Même si je savais que dans peu de temps je devrais y remettre la couleur originale exigée par le gouvernement, j'entrepris de peindre tous les murs. Je semai des fleurs et un petit potager.

Mon environnement s'éclaira et mon esprit fit de même. Mon attitude changea et mon apparence se modifia en conséquence. Ma santé sur le plan physique et émotionnel s'améliora. En retrouvant ma confiance, je pus établir des liens avec des gens à l'extérieur de chez moi et apporter ma contribution dans la communauté où je vivais.

Aujourd'hui, même si je déteste toujours faire les valises, quitter des amis et un environnement familier, je vais résolument de l'avant, développer de nouvelles racines — espérant à chaque fois m'épanouir toujours un peu plus.

KAREN A. WILSON

CHEZ LE BROCANTEUR —
PETITE LEÇON D'ÉCONOMIE

*J*e suis une amatrice en tout genre — j'aime collectionner, négocier, retaper des meubles, et je suis assez bon juge en matière d'objets anciens en bois. Il n'est pas essentiel d'être un amateur pour défoncer son budget dans une boutique de brocanteur mais cela peut aider.

Par une journée pluvieuse, je me rendais en Nouvelle-Angleterre afin de visiter une brocante installée dans une grange. Je cherchais un vieux lit pour mon fils. Rien de luxueux, je voulais un bon lit solide, en bois, que je pourrais retaper à la maison. Un meuble robuste qui saurait donner à la chambre de mon fils une petite touche masculine et rustique.

Il faut tout de suite démolir deux mythes au sujet de l'amateur de brocantes. Premièrement, ne jamais aller à la chasse aux aubaines les jours de pluie. Nous, les néophytes sommes toujours enclins à croire que nous pourrons dénicher les meilleures aubaines durant les journées les plus moches, quand les affaires tournent au ralenti, et que le vendeur laissera partir n'importe quoi pour une bouchée de pain, simplement pour conclure une vente. Faux! Comme la mauvaise température ralentit le rythme des transactions, le vendeur astucieux ne vendra qu'au prix fort les jours creux. Outre cette vérité toute simple sur la chasse aux aubaines un jour de pluie, vous risquez en plus d'attraper une pneumonie et les honoraires de votre médecin feront grimper en flèche vos dépenses de la journée.

Ensuite il y a la minutieuse préparation — à laquelle il faut
consacrer une heure environ — qui consiste à se donner délibérément un air «pauvre». Une perte de temps complète! Un brocanteur saisonnier peut détecter une femme au foyer bien nantie
dont le sac à main est rempli de cartes de crédit, à un kilomètre
à la ronde. Sous ses jeans miteux et son chemisier malpropre,
elle porte un parfum hors de prix. Ou encore, elle oublie d'enlever ses petites boucles d'oreille serties de diamant, un cadeau de
son mari pour la Saint-Valentin. Regardons les choses en face :
on ne berne pas aisément un brocanteur!

Ignorante de ces notions de base, j'arrive à destination, pleine
de candeur et décidée à prendre d'assaut la vieille grange. En
descendant de ma voiture, je commets l'erreur, une de plus, de
courir comme une folle sous la pluie. Me voilà maintenant transformée en une chercheuse d'occasions mouillée et frissonnante
qui doit traiter avec un brocanteur à l'aise, bien au sec. La seule
chose froide chez lui c'est son cœur.

J'entre dans la grange mal éclairée où sont empilés jusque
sous les chevrons de la toiture, une quantité incroyable d'objets
dont plus personne ne voulait. Ma passion! L'amour de ma vie!
Le vendeur s'avance d'un pas nonchalant dans ma direction —
avec un air désinvolte, il n'est vraiment pas pressé. Je crois qu'il
veut me laisser le temps de regarder à loisir. En fait, il me jauge.
Il renifle, histoire de vérifier si une odeur de Chanel No. 5 flotte
dans l'air et il observe les lobes de mes oreilles cherchant à y
déceler le scintillement révélateur.

«Ayah?», dit-il enfin. (C'est une expression typique de la
Nouvelle Angleterre qui signifie «Oui», «Peut-être», «Belle température», «Comment allez-vous?» ou, dans ce cas-ci «Puis-je
vous aider, madame?»)

«Je regarde simplement, merci.» (Cette réponse est ridicule!
Personne ne vient dans un pareil capharnaüm uniquement pour
regarder. Il le sait, et je sais qu'il le sait!)

Je tâche de prendre un air désinvolte sans y parvenir car je viens de découvrir ce que je cherchais. Trop rapidement les mots jaillissent de ma bouche : «Combien pour ce vieux lit?»

Il extirpe la tête de lit, coincée entre un meuble de radio poussiéreux et un divan rembourré de l'époque Eisenhower. Il recule d'un pas pour admirer la pièce. Puis il gratte sa barbe et le dessus de sa tête chauve. Il grimace. Il caresse la peinture écaillée.

«Oh, ça vous coûterait bien une centaine de dollars pour en acheter un neuf comme celui-là».

«Oui mais combien pour ce vieux lit?» (En insistant sur le mot «vieux»).

«C'est de l'érable, du solide, vous savez. On n'en fait plus comme ça. Sans parler de son vécu. Je peux le laisser partir pour quinze dollars, parce que vous avez marché sous la pluie et tout ça.»

Ah ah, nous y voilà! Il a deviné mes pensées et il me le fait savoir. En même temps, il me rappelle que je suis trempée, que j'ai froid et que je frissonne dans mes jeans débraillés et mon chemisier rapiécé qui ne trompent personne.

Sur un ton inflexible j'annonce : «Je vous en donne douze.»

«Non! Je ne peux le laisser partir à ce prix-là. C'est du très bon bois.»

«Du bon bois en très mauvaise condition», dis-je, un peu d'indignation perçant dans la voix. «Je vais payer une fortune tout le nécessaire pour retaper ce meuble.»

«J'en sais rien. Je ne vends pas ce genre de produits. Je vends juste des meubles et celui-ci est à quinze dollars.»

Le temps est venu de faire un ultime effort et de jouer la carte de la sympathie.

«Écoutez, laissez-le moi à douze dollars. C'est pour mon petit garçon. Je lui ai promis. Il dort sur le plancher.» (Le roulement de ses yeux et la pointe de culpabilité que je ressens indiquent tous deux que je suis une très mauvaise menteuse).

Grattements et réflexions. Et finalement il conclut : « Va pour douze dollars, mais il en vaut beaucoup plus. Vous aurez aussi besoin du sommier. Il coûte quinze dollars. »

Le triomphe est délicieux, mais il ne faut pas trop forcer la chance en essayant de faire baisser aussi le prix du vieux sommier rouillé. Il pourrait aussi bien changer le prix du lit.

J'empile tous les trésors découverts chez ce brocanteur dans ma familiale et je m'en retourne à la maison en fredonnant un air joyeux et en décapant mentalement le vieux lit pour voir s'il y a bien de l'érable sous la douzaine de couches de peinture.

Tandis que je décharge le tout dans le garage — souriant largement et me félicitant de mon habileté grandissante dans l'art du marchandage — je découvre une étiquette indiquant le prix du sommier : 12 $.

Encore une fois j'ai trouvé plus malin que moi !

BECKY LEE WEYRICH

AU-DELÀ DES APPARENCES

*S*ans être de mauvais enfants, nous étions tout de même du genre à nous mettre les pieds dans les plats de temps à autre. Monsieur Johnson semblait voir nos incursions occasionnelles sur son terrain comme un plan délibéré visant à le mettre en colère. Il sortait toujours à toute vitesse pour voir ce que nous fabriquions. Bien qu'encore jeune, probablement au début de la trentaine, il avait un profond sillon entre les yeux qui donnait l'impression qu'il était en colère de façon permanente.

Durant l'été de mes cinq ans, tous les enfants du voisinage, les uns à la suite des autres, attrapèrent la rougeole. La victime passait quelques jours au lit et généralement, les choses en restaient là. Je fus la dernière à attraper le virus, et, dans mon cas, ce fut beaucoup plus long. Il y eut des complications : d'abord une pneumonie, puis une pleurésie à une époque où la pénicilline et les autres antibiotiques n'étaient pas encore disponibles.

J'ai le souvenir d'une chambre obscure — jour et nuit — de périodes de sommeil intermittentes, de serviettes froides sur le front, et d'épisodes où je ne comprenais rien à ce qui m'arrivait. Durant mes nuits d'insomnie, mon père restait à mon chevet, il me racontait des histoires et faisait des dessins humoristiques de mon microbe. Quand on décida de m'envoyer à l'hôpital, la nouvelle se répandit à toute vitesse dans le voisinage.

La veille de mon départ, monsieur Johnson vint frapper à notre porte, à la grande surprise de ma mère. Il semblait éprouver de la difficulté à parler. Il se tenait sur le seuil, les yeux baissés, dessinant des cercles de la pointe de sa chaussure. Ma mère comprit qu'il était extrêmement gêné et qu'il venait prendre de mes nouvelles. Elle l'invita à entrer et il se détendit un peu en bavardant avec mes parents. Il leur dit que cela semblait incroyable « qu'une petite gamine comme ça » puisse tomber malade. Sa femme, dit-il, à cause de problèmes cardiaques, ne pouvait avoir d'enfants. « Cela la chagrine beaucoup », confia-t-il à mes parents, « mais moi, je n'éprouve pas le besoin d'avoir des enfants autour de moi ».

Sachant que je serais abasourdie en le voyant, mes parents accompagnèrent monsieur Johnson jusqu'à ma chambre. Je me souviens avoir d'abord éprouvé un sentiment d'horreur, me demandant ce que j'avais bien pu faire de mal alors que j'étais malade depuis si longtemps. J'appris par la suite qu'il avait été surpris de lire de la frayeur dans mon regard et de voir que je m'étais tapie sous les couvertures de telle sorte qu'on ne distinguait plus que mes yeux.

En présence de mes parents, monsieur Johnson essaya de lier conversation avec moi, tentative d'autant plus difficile qu'il était gêné et que j'étais de mon côté trop effrayée pour répondre. Lentement, je compris que cet homme essayait d'être amical et je finis par me détendre. Bientôt l'entretien allait bon train, si bien que je ne m'aperçus même pas que mon père et ma mère avaient quitté la chambre.

En reparlant de cette visite, plus tard dans la soirée, mes parents essayèrent de comprendre ce qui avait pu pousser monsieur Johnson à poser un geste manifestement si difficile pour lui. Il avait dit qu'il ne s'intéressait pas vraiment aux enfants et qu'il se passait bien de leur présence ; enfin, il avait toujours témoigner de la froideur dans ses rapports avec les jeunes. Peut-être se montrait-il ennuyé devant les enfants afin de mieux cacher sa déception, étant donné que lui et sa femme ne pourraient jamais avoir d'enfants. Si tel était le cas, il avait peut-être éprouvé beaucoup de peine en apprenant qu'une petite fille qu'il côtoyait régulièrement était malade et qu'elle allait peut-être mourir.

Je passai un mois à l'hôpital ; j'en garde très peu de souvenirs : seulement la tente à oxygène et les aiguilles dans mon dos qui servaient à drainer le liquide de mes poumons. Seuls mon père et ma mère étaient autorisés à me rendre visite. Puis mes parents passèrent une nuit entière à l'extérieur de ma chambre et, ce soir là, le médecin dont le visage était plus soucieux que d'habitude, attendit avec eux ; à intervalles réguliers il venait vérifier mon état. À l'époque, on appelait cette période : « la crise » : si le patient passait la nuit, généralement son état commençait à s'améliorer aussitôt après.

Quand je revins à la maison, monsieur Johnson fut mon premier visiteur. Il apportait une immense boîte qu'il déposa sur le plancher, à côté de mon lit. Il dit qu'il ne savait pas quoi apporter à un enfant malade ; puis mon voisin ajouta qu'il avait finalement décidé d'apporter une boîte de caramels anglais. Un bon choix, selon lui.

Deux ans plus tard environ, en dépit des risques, madame Johnson mit au monde une fille. Le jour de leur retour à la maison avec l'enfant, les nouveaux parents m'invitèrent chez eux et me suggérèrent de m'asseoir. Madame Johnson plaça avec précaution le bébé sur mes genoux en me disant que je pouvais le tenir quelques instants. Je n'avais jamais tenu un bébé dans mes bras auparavant. Je ne savais pas quoi dire lorsque les Johnsons me confièrent qu'ils avaient prénommé l'enfant Anne parce que c'était mon second prénom.

Le temps passa, et monsieur Johnson aimait de plus en plus à passer du temps à l'extérieur avec le bébé, surtout pour voir les voisins s'approcher et les entendre dire que la petite était très belle. En adoration devant son enfant, cet homme autrefois si timide souriait et conversait assez facilement avec les voisins qui venaient admirer son bébé.

Plusieurs fois je me suis demandé comment les choses auraient évolué si l'un de nous avait essayé de parler plus tôt à notre voisin grincheux. Cela aurait-il changé notre première impression ?

J'avais appris à lire et à écrire avant d'être malade, aussi, dès que je fus rétablie, j'envoyai un mot de remerciement à monsieur Johnson. Bien des années plus tard, il me le montra... il l'avait conservé parce qu'il le trouvait très spécial. À cette époque, j'avais encore de la difficulté à prononcer les mots et j'écrivais au son. La petite lettre — écrite avec application — commençait par ces mots : « Messi pou les bo-bons ».

JUDI CHAPMAN

VIII
RETOMBER
SUR SES PIEDS

« Je ne vous suggère pas de quitter votre forteresse et d'abandonner les outils
qui en général vous aident à tenir le coup mais simplement d'ouvrir les fenêtres
et d'envisager de nouvelles perspectives. »

JENNIFER JAMES

AGIR COMME SI

J'ai appris une grande leçon au cours de mon existence : j'ai compris que je devais agir comme si j'étais déjà la personne que je souhaitais être. De cette façon, je peux déjà «être» celle que je veux être, ou «avoir» ce que je veux obtenir. Je crée une tension entre ce qui est et ce qui peut être. La loi de la causalité me conduira éventuellement là où je désire être.

Ce concept s'applique dans nos vies, autant dans les petites que dans les grandes choses. J'ai divorcée alors que j'étais très jeune et j'ai dû prendre soin de mes deux jeunes enfants. Il me fallait trouver un emploi qui permette à toute ma petite famille de vivre décemment. J'ai créé dans mon esprit une image claire de ce que je voulais, puis j'ai commencé à *agir comme si*. Je m'habillais comme je l'aurais fait si j'avais eu l'emploi désiré, (même si je commençais à peine à chercher ce travail). Je parlais aussi comme si j'avais déjà trouvé cet emploi. *J'agissais comme si.* En moins de deux semaines, une de mes amies me dit qu'elle connaissait quelqu'un qui avait besoin d'une secrétaire. Je passai une entrevue et obtins l'emploi sans avoir d'expérience préalable dans le domaine.

Puis j'eus besoin d'une voiture pour me rendre à mon travail. Je priai Dieu et *j'agis comme si.* Deux jours plus tard, mon nouvel employeur annonça que la compagnie mettait à la disposition des employés une voiture à la condition de voyager en groupe (et dans la ville où j'habitais, nous étions trois personnes à effectuer régulièrement le trajet de la maison au travail).

Ce n'était qu'un début… j'obtins rapidement une promotion et devins assistante-directrice, puis directrice générale, éditrice d'un magazine commercial, présidente d'un groupe d'achats, créatrice d'un modèle d'organisation coopératif; et bien vite j'eus la réputation d'être capable de réaliser l'impossible.

Pour ceux et celles qui ne connaissent pas la règle toute simple qui consiste à *agir comme si*, tout ceci semble impossible — mais c'est la façon que j'ai choisie, celle que Dieu m'a donnée. Un ami prêtre m'a dit un jour de «lâcher prise et de faire confiance à Dieu.» Je suis toujours étonnée de constater à quel point Dieu m'aime et prend soin de moi.

Une pensée limitée est la seule chose qui peut nous empêcher de jouir de tous les bienfaits qui nous attendent. C'est pourquoi j'essaie constamment de voir plus grand et d'y croire. *J'agis comme si* et je me branche à la source d'abondance infinie. J'y trouve toujours ce dont j'ai besoin, ce que je désire, et bien davantage!

SUE DYER

UNE PARFAITE SYNCHRONICITÉ

L *a plupart des gens vont à la chasse aux emplois. Moi, j'allais* plutôt à la chasse aux maisons. Je venais de passer plus de neuf ans au Vermont à travailler dans de petits boulots mal payés, et j'avais décidé de m'installer dans une nouvelle maison — dans une nouvelle ville, un nouvel état, dans une autre région du pays.

Treize mille six cents kilomètres plus loin — après avoir dépensé près de 700 litres d'essence — je m'installai à Austin, au Texas. Dans ma quête de l'endroit idéal, j'avais visité une bonne partie des États-Unis, et j'avais fini par choisir l'endroit où les gens me paraissaient les plus amicaux. À Austin, de purs étrangers établissaient un contact visuel avec moi. Ils souriaient, hochaient légèrement la tête et, d'une voix traînante, avec cet accent du sud si charmant, me disaient « Salut ! ». Ils bavardaient avec moi dans l'ascenseur ou en traversant les boulevards. Je me sentais chez moi dans cette ville.

Je laissai mes biens au Vermont tout en projetant de les faire déménager lorsque je serais installée. J'avais apporté deux valises seulement ; je savais que je pourrais habiter dans la famille d'une amie durant une semaine ou deux, le temps de me trouver du travail. Je commençai rapidement ma recherche d'emploi.

Je fis parvenir ma carte professionnelle ainsi que mon c.v. mis à jour à plusieurs endroits. Je donnais un numéro de casier postal comme adresse et le numéro de téléphone d'une boîte vocale. Un mois passa. Je joignis les rangs de la Chambre de commerce et établis des contacts au cours de petits-déjeuners ou déjeuners d'affaires importants et à l'occasion de rencontres d'affaires dans des bistrots vers la fin de l'après-midi. Un deuxième mois passa. Je travaillais bénévolement dans le cadre d'un programme municipal, espérant pouvoir m'intégrer à un réseau. Un troisième mois s'écoula. Je me rendis à des déjeuners organisés à l'intention de directeurs d'entreprise, d'organisations professionnelles, de la Chambre de commerce des femmes et de réseaux de femmes. Quatre, cinq puis six mois s'écoulèrent.

Personne ne comprenait pourquoi je n'avais pas encore trouvé d'emploi. Je logeais dans une maison dont j'avais la surveillance ; grâce aux vêtements que mes deux valises contenaient — et à la buanderie locale — je pouvais me vêtir convenablement. Je m'inscrivis à un programme de recherche d'emploi destiné aux travailleurs et travailleuses désorganisés. Après avoir passé en revue tous les éléments de ma présentation et m'avoir fait subir des entrevues simulées, ma conseillère en recherche d'emplois me donna des notes très élevées. Toujours pas de boulot.

Le temps passa. Mes ami-es commencèrent à me blâmer. « Il y a sûrement quelque chose qui ne va pas chez toi » disaient-ils. Et pourtant je faisais tout ce qui me venait à l'esprit — j'allais jusqu'à inscrire sur des cartons des affirmations que je lisais matin et soir. Je méditais, je me plongeais dans des bains moussants, j'allumais des bâtons d'encens, et je priais avec l'énergie du désespoir. Je n'arrivais pas à comprendre pourquoi je ne trouvais pas d'emploi.

Je réfléchissais à cette malchance qui ne semblait pas vouloir me quitter quand je reçus un jour un appel de ma mère. On venait de diagnostiquer chez elle un anévrisme de l'aorte abdominale et il fallait l'opérer d'urgence. « Peux-tu prendre l'avion pour

venir me rejoindre ? », me supplia-t-elle. Comme rien ne me retenait, je pouvais partir immédiatement. Je l'accompagnai tout au
long de ce processus d'immersion dans le système des soins de
santé. Tout semblait se dérouler normalement après l'opération
mais bientôt ses forces commencèrent à décliner. Trois semaines
plus tard environ, elle commença à refuser les aliments, les liquides et ses médicaments. Elle ne semblait plus me reconnaître.
Déjà mal en point, sa condition physique se détériora davantage
à la suite d'une infection et de fortes fièvres. Près de deux mois
après son opération, le médecin déclara finalement qu'il ne
pouvait rien faire de plus pour elle.

Suivant ses volontés, je demandai que les tubes gastriques et
intraveineux qui servaient à la nourrir soient enlevés. Je restai à
ses côtés en permanence. Je tenais sa main, je lui parlais, je lui
chantais des chansons, et lui racontais des souvenirs d'enfance.
Je caressais ses cheveux, je posais ma tête sur ses genoux et lui
disais à quel point je l'aimais. Je lui donnai la permission de
lâcher prise et d'abandonner la lutte. Elle mourut en paix, peu
de temps après.

De retour au Texas, je devais faire face à la situation : j'avais
perdu mon boulot de surveillance d'une maison et mes prestations d'assurance-chômage. Malgré cela, dans un acte de foi,
je décidai d'indiquer de façon claire mon intention de
rester à Austin et je signai un bail afin d'avoir un chez-moi.
Aussitôt après, on m'offrit un emploi merveilleux et bien
rémunéré.

J'avais cherché un emploi durant les onze mois précédents ;
j'avais essayé sans succès de forcer le monde à correspondre à
l'idée que je me faisais de la réalité, à ce qui devait me convenir.
Et maintenant je comprenais. Si j'avais travaillé, je n'aurais jamais
pu quitter les lieux pour prendre soin de ma mère et lui témoigner
de l'affection. L'emploi tant convoité m'aurait empêché de vivre
l'expérience la plus précieuse de ma vie.

Ce que j'avais perçu comme une malédiction s'avérait être une bénédiction. J'avais cru que l'univers entier était contre moi, or durant tout ce temps, j'avais eu exactement ce dont j'avais besoin. Je suis, et j'ai toujours été, exactement là où je devais être.

MINDY SUE COHEN

UNE PASSERELLE
BIEN SPÉCIALE

À l'été 1986, le destin me joua un tour bien cruel et bouleversa mon existence.

J'agissais alors comme thérapeute auprès d'enfants abusés sur le plan physique et émotionnel; je préparais du matériel éducatif destiné aux thérapeutes; je collaborais au développement du programme de la Société américaine du cancer; je travaillais avec des adultes aux prises avec des problèmes d'anxiété et je me préparais à passer l'examen d'État comme thérapeute auprès des couples, des familles et des enfants.

J'avais alors quarante-huit ans, j'étais heureuse, je travaillais fort; mes enfants s'apprêtaient à quitter le nid familial et je pouvais donc passer plus de temps avec mon mari. J'étais toujours avide d'apprendre de nouvelles choses et j'étais enchantée lorsque je pouvais être utile dans ma communauté.

Puis quelque chose se produisit. Je me sentis de plus en plus fatiguée. Très fatiguée. *Un microbe quelconque qui finira bien par s'en aller*, me dis-je. Quelques semaines plus tard, j'éprouvais de la douleur dans les muscles et bientôt, je marchais avec difficulté. J'avais toujours eu une bonne mémoire et maintenant, celle-ci me faisait défaut à l'occasion.

Je sautais le déjeuner afin de pouvoir faire une petite sieste. Après ma journée de travail, je faisais une autre sieste. «Une très mauvaise grippe», voilà ce que je persistais à dire aux membres de ma famille qui s'inquiétaient. Après avoir posé moi-même ce diagnostic, je changeai peu de choses à ma routine : j'ajoutai simplement à mon menu les ingrédients qui me servaient de remèdes depuis toujours : des vitamines et du jus de légumes frais que je préparais moi-même à la maison.

Après plusieurs mois de repos, loin de s'améliorer, ma situation se détériora.

Je finis par me traîner chez le médecin en pensant qu'il pourrait me prescrire quelque chose qui éliminerait «ce microbe».

«Vous êtes atteinte de mononucléose grave et pire, les résultats indiquent que nous sommes en présence du syndrome de fatigue chronique», dit le médecin en regardant les résultats de tests sanguins. «Je ne peux rien faire pour améliorer votre état. Du repos, c'est ce qu'il vous faut. La mononucléose disparaîtra en quelques mois, mais il faudra peut-être cinq ans pour que votre organisme réussisse à éliminer la fatigue chronique; et dans certains cas, cette maladie dure toute la vie.»

«Cinq ans», m'écriai-je. «Je ne peux être aussi fatiguée et endolorie pendant cinq ans. J'ai trop de choses à faire. Plusieurs personnes comptent sur moi!»

Je pensais sans doute que mon désir de continuer la vie que je menais auparavant pourrait changer le diagnostic. Mais non. La mono disparut en quelques mois, mais pas la fatigue chronique, exactement comme le docteur l'avait prédit.

Je fis l'impossible pour retrouver mon ancien mode de vie, mais mes efforts furent inutiles; je finissais toujours par me sentir frustrée. À la fin de la première année, j'avais de la difficulté à monter vingt marches d'escalier. J'avais renoncé à mes promenades quotidiennes sur les collines près de chez moi; j'avais quitté mon emploi dans les centres de thérapie; et je ne sortais plus avec des amies qu'à de rares occasions.

Mon mari obtint un poste temporaire en Allemagne; il voulait que toute la famille l'accompagne mais je dus rester à la maison. Ils m'ont offert de me procurer une chaise roulante et de m'amener partout. Je savais qu'une chaise roulante ne pourrait pas me donner l'énergie nécessaire pour voyager.

À la fin de la deuxième année, je sombrai dans la dépression. Comme le flux et le reflux de la mer, la fatigue suivait son propre rythme, et non le mien. Frustrée, en colère et déconcertée, je me demandais ce que j'avais fait pour mériter ça.

Un jour, couchée dans mon lit, je pleurais en m'apitoyant sur mon sort. Les larmes roulaient sur mes joues et entraient dans mes oreilles. Je voulais retrouver ma vie d'antan. Je voulais redevenir la femme, la mère, l'épouse radieuse, super active, vive d'esprit, indépendante que j'avais été. Tout mon corps était agité par les sanglots : je pleurais la perte de mon identité.

Après avoir pleuré toutes les larmes de mon corps, je n'avais plus une once d'énergie pour faire quoi que ce soit et je restai étendue. Puis quelque chose se produisit. J'entendis une voix qui me parlait.

«Ralentis, ralentis simplement,» disait la voix. J'ouvris les yeux et examinai attentivement la chambre vide. Avais-je rêvé cela ? Est-ce que je devenais folle maintenant ?

«J'ai ralenti», murmurai-je, attirée dans un dialogue avec la mystérieuse voix. «Je suis déjà immobilisée.»

Vas-tu me permettre de t'aider ou veux-tu continuer toute seule ? me dit la voix avec douceur, comme pour me secouer un peu. J'agissais seule. Cherchant désespérément un moyen de guérir, je demandai de l'aide. Sans trop savoir quelle forme pouvait prendre cette aide, je tâchai d'écouter la voix.

Tourne-toi vers l'intérieur, dit la voix sur un ton tout aussi doux, et dis-moi ce que tu ressens. J'ignorais comment faire mais j'étais prête à essayer. Je n'avais rien à perdre. Je pris une profonde inspiration et au lieu d'essayer de fuir mon malaise intérieur, je commençai à y porter attention. Ce faisant, j'entrai dans une autre dimension, je fis un voyage complètement différent de tout ce que j'avais connu auparavant.

Tout en flottant, je pénétrais dans des formes éthérées et colorées puis j'en ressortais. Du rouge, du violet, du vert et du jaune entraient et sortaient de profondes cavernes et de tubes allongés. Des gargouillements jaillissaient en une passionnante symphonie. Ma peau était caressée par un velours très doux et de l'or liquide.

Observe ta vie, dit la voix, *prends conscience de ton énergie*.

Mes parents étaient décédés plusieurs années auparavant; mais soudainement, je sentais qu'ils étaient auprès de moi. J'allongeai le bras pour caresser le doux visage de ma mère et frotter de la main la rude barbe de mon père. J'eus l'impression qu'ils me serraient dans leurs bras; je ressentais leur joie de m'avoir mis au monde, leur espoir de me voir réussir ma vie, et la force incroyable de leur amour.

Je me souvins de toutes les erreurs commises, de tout ce qui allait mal dans ma famille. J'eus envie de mettre un terme à cette expérience afin de me protéger. Mais la voix insista gentiment et m'encouragea à continuer.

En lâchant prise et en permettant à l'amour de s'épanouir davantage en moi, je pus revivre une myriade d'événements heureux. Le temps chronologique n'avait aucune importance dans cette autre dimension. J'avais six ans et dans la cour de l'école, je poussais sur le manège pour le faire tourner le plus rapidement possible. Puis, à vingt-six ans, je marchais vers l'autel dans ma robe de mariée. À l'âge de trois ans, je hurlais afin que ma mère vienne embrasser mon genou éraflé. À l'âge de trente ans, je donnais naissance à ma fille. Comme les séquences d'un film, de merveilleux moments, des instants de grâce défilèrent dans mon esprit; mais je ne me contentais pas de les regarder, je les revivais.

Quand j'ouvris les yeux, je sentis une énergie monter en moi, un courant électrique qui faisait vibrer tout mon corps. À la suite de cette expérience extraordinaire, divine oserais-je dire, je vis clairement à quel point j'avais mal utilisé cette chose même que la maladie m'avait complètement enlevée : *l'énergie*.

Je compris qu'en cessant de dilapider inutilement mon énergie, je disposerais de plus de temps pour apprécier les merveilles de la vie : la douceur des fougères qui poussaient dans mon jardin ; les vibrations du colibri buvant dans les fleurs orangées ; le hurlement d'un coyote dans la nuit ; les odeurs de l'hiver après la dernière tempête et la musique du silence.

Ma vie avait été complètement bouleversée. Aujourd'hui, je suis à l'écoute de mon corps. Cela m'aide dans tout ce que je fais, autant pour l'écriture que le jeu théâtral ou dans mon travail de thérapeute.

La tension, la fatigue, la peur, la maladie ou un simple tiraillement au niveau de l'estomac sont autant de signaux. À condition de prendre le temps de les reconnaître au lieu de les ignorer, ces signaux me fournissent des informations pertinentes et précieuses.

La maladie qui au départ m'avait affaiblie est devenue le catalyseur qui m'a permis de créer une relation très stimulante — une relation que je ne briserai jamais. Je suis en liens avec l'infinie sagesse de Dieu que je nomme le Grand Esprit. Et je suis heureuse d'avoir entrepris ce grand voyage !

JUDITH MORTON FRASER

HORS DE MON NID DOUILLET

À dix-huit ans, ma plus grande crainte — plus grande même que la peur de la mort — était de me retrouver face à un auditoire petit ou grand, et d'être obligée de parler. Mon sentiment de vulnérabilité prenait sa source dans une expérience traumatisante que j'avais vécue à l'âge de dix ans, lorsque j'avais accompagné au piano la chorale de ma classe pour le spectacle de Noël. Très nerveuse, j'avais malencontreusement sauté une page de la partition « Le garçon au tambour ». J'avais embrouillé tout le monde et créé une belle confusion. Le souvenir de cet incident demeurait bien vivant dans ma mémoire. Je revoyais encore le directeur de la chorale essayer fébrilement de raccorder les membres de la chorale éberlués et l'accompagnatrice qui avait perdu complètement le tempo. Le public avait ri de moi et j'avais été très mortifiée. Ce jour-là, je pris une décision irrévocable : je jurai de ne plus jamais remonter sur scène.

Au cours de ma première année d'études secondaires, on me dit que pour obtenir mon diplôme j'allais devoir m'inscrire à un cours d'expression orale. J'étais morte de peur. Je m'inscrivis « simplement pour en finir une bonne fois pour toute avec ça » — et peu de temps après, je rayais mon nom de la liste.

Au cours de cette même année, j'écrivis un poème dédié aux étudiants et étudiantes de la classe terminale ; je souhaitais ardemment que quelqu'un le lise à la soirée de remise des diplômes.

On me promit qu'il le serait ; malgré cela, mon poème se perdit dans un dédale administratif et sombra dans l'oubli ; jamais il ne serait présenté en public.

Ce sont ces rêves brisés et ces promesses non tenues qui poussent une personne à poser des gestes. À ma dernière année d'études secondaires, je fus bien obligée de m'inscrire au cours d'expression orale. Plusieurs fois au cours de cette année-là, j'entendis une petite voix crier en moi : *Au secours ! j'ai trouvé un public mais j'ai perdu la voix !* Chaque exposé oral représentait une épreuve extrêmement traumatisante pour moi, autant sur le plan physique qu'émotionnel. Cet exercice me donnait la nausée, ma langue s'alourdissait et mes genoux s'entrechoquaient.

J'écrivis un autre poème en hommage aux étudiants de ma classe. Cette fois, je demandai la permission de réciter moi-même ce poème lors de la cérémonie de remise des diplômes. Devant un large auditoire devenu invisible dans l'obscurité, je montai sur la scène où je fus enveloppée par la lumière d'un projecteur. Je prononçai les premières syllabes et tout le reste suivit facilement. J'entendis d'abord les applaudissements puis les lumières s'allumèrent et j'aperçus la foule. A ce moment, je compris que je ne serais jamais plus dominée par mes peurs, si profondes soient-elles.

On ne peut vivre des moments de gloire sans quitter son nid douillet. De tels événements ne peuvent se produire qu'à la condition de sortir de soi-même et de surmonter sa peur pour trouver la liberté.

CANDIS FANCHER

« Cela me semble aller de soi. Pour être fier de soi,
il faut poser des gestes dont on puisse être fier. »
OSEOLA McCARTY

LA FALAISE

A basourdie, je regardais fixement l'escarpement. *Personne au collège ne m'avait parlé d'escalade auparavant. En nous inscrivant à ce cours, nous étions sensés obtenir une excellente note sans effort, et jouir d'une semaine de liberté hors des salles de classe ; je n'avais pas prévu que ce serait le cours de Survie 101. Il n'y avait même pas de salle de bain.*

L'instructeur montra du doigt une pièce de bois qui pendait d'une corniche, au quart environ de la distance à franchir pour atteindre le sommet. « Nous allons grimper le long de la pièce de bois puis nous utiliserons les cordes pour compléter l'ascension. »

Oh non, me dis-je. *Pas moi. J'ai un prétexte : raison de santé.*

« Elle ne sera jamais funambule », avait dit le médecin à ma mère en me regardant marcher sur une ligne droite tracée sur le sol. Il découvrit que les ligaments de mes jambes étaient trop courts. Cela expliquait bien des choses, surtout ma maladresse sportive. En pratiquant des années durant, des exercices pénibles sous la supervision d'un physiothérapeute, je pus éviter de me retrouver dans une chaise roulante pour le reste de mes jours, sans toutefois pouvoir marcher tout à fait normalement.

Je regardai à nouveau la pièce de bois. Les garçons de la classe couraient pratiquement jusqu'à la corniche. Ouais, c'est un peu plus large qu'un fil de fer mais je ne pourrai jamais y arriver avec ce sac à dos. Cet affreux sac vert que j'avais soigneusement rempli quelques jours auparavant. Je m'étais accroupie, puis avec l'aide de ma camarade de chambre, j'avais posé le sac sur mon dos et en me relevant — j'étais tombée vers l'arrière sur mon lit.

« À qui le tour ? » L'instructeur scrutait les visages. Je regardai autour de moi. Il y avait sûrement un autre moyen. Mais mon regard ne rencontra que du roc solide, dans toutes les directions à l'exception du chemin que nous venions tout juste d'emprunter.

« Moi, peut-être. » Est-ce que j'avais le choix ? À moins de vouloir passer le reste de ma vie dans le désert.

Je posai les mains sur la paroi rocheuse et lentement, j'avançai centimètre par centimètre.

Ce n'est pas si mal.

Je fis glisser mon pied sur la pièce de bois.

Je peux y arriver.

Je trouvai un autre point d'appui pour ma main.

Même avec cet horrible…

Je fis glisser l'autre pied,

… sac…

Une nouvelle prise pour la main.

…vert.

J'avais réussi ! Je laissai tomber mon sac sur le sol. Maintenant, attaquons les trois-quarts du chemin qui restent à parcourir. J'observai les gars qui grimpaient à toute vitesse le long de la paroi. Crâneurs. Ils n'avaient même pas besoin de cordes. Un par un, mes camarades de classe disparurent au sommet.

À nouveau je songeai. *Non, je ne peux pas faire ça. J'ai atteint ma limite. Ils devraient bien se rendre compte que les hauteurs me terrifient !*

À défaut d'endroit où me cacher, un changement d'attitude s'imposait. Malheureusement, tout dépendait de moi. Je passai en revue tout ce que j'avais accompli jusque là… : transporter un sac à dos, traverser une rivière entre des parois escarpées, glisser dans la boue et tomber dans cette même rivière ; j'avais

même poursuivi la route après avoir aperçu des traces de puma...
Je n'avais pas fui à ce moment là, et je n'allais pas m'enfuir maintenant !

Ils attachèrent l'horrible sac à dos vert à une corde et le hissèrent au sommet de la paroi. Il contenait tout mon matériel de survie pour les trois prochains jours et demi. Je n'avais plus le choix : j'étais bien obligée de suivre ce sac.

Ils me passèrent un harnais auquel ils attachèrent la corde et m'indiquèrent où poser les mains et les pieds. J'écoutais très attentivement, sachant que ma vie en dépendait.

Je m'agrippai à la paroi et pris position en plaçant au bon endroit mes mains et mes pieds, sans regarder vers le bas.

J'avançai une main tremblante.

Au moins je n'étais pas obligée de porter mon sac.

Je trouvai l'endroit où placer mon pied.

Ce n'était peut-être pas impossible après tout.

Pas d'autre endroit où poser le pied.

« Quelque chose ne va pas », dit plus bas mon instructeur.

Sans blague.

Je trouvai enfin un point d'appui pour mon pied.

Personne n'avait parlé...

Main droite.

... d'escalade...

Main gauche.

...quand je m'étais inscrite à ce cours.

Un autre point d'appui pour le pied.

Jamais je n'aurais accepté...

Pied gauche.

... de payer pour ce supplice...

Main droite.

...si j'avais su.

« Par ici ». Une voix venait de là-haut. « Nous pourrons plus facilement te hisser à partir de là. » Mes mains trouvèrent les bonnes aspérités, mes pieds prirent appui sur le sol tandis qu'on me hissait jusqu'au sommet.

J'avais réussi ! Je me laissai choir sur le sol à quelques mètres du rebord et parcourus des yeux la vallée. Le sable rouge scintillait dans la lumière du chaud soleil du désert. C'était magnifique. Comme un rite de passage. Je compris alors que je pouvais réussir tout ce qu'on exigeait de moi. Il suffisait seulement d'avoir confiance en moi. J'avais le choix. Je suis contente que personne ne m'ait prévenue au sujet de l'alpinisme. Si on l'avait fait, je n'aurais probablement jamais participé à l'aventure.

JANICE A. SPERRY

UN BIENFAIT DÉGUISÉ

À l'âge de huit ans, mon plus gros problème n'était pas d'avoir à me débarrasser des surnoms de Petit Castor ou d'étudiante zélée, parce que mes dents saillaient au-dessus de mes lèvres, que des mèches de cheveux me tombaient sur les yeux et que mes chaussettes s'affaissaient sur mes chevilles.

Car quelle importance des chaussettes tombantes peuvent-elles avoir dans l'esprit d'une enfant lorsqu'un jour, au retour de l'école, ses parents la font asseoir et lui annoncent qu'ils « ne sont pas ses parents ? » Croyant que je n'avais pas bien entendu, ils répétèrent : « Nous ne sommes pas tes *vrais* parents, et tu as une sœur. » Je n'avais toujours pas compris. (Qu'est-ce qui n'allait pas avec mes oreilles ?) Quand ils me dirent que ma sœur vivait à l'autre extrémité de la ville, les mots tombèrent autour de moi comme des fragments de verre et se fracassèrent sur le plancher tous en même temps. Le sang se retira de mon visage tandis que je plaçais les mains sur mes oreilles et que je fermais les yeux. *Je vais faire semblant de ne pas entendre, de ne pas voir, et quand j'enlèverai mes mains, le rêve sera terminé.*

Je regardais fixement maman et papa dont la tension était perceptible et mon estomac se noua. « Nous avions l'intention de te l'apprendre depuis un certain temps », me dit mon père. « Vois-tu, nous sommes tes parents adoptifs. Ton père a disparu aussitôt après ta naissance. Ta mère a fait une dépression nerveuse et a été placée en institution. »

Rapidement la réalité s'imposa. J'appris que ma mère biologique venait de recouvrer la santé récemment — un véritable miracle. Les administrateurs de l'État ayant insisté pour qu'une rencontre ait lieu entre ma sœur, ma mère biologique et moi, mes parents avaient été forcés d'avoir cette conversation avec moi.

Je commençai à songer aux secrets qu'il me faudrait garder. Comment parler aux gens de cette autre mère et de cette sœur ? Après tout, je vivais encore ici, avec mes parents « adoptifs ». Pour la première fois de ma vie, j'étais seule, désemparée. J'avais perdu le sens de mon appartenance. Mon univers avait été bouleversé de fond en comble et je commençais à éprouver de la colère. La culpabilité venait combler les espaces vides du tableau car je me sentais aussi responsable. Je refusais tout simplement l'intrusion de cette autre famille dans ma vie.

Mais surtout, je n'arrivais pas à confier mes pensées et mes sentiments même à mes meilleurs amis. Assurément, ils ne verraient plus du même œil mes parents adoptifs. Ces amis me renieraient-ils ou seraient-ils navrés de ce qui m'arrivait ? J'évitais de parler de tout cela à mes parents adoptifs, à mes parents biologiques et à ma sœur. Je ne parvenais pas à mettre ensemble toutes les pièces du casse-tête. J'avais l'esprit embrouillé et le cœur lourd et même si je prétendais que tout allait bien, je n'en continuais pas moins à traîner un secret inavouable.

Ayant entendu parler de moi depuis de nombreuses années, Andi, ma sœur qui était un peu plus âgée que moi, souhaitait me rencontrer. Après notre réunion forcée, nous avons commencé à nous voir à l'occasion quand le système nous y obligeait. Mais tout cela semblait un peu faux. Comment pouvait-elle être ma sœur alors que nous ne vivions pas ensemble ? J'habitais dans le nord de Chicago. Elle habitait le sud. Elle avait des cheveux bouclés. J'avais les cheveux droits. Elle portait des jeans, je portais des robes. Elle savait tout de moi et j'ignorais tout d'elle. Il y avait peu de chances qu'on devienne des amies, encore moins des sœurs. Mais Andi s'entêtait à vouloir me connaître.

À ma première année d'études secondaires, Andi m'invita à lui rendre visite au collège. En faisant abstraction de ma nervosité, je décidai qu'il était temps de lui témoigner du respect. Pour la première fois, je confiai mon secret à une de mes meilleures amies car je ne voulais plus vivre seule cette expérience. Contrairement à ce que j'avais craint, et à mon grand étonnement, mon amie se montra intriguée et trouva la chose excitante.

Je parlai très peu durant le voyage en voiture jusqu'à l'université du Nord de l'Illinois. À mon arrivée, Andi m'embrassa et demanda, «Je peux te présenter comme ma petite sœur?» À ce moment précis, tout mon univers se remit en place. Je me demandais pourquoi j'avais mis tant de temps à accepter Andi dans ma vie. Mais aujourd'hui j'étais prête.. Toutes mes craintes s'évanouirent.

Après ce week-end, nous avons découvert que nous étions différentes sous bien des aspects, mais quand revanche, nous avions beaucoup de choses en commun; par exemple, toutes les eux nous aimions rire, courir des risques et accepter les gens tels qu'ils étaient. Et, plus important encore, nous avions toutes les deux le désir d'améliorer le sort des enfants.

En trois jours nous avons jeté les bases de notre amitié. Je l'ai embrassée et remerciée d'avoir persisté à vouloir me connaître. Non seulement j'aimais être une petite sœur mais en plus j'avais la chance de connaître une grande sœur merveilleuse. J'avais maintenant quelqu'un sur qui je pouvais compter. Avec Andi à mes côtés, j'avais cessé de me sentir seule. La colère et la culpabilité tombèrent quand nous avons appris que nous n'étions pas responsables de notre séparation. Et la confusion se dissipa tandis qu'ensemble, nous prenions connaissance de nos histoires respectives et faisions le vœu de rester unies à l'avenir. Andi m'enseigna à confier mes secrets.

Nous avons tenu promesse. Nous passons nos vacances annuelles ensemble. Notre mère biologique est décédée il y a quelques années et nous a légué une bague en deux pièces, faite de bandes entrelacés. Chacune de nous porte une partie de la bague ; c'est pour nous une façon de rester proche l'une de l'autre quand nous sommes éloignées dans l'espace.

Récemment, j'ai envoyé à Andi une carte sur laquelle on aperçoit deux petites filles assises sur une balançoire et qui sourient en se regardant. À l'intérieur de la carte j'ai écrit : « Nous sommes maintenant très proches l'une de l'autre et quand j'y songe… j'aurais aimé que nous soyons ensemble quand nous étions enfants. »

Comment expliquer que les épreuves les plus difficiles sont souvent des bienfaits déguisés ? En guise de compensation pour le temps perdu, nous avons fait du Camp To Belong [Camp de l'Appartenance] notre héritage. Durant plusieurs semaines, à chaque été, Andi et moi réunissons des centaines de sœurs et de frères placés dans des familles d'accueil afin qu'ils passent du bon temps ensemble.

Les enfants chantent autour du feu de camp, partagent des secrets, prennent des photos, dansent, nagent et jouent. Ou encore, on voit des frères et sœurs se promener ensemble, tout simplement. Durant un certain temps, l'occasion nous est donnée de travailler à bâtir un monde meilleur.

LYNN PRICE

IX
LA CORNE
D'ABONDANCE

« La concentration de l'esprit sur une chose précise
contribue à l'expansion de cette chose. Mon esprit est l'outil le plus puissant
dont je dispose pour inventer ma vie. »

JODY STEVENSON

DEMANDEZ
CE QUE VOUS DÉSIREZ

I l y a une quinzaine d'années de cela, j'assistais à une session de méditation dirigée par la ministre du culte de mon église, dans la ville de New York. À cette époque, j'étais dans une situation extrêmement difficile. Mon mari venait de me quitter — alors que je ne m'y attendais pas du tout — et il refusait de m'aider financièrement. J'apportais aussi un soutien à ma mère, âgée de soixante-quinze ans, qui habitait alors dans un refuge de l'Armée du Salut — ce qui contribuait à ma précarité financière. Au cours de cette session, j'apprenais des principes spirituels de guérison tels : « En premier lieu, nous devons travailler sur nous-mêmes. », « La timidité n'est pas une vertu. » et, « Je suis un être spirituel vivant dans un monde spirituel guidé et gouverné par la loi spirituelle. » À la fin du mois d'octobre, c'était un jeudi, notre animatrice nous donna un devoir spirituel à accomplir. Nous devions nous fixer un objectif et le réaliser entièrement pour le jeudi suivant ! Il fallait, selon ses propres mots « mettre Dieu à l'épreuve dès maintenant. »

Je sortis de la classe convaincue de pouvoir atteindre n'importe quel objectif. J'avais la foi ! Le temps d'arriver chez moi, j'avais déjà formulé mon objectif financier. Je voulais de l'argent pour payer le loyer, ce qui représentait un montant de 418 $; je voulais 200 $ pour couvrir les dépenses de Noël et quelques dollars de plus pour garder ouvert mon compte bancaire. Mon objectif financier et spirituel global représentait une somme de 623 $ à obtenir en l'espace d'une semaine.

Entre-temps, j'avais négocié avec mon mari afin qu'il me fournisse un soutien financier temporaire, le temps de me trouver un emploi à temps plein. Bien qu'il soit un employé d'état bien rémunéré, il refusait de m'aider. Il finit par accepter de me rencontrer afin de discuter de ce problème le vendredi, soit le lendemain du jour où on nous avait donné pour mission de mettre notre foi à l'épreuve.

Nous nous sommes donné rendez-vous à notre restaurant préféré afin que la discussion soit la plus agréable possible. Malheureusement, celle-ci tourna au vinaigre ; il finit par accepter à contrecœur de m'allouer un montant de 25 $ par semaine. C'était tout à fait insuffisant mais j'étais trop bouleversée pour contester. À la fin du repas, il plongea la main dans son porte-documents et en sortit un billet de loterie pour le tirage du samedi. Il me le tendit en me disant sur un ton sarcastique : « Tu vas peut-être gagner ». En colère, j'enfouis le billet dans ma bourse et quittai les lieux.

Ce week-end là, aux prises avec la grippe, j'oubliai mon objectif. Mais le lundi matin, en y repensant, j'avais confiance — une confiance absolue — et je m'attendais à voir les 623 $ apparaître d'une façon ou d'une autre.

Soudain, je me souvins du billet de loterie que mon mari m'avait donné. Je le sortis de mon sac à main et je téléphonai au service de la loterie. Je n'en croyais pas mes oreilles. Sur mon billet étaient inscrits cinq numéros gagnants sur six ! Je composai alors le numéro de téléphone réservé aux gagnants et une gentille dame confirma la fantastique nouvelle — j'étais bien une gagnante !

Je courus jusqu'au métro et me rendis aux bureaux de la loterie situés au centre-ville, dans le *World Trade Center*, afin de remplir un formulaire en bonne et due forme. Cette semaine-là, un billet gagnant avec cinq numéros sur six valait 622 $ et des poussières.

Je me présentai en classe le jeudi suivant et annonçai fièrement au groupe que j'avais bénéficié d'une intervention divine ! J'avais demandé 623 $ et j'avais reçu 623 $ Le professeur fit une pause puis elle me dit : « Tu aurais dû demander davantage. »

FRANCINE M. STOREY

DES BAS EXTRAORDINAIRES

*U*n jour de l'Action de grâce, il y a de cela plusieurs années, mes deux grandes filles et moi nous remémorions des souvenirs de jours de fête.

Unanimes, elles affirmaient accorder leur préférence aux bas de Noël Je fus étonnée. Ce n'était pas le magnifique arbre avec les ornements qu'elles avaient créés ou que j'avais rapportés de mes voyages dans différents pays. Ce n'était pas les présents particuliers qu'elles avaient demandés, ou les souvenirs des membres de la famille et des amis. C'était les bas !

Erika, mon aînée, dit qu'elle prenait grand plaisir à décrocher son bas et à courir jusqu'à sa chambre où elle vidait tout le contenu sur son lit pour en faire l'inventaire.

Je dois avouer que j'avais aussi beaucoup de plaisir à préparer ces bas de Noël. Je ne voulais pas que ce soit banal — la créativité était de rigueur. Durant toute l'année, où que j'aille, en voyage ou pour le magasinage, je recherchais des petits objets intéressants. Je trouvais toujours un jouet ou un petit jeu, quelque chose d'éducatif ou d'exotique, un bijou, un livre, des crayons personnalisés, du papier à lettres original, des pinceaux, des barrettes pour les cheveux, des poupées péruviennes, et des bonbons recherchés. Leurs friandises favorites étaient les « gelt » (Geld), les pièces de monnaie en chocolat recouvertes de papier d'aluminium doré fabriquées en Allemagne.

Je rapportais ces petits trésors à la maison et je les cachais dans un tiroir spécial. J'avais tout ce qu'il fallait pour remplir les bas quand Noël arrivait. La veille du jour tant attendu, une fois les enfants endormis, je retirais les bas vides accrochés au manteau de la cheminée, je les remplissais et, parfois, quand ils étaient trop lourds, je devais installer un support sur les pierres posées devant le foyer afin de les soutenir.

À un certain moment, je ne sais plus exactement quand, les filles devinrent des femmes — et la tradition s'arrêta. Finis les bas. Ils allèrent rejoindre les autres vieilleries au grenier et je donnai aux filles des cadeaux « d'adultes ». Est-ce l'enfant en moi qui ne voulait plus jouer ? Je craignais peut-être que mes filles ne trouvent ces bas ridicules.

Notre discussion en ce Jour de l'Action de grâce me poussa à renouer avec cette tradition qu'elles avaient tant aimée. Je repris ma quête des petits objets.

Une petite bouteille de bulles de couleur rose en forme de cœur et mesurant à peine quelques centimètres fixée à une cordelière. Amusant ! Une adorable écharpe en soie avec des appliques de velours. Un paquet contenant dix rouges à lèvres miniatures. Un bain moussant aux arômes sensuels. Des colliers personnalisés. Un disque compact de musique classique. Une petite boîte sculptée en provenance de l'Inde. Des livres soigneusement choisis. Et puis les friandises : des massepains d'Allemagne dans un superbe emballage et une petite boîte ronde qui pouvait tenir dans la paume de la main et contenant des boules de chocolat au lait grosses comme des petits plombs de chasse.

J'avais l'impression d'être une artiste en train de fabriquer un collage. C'était plus amusant que le souvenir que j'en gardais. J'examinais attentivement tous ces trésors en me demandant : *Quel genre de bas pourrait bien contenir tout ça ?* Comme je ne suis pas très créative en matière de couture, je fis la tournée des magasins afin d'examiner les articles de fêtes. Et je finis par trouver :

deux grands bas de velours de style Tudor — ou presque — élégamment ornés de perles contrastées formant un motif raffiné.

J'ai rempli soigneusement chaque bas, en plaçant les plus petits objets au fond, dans le pied, par ordre de grandeur jusqu'à la partie la plus évasée ; puis pour couronner mon œuvre, j'ai placé un étincelant papier holographique argent et doré sur le dessus. Parfait !

Les nouveaux bas ne furent pas suspendus au manteau de la cheminée. Après les avoir emballés avec précaution, je les ai expédiés aussitôt dans des villes éloignées de façon à ce qu'ils arrivent à temps pour Noël.

Je n'ai pas vu leurs visages mais j'ai pu discerner dans leur voix la surprise et le plaisir lorsqu'elles me téléphonèrent pour me remercier de ces magnifiques bas. Et je compris alors qu'une aussi belle tradition se poursuivrait à jamais.

LINDA NASH

« Si vous êtes insatisfaite de ce que la vie vous donne,
observez les aspects que vous négligez. »

ANONYME

TOUT CE QUE
J'AI TOUJOURS VOULU

L iberté financière : un cours qui semblait bien intéressant. J'entrai dans la classe, prête à prendre en main ma prospérité, mais je commençai à avoir des doutes quand l'instructeur annonça d'emblée : « N'importe quelle relation peut nous servir de modèle pour comprendre notre façon de gérer toutes nos autres relations. » Les sujets traités dépassaient largement le thème du cours — soit la façon de gérer l'argent — il allait être question de ma mère ! Quelle que soit l'activité que j'entreprenais, j'avais toujours l'impression que cela la concernait. Je refusais de regarder en face mes opinions sur elle, de la même façon que je refusais d'analyser les croyances à propos de l'argent que j'entretenais et qui me limitaient. Maintenant, ces croyances et opinions étaient toutes deux réunies dans la même pièce et je ne pouvais plus fuir.

Cinq ans auparavant, je tenais dans mes bras Kelsey, ma fille unique alors que celle-ci rendait l'âme, à peine quelques heures après sa naissance. Tout mon univers s'effondrait. Aucun mot ne peut décrire l'intensité de la douleur qui me déchira le cœur lorsque Kelsey glissa dans son dernier sommeil.

Comme dans un brouillard, je me traînai tant bien que mal durant toute l'année qui suivit son décès. Ma mère ne me parla de Kelsey que lorsque j'y fis moi-même allusion. Elle parla très peu de ma peine et n'exprima qu'une série de lieux communs tels : nous sommes bénis car « il y a toujours quelqu'un pour qui c'est beaucoup plus difficile.» Ses paroles étaient pour moi comme du sel sur une blessure ouverte.

Le jour de ce qui aurait dû être le premier anniversaire de naissance de Kelsey, maman ne m'a pas téléphoné. Mes sœurs et des amies me firent parvenir des fleurs, des cartes et des cadeaux, mais pas ma mère. À chaque anniversaire, elle resta silencieuse.

Avec le temps, je parvins à effectuer un retour à la «vie normale». Je réagissais de moins en moins aux lieux communs de maman et à ses omissions, mais je restais sur mes gardes. Le silence de ma mère me mystifiait. J'étais complètement abasourdie. Elle aurait dû être sensible à ma douleur et m'accorder son soutien. Mieux que tout autre personne, c'est elle qui aurait dû me comprendre.

Trois ans après le décès de Kelsey, mon frère unique, Joe, mourut d'un cancer. Maman avait quitté son emploi pour prendre soin de lui à la maison. Les derniers mois, elle était presque toujours à son chevet. La façon dont elle prit soin de lui et s'occupa de tous les détails m'étonna. Le prix à payer — autant sur le plan physique qu'émotionnel — était énorme, mais jamais elle ne remit en question sa décision.

À la mort de Joe, maman et moi avons pleuré ensemble ; j'aurais bien voulu que notre relation s'approfondisse mais malheureusement ce ne fut pas le cas. Je refoulai ma peine, tout en sachant que l'univers de ma mère était tout aussi dévasté que le mien. Le jour où Joe aurait eu quarante-deux ans, j'avais une bonne idée de ce qu'elle pouvait éprouver. Je savais qu'à ce premier anniversaire elle avait le cœur déchiré et je songeai à lui téléphoner. C'était la chose à faire mais le ressentiment m'en empêchait. Remplie d'amertume, je m'inventais des prétextes pour ne pas téléphoner, mais ceux-ci paraissaient bien futiles. Puis je me souvins des enseignements que j'avais reçus en suivant le cours de Liberté financière. «Donnez ce que vous souhaitez recevoir. Imaginez ce que vous éprouveriez si vous étiez le receveur — puis donnez.»

Je pouvais assumer ma peine et ma déception, puis les mettre de côté et pardonner. Avec une confiance toute nouvelle, je composai le numéro de maman et laissai un message. « Bonjour maman, je voulais juste que tu saches que je pense à toi et à Joe. Je m'ennuie de lui, moi aussi. »

J'avais cessé d'attendre que ma mère reconnaisse ma peine, je me sentais légère, libre, et en lien avec Dieu. En lui tendant la main, sans attente aucune, j'avais posé le bon geste.

Quand maman retourna mon appel, nous avons conversé sur un ton affectueux et avec beaucoup de sérénité. Elle dit que j'étais la seule à lui avoir laissé un message et qu'elle avait bien besoin du soutien que je lui apportais. En parlant de Joe, nous avons reconnu toutes les deux qu'il nous manquait. J'exprimai à ma mère mon admiration pour la façon dont elle avait pris soin de lui durant sa maladie et la remerciai pour tout ce qu'elle avait fait pour lui. Maman répondit : « Et bien, je ne crois pas que j'aurais pu surmonter l'épreuve que tu as supportée, Jean. Joe a été heureux au cours de sa vie, et cela me réconforte ; mais ce que tu as dû supporter en perdant Kelsey est inconcevable pour moi. Je ne sais pas si j'aurais pu y arriver. »

À peine quelques heures auparavant, j'avais accepté que ces mots du cœur ne montent jamais jusqu'à ses lèvres. Maman reconnaissait la solitude de ma souffrance et la partageait maintenant avec moi, même si nous ne pouvions rien changer à la situation. C'était exactement ce que j'avais toujours souhaité. Un sentiment de paix incroyable m'envahit lorsque je réalisai que Joe et Kelsey étaient témoins de cette guérison.

Aussitôt que j'avais été prête à envisager notre relation sous un angle nouveau, maman avait fait de même. Le cours de Liberté financière m'avait appris que la gestion de l'argent n'est qu'un élément de la réussite. La magnanimité est ma seule véritable monnaie.

JEAN QUINN

FAIRE UN MIRACLE

*M*on *intention de quitter San Diego pour revenir dans la* région nord-ouest du Pacifique, ma place natale, était plus qu'un simple désir — c'était une décision irrévocable. Mon culot compensait mon manque de stabilité et d'aptitudes en gestion financière. Aux prises avec des dettes, je savais que j'aurais de la difficulté à repartir à zéro. Mais j'avais de la chance : mon nouveau petit ami venait tout juste d'acheter une vieille ferme dans une petite ville au sud de Portland. Il allait y emménager dans quelques mois.

Je travaillais alors comme entraîneure de conditionnement physique et je pus trouver des clients et des cours à donner dans cette région avant de venir y habiter. Cela me permit de déménager et de m'installer avec mon petit ami. Je ne payais pas de loyer mais je subvenais à mes besoins et j'effectuais les paiements de mes dettes.

Ce fut moins difficile pour moi de repartir à zéro et de me procurer un revenu décent que de poursuivre une relation qui, avec le temps, s'avéra nettement insatisfaisante. Six mois après m'être installée, je priais pour qu'un miracle se produise : je devais gagner suffisamment d'argent pour redresser ma situation financière — et me sortir de là.

Entre-temps, une banque locale avait mis sur pied une importante campagne publicitaire dans les médias afin d'inciter à la prudence les consommateurs enclins à s'endetter. Le concours attira mon attention. C'était simple — il s'agissait de décrire en cent mots ou moins la façon de s'y prendre pour se libérer de ses dettes. Et bien, pensai-je, j'ai été une experte dans l'accumulation des dettes. Mais maintenant je dois devenir une experte dans la façon de créer ma propre prospérité. Le premier prix était une somme de 10 000 $; il y avait trois autres prix d'une valeur de 1 000 $ chacun.

Je n'avais jamais participé à un concours mais j'avais une idée géniale sur la stratégie à adopter pour se libérer de ses dettes : il fallait d'abord se fixer un objectif à court terme et un objectif à long terme, rencontrer un conseiller financier, et éviter les occasions de dépenser. Au cours des semaines suivantes, sans souffler mot à qui que ce soit, je griffonnai une première version. Comme je ne possédais ni machine à écrire ni ordinateur, je devais préparer tout le travail à la main. Mettant à profit mon expérience en conditionnement physique, je créai un document intitulé « Pour une diète budgétaire raisonnée » et le fis parvenir aux responsables du concours. Mon texte possédait exactement cent mots reproduits à la main avec soin, en caractères d'imprimerie ; je le postai avec une seule pensée en tête : « *Ce texte mérite de gagner un prix !* »

Deux semaines passèrent au cours desquelles je me souviens avoir trouvé des sous partout. À chaque fois que cela m'arrivait je me répétais : Je mérite d'obtenir beaucoup d'argent et j'en recevrai bientôt d'une manière très sympa.

Un samedi matin, j'enseignais dans un club de santé local et tandis que je m'habillais, je découvris un sou dans la boîte de papiers mouchoirs. Pour la première fois depuis que j'avais posté mon texte deux semaines auparavant, je repensai au concours et je me demandai à quel moment la banque allait annoncer le nom des gagnants. De retour à la maison, j'entrai dans la cuisine et mon petit ami m'informa que j'avais reçu plusieurs messages d'un homme appelé Kermit. J'imaginais mal ce que pouvait bien me vouloir un gars qui portait un nom de grenouille célèbre.

« A-t-il dit ce qu'il voulait ? » demandai-je.

« Il a dit qu'il travaillait à la banque et qu'il avait de bonnes nouvelles », répondit mon ami. Je me ruai aussitôt sur le téléphone !

J'ai maintenant beaucoup de respect pour les gens qui portent des noms étranges, comme Kermit — car ils sont aussi porteurs de grandes nouvelles. Sur 4 274 participants au concours de l'Oregon, j'étais la gagnante du grand prix de 10 000 $!

Et qu'est ce que j'ai fait avec cet argent ? J'ai suivi mes propres conseils : j'ai payé mes dettes et j'ai commencé à planifier. Huit mois plus tard, je déménageais et je pouvais habiter seule à nouveau. Aujourd'hui, je possède ma propre maison, j'ai atteint la stabilité financière, et j'ai fait des investissements à long terme.

Et qu'est que j'ai appris ? Quand j'ai gagné le prix de 10 000 $, j'ai cru qu'un miracle venait de se produire. Puis j'ai réalisé que j'avais abandonné ma façon de penser misérabiliste et qu'en posant les gestes appropriés à chaque étape du chemin, j'avais su créer ma propre richesse.

BARBARA DALBEY

LE MESSAGER DE LA LIBRAIRIE

Ayant vécu sur trois continents différents durant mon enfance, j'ai eu la chance d'entrer en contact avec une variété de cultures, de philosophies, d'idéologies et de superstitions. Les bonnes tentaient de m'effrayer avec des histoires de super farfadets teutons en colère ; une cuisinière m'assura qu'un grand nombre de vraies fées des fleurs très gentilles, pas plus grandes que son pouce, me surveillaient constamment. À Shangai, ma nounou chinoise qui avait été élevée par des missionnaires, tenta de me convaincre que mon ange gardien aux ailes dorées — et dont la robe flottait au vent et tout le kit — serait toujours à mes côtés. Cette nounou était ma préférée.

Quelques décennies plus tard, je n'avais toujours pas vu de farfadets, de fées ou d'anges.

Arrivés tôt le matin à l'aéroport international de Portland, et comme nous disposions de pas mal de temps avant le départ de notre avion, mon mari et moi sommes entrés bouquiner dans une petite librairie. Le seuil à peine franchi, nous avons dû nous arrêter. Un comptoir en forme de U placé au centre du magasin bloquait le passage ; il divisait l'espace en deux parties ; deux allées exiguës donnaient accès aux livres entassés sur les étagères. Il n'y avait pas d'autre entrée ni sortie. Sans me presser, je me dirigeai vers la gauche tandis que mon mari s'avançait du côté droit. Je m'arrêtai devant les livres de fiction populaires et les romans à énigmes et me mis au travail. Je cherchais un bon livre pour les longues heures de vol.

Sur chaque livre que je retirais de l'étagère et que je remettais rapidement à sa place une inscription soulignait avec emphase que l'ouvrage avait figuré sur la liste des best-sellers du *New York Times* pendant plusieurs semaines. Peu impressionnée, je marmonnai quelque remarque du genre : « Mince alors ! Chaque fichu livre que je prends a été sur une liste de best-sellers quelconque, mais aucun d'eux ne peut égaler un bon vieux classique ». Après un bref examen, je remis à sa place le livre à la couverture criarde et saisis le volume suivant.

Soudain, un jeune homme surgit de l'arrière des étagères, tout près de moi et entra dans mon champ de vision. Il avait un visage jeune et sympathique, des yeux foncés couleur chocolat, des cheveux bruns clairs d'une coupe impeccable et il portait des vêtements sports Armani, comme s'il sortait tout droit d'une publicité.

« Ce que vous dites est tout à fait juste », dit-il, avec un air songeur. « La plupart des livres qui sont ici ont gagné un prix ou une récompense quelconque. »

« Et bien », répondis-je, sur un ton légèrement sarcastique, « je travaille dans le domaine de la publicité, et je sais pertinemment qu'il faut cinq pour cent de talent et quatre-vingt-quinze pour cent de chance pour qu'un livre devienne un best-seller, et ce, quatre-vingt-dix-neuf fois sur cent. »

Lentement, un doux sourire s'épanouit sur son visage. Il s'approcha plus près de moi et posa doucement les deux mains sur mes bras, me tournant légèrement afin que je me retrouve exactement en face de lui.

Aussitôt qu'il m'eut touchée, une vague de chaleur réconfortante monta en moi — en partant des orteils jusqu'aux épaules. Au lieu de protester devant la conduite inhabituelle du jeune homme et de me soustraire à l'étreinte de cet étranger, je restai clouée au sol tandis que je sentais un grand calme m'envahir.

« Écoutez-moi », dit-il d'une voix basse et agréable, ses yeux sombres et fascinants semblaient voir au delà du temps et de l'espace. « Vous n'avez pas besoin de chance, vous êtes bénie ». Il enleva sa main droite de mon bras gauche, leva la main et me pointa du doigt en répétant lentement :

« Écoutez-moi ». Sa voix se fit plus forte et insistante. « Écoutez ! Vous n'avez pas besoin de chance, vous êtes bénie. Nous sommes tous bénis. N'oubliez jamais... Vous... êtes... bénie ! » Sur ces mots, il retira sa main et retourna à l'endroit où il bouquinait précédemment.

Je fus étonnée de l'effet calmant qu'avaient produit sur moi ces simples mots et, sous le coup d'une impulsion, j'allai le retrouver de l'autre côté de l'étagère. Cette fois, je le pris dans mes bras, le serrai fortement sur mon cœur et lui dit : « Merci . Merci beaucoup. Je n'oublierai jamais vos paroles. Ils inspireront toute ma vie. Vous m'avez fait un cadeau extraordinaire. »

Comme je m'éloignais de lui en reculant d'un pas, j'aperçus du coin de l'œil mon mari qui sortait de l'étroite allée et s'approchait de la caisse enregistreuse. Je me tournai rapidement vers lui — je bloquais alors complètement la sortie de l'allée située sur le côté gauche — et l'appelai d'une voix pressante. « Viens ici une seconde, chéri, je voudrais te présenter... » Ma voix s'estompa sous l'effet de la surprise ; voulant prendre la main du jeune homme afin de le conduire vers mon mari, immobile à un mètre ou deux à peine de l'endroit où je me trouvais, ma main ne rencontra... que le vide. Le jeune homme s'était volatilisé.

Je secouai la tête, incrédule. Il ne pouvait avoir quitté le magasin en si peu de temps. Il aurait fallu que je libère le passage pour lui permettre d'atteindre la sortie, et mon mari bloquait l'autre allée menant à l'aéroport. Je revins sur mes pas, regardai attentivement l'endroit où je me tenais précédemment et contournai l'étagère ; là où quelques instants auparavant, j'avais serré dans mes bras l'étranger, il n'y avait personne. Je parcourus en tous sens le petit magasin, avec la minutie d'une équipe de scientifiques.

Je regardai en haut et en bas, en avant et en arrière, convaincue d'avoir croisé un ange.

URSULA BACON

PAPA A RAISON

*L*e samedi était le jour de l'allocation hebdomadaire chez nous. Dans la matinée, à l'heure dite, les enfants s'alignaient devant la porte en chêne massif de la bibliothèque — une pièce située au pied de l'imposant escalier de notre demeure — pour toucher une allocation de dix sous. Quel que soit notre âge, nous recevions tous le même montant. Voici le souvenir que j'en garde :

Installé derrière un bureau en acajou, mon père remettait à chacun de nous une pièce de 5 ¢ et cinq pièces de 1 ¢. Immédiatement après avoir reçu la somme, nous devions lui remettre deux sous car, comme il l'expliquait : « Dans la vie vous ne pouvez jamais conserver votre salaire en entier. Une partie sert à payer les taxes, l'hypothèque etc. »

Avant de quitter la pièce avec nos huit sous serrés dans le creux de nos mains, nous avions un choix à faire : déposer une somme quelconque ou ne rien déposer du tout dans une tirelire artisanale fabriquée à même une boîte de conserve de jus d'orange et sur le dessus de laquelle une ouverture avait été pratiquée. Une étiquette portant les mots POUR L'EUROPE était apposée sur la boîte. Je me souviens avoir eu, à cette époque, un profond désir d'accumuler des bons points, d'être appréciée. Parfois je déposais dans la tirelire ma pièce de 5 ¢ en espérant que mon père le remarque. La plupart du temps, mes frères passaient à côté de la boîte avec nonchalance sans rien y déposer.

Une fois, j'ai même vu mon père glisser un morceau de papier dans la fente — une reconnaissance de dette — c'était disait-il sa contribution. Comme j'aurais aimé être adulte *sur-le-champ* !

En réfléchissant à toute cette histoire d'argent de poche, je pense qu'elle m'a permis de tirer très tôt certaines leçons :

- Je ne peux compter sur mon père pour subvenir à mes besoins
- Vous ne pouvez conserver tout ce que vous obtenez
- Obtenir des bons points (de la reconnaissance) est difficile
- La vie est injuste. (Mon frère et moi étions sur le même bateau qui nous emmenait en Europe.)

HILDIE SITTIG

LA RICHESSE
SUR DES ROULETTES

J*'étais fière d'être une femme entrepreneure, propriétaire et* présidente d'une compagnie où j'étais aussi concierge en chef. Je compris rapidement que c'était loin d'être une sinécure que de posséder sa propre entreprise; les hauts et les bas alternaient constamment. Le fait qu'il y ait des écritures sur le livre de comptabilité ne signifiait pas que j'étais complètement sortie du bois. J'utilisais tous les surplus budgétaires pour améliorer l'équipement de bureau et je mangeais une grande quantité de nouilles et de riz jusqu'à l'arrivée du prochain chèque.

Je ne comptais plus les fois où j'avais glissé sur la glace et j'étais tombée sur les fesses en tirant comme un forçat mes poubelles cabossées en bas de la colline et en les remontant jusqu'à la maison. Comment l'auditoire devant lequel je prononçais mes conférences aurait-il pu se douter que derrière la jeune femme décontractée en tailleur qui se tenait devant eux, se cachait une femme qui pestait contre ses poubelles à chaque semaine?

Je me souviens d'un jour en particulier, alors que les montagnes de la Sierra étaient battues par les grands vents et la neige d'une manière incroyable. J'en avais assez de ces vieilles poubelles. Elles étaient devenues le symbole de mes difficultés financières. J'en avais ras-le-bol des difficultés financières et des nuits d'insomnie à m'inquiéter au sujet des comptes à payer. Quelque part, sur ma route, j'en étais venue à pratiquer « une économie de bout de chandelles». J'avais fini par croire que je n'aurais jamais assez d'argent. J'avais développé une mentalité misérabiliste. Pour moi, des poubelles montées sur roues représentaient une dépense extravagante. Alors je continuais à traîner mes poubelles le long de la colline en maugréant. «Le jour où j'aurai de nouveaux bacs à ordures, je serai riche.»

Nous approchions de Noël et Jackson, mon associé, me demanda : «Si tu pouvais obtenir tout ce que tu veux à Noël, qu'est-ce que tu demanderais?»

Je jetai un coup d'œil par la fenêtre et vis que la neige commençait à tomber; puis je répondis sur un ton un peu sarcastique : «Si le génie pouvait sortir de la lampe et exaucer mon vœu, je lui demanderais de rendre mon entreprise prospère — *vraiment très prospère*. Je voudrais être si riche que je pourrais m'acheter des poubelles sur roulettes.»

«Ça fait si longtemps que je t'entends te plaindre de ça, dit Jackson, pourquoi ne pas en acheter une dès maintenant?»

«J'irai — quand j'aurai assez d'argent. La compagnie est endettée présentement et je n'ai pas le sou.» (Encore une fois j'évoquais mes contraintes!) «Mais je sais que lorsque j'aurai du succès et que je ferai assez d'argent, cela voudra dire que j'aurai réussi comme femme d'affaires. Je serai riche», dis-je.

Le matin de Noël, derrière mon sapin, attachées avec d'immenses rubans rouges, il y avait deux poubelles neuves sur roulettes. Sur la carte étaient écrits ces mots :

À ma chère amie, madame la présidente et la concierge en chef, Félicitations... Un événement magique s'est produit... Te voilà riche! Jackson

Je ris de plaisir en lisant la carte; j'appréciais grandement ce cadeau et le message — «Tu es riche!» — s'infiltra dans mon être. Au cours de l'année qui suivit, mon chiffre d'affaires doubla et mon entreprise prit de l'expansion sur le plan international.

Non seulement je donne des conférences mais je parle aussi à la radio et à la télé et j'écris des livres. Aujourd'hui, ce sont les clients qui cherchent à me rencontrer.

Mais surtout, je comprends maintenant ce que veut dire avoir une pensée limitée. Jusqu'à ce jour de Noël, je ne croyais pas mériter ces poubelles sur roulettes. Ces nouveaux bacs à ordures m'apportèrent la véritable richesse et la paix de l'esprit. Ce cadeau original de Jackson m'a permis de développer une façon entièrement nouvelle de me percevoir. *Je le vaux bien!* Curieusement, c'est au moment où j'ai commencé à diffuser ce message au niveau international que les gens ont commencé à croire en moi!

DONNA HARTLEY

X
VIEILLIR EN SAGESSE

« *Revoir sa vie avec un sentiment de satisfaction
c'est comme vivre une seconde fois.* »

ANONYME

DÉCEMBRE À BRAS OUVERTS

*L*a semaine dernière, notre benjamine me regarda attentivement puis elle s'écria sur un ton accusateur, «Maman, tu
as des cheveux gris!» Un air de pitié se lisait sur son visage
éploré, exactement comme dans un film.

«Ne pleure pas sur moi oh ma Tina,» chantai-je en lui faisant
ma meilleure imitation d'Evita.

J'aime ces années de maturité. J'ai atteint l'automne de ma
vie et je peux aller et venir comme il me plaît, pourvu que le
dîner de mon petit mari soit servi. Le pauvre chéri, après quarante ans de mariage, est encore incapable de se préparer un
sandwich. Le réfrigérateur semble représenter à ses yeux un défi
insurmontable.

Et oui, je peux sauter dans ma voiture que je n'ai pas encore
fini de payer et passer une journée entière à la recherche d'une
petite maison pour un couple souffrant du syndrome du nid
vide. Je peux m'asseoir au sommet d'une colline ou flâner sur la
plage sans crainte d'être dérangée. Je peux labourer mon jardin,
passer des heures dans une librairie et — bénéficier très souvent
des rabais accordés aux personnes âgées.

Prendre soin des petits garçons et des fillettes sautant et
papillonnant ici et là ne représente plus pour moi une corvée
mais une source de plaisirs. Ces petits paquets d'énergie sont
malgré tout bien contents de s'asseoir sur nos genoux, d'écouter nos histoires et de recevoir nos étreintes. Même lorsqu'ils

grandissent, ils restent toujours pour moi des enfants. Et quel privilège d'avoir son petit-fils adolescent qui vient vous demander conseil ! Et quelle surprise de voir qu'il en tient compte !

Oh bien sûr, les vertèbres et les articulations ne suivent plus toujours comme avant. Le tour de taille est un peu plus massif et les traits de ma figure se sont creusés considérablement mais je suis reconnaissante à l'automne de ma vie pour tous ses présents — ces occasions de vivre des plaisirs simples qui, en d'autres temps, passaient inaperçues dans le brouhaha de la vie quotidienne en famille. Tout ces temps libres qu'on peut partager : le temps d'un sourire, d'un remerciement chaleureux au vendeur, le temps d'envoyer une lettre de félicitations ou de réprimande à un fonctionnaire du gouvernement. Le temps de s'impliquer. Le temps de savourer les moments passés en compagnie des enfants, alors que par les années passées, on devait laisser filer à regret ces occasions. Tel un fruit mûr à l'automne, je me suis attendrie et en laissant tomber mes vieilles inhibitions, je me sens plus libre d'exprimer le fond de ma pensée... avec le sourire. Maintenant, sous le coup d'une impulsion, je peux me précipiter au magasin sans me soucier de la façon dont je suis vêtue ; mon miroir intérieur me dit que j'ai l'air chic. J'ose porter des chapeaux à la page, danser avec mon balai et embrasser qui je veux. Aujourd'hui, je suis Martha Stewart en train de mélanger un gâteau ou glacer une pâtisserie. Demain je puis aussi bien aller manifester dans la capitale telle une Diane justicière. Ou encore... aller m'étendre sur un rocher le visage offert au soleil. C'est une telle liberté que d'être qui je veux et de faire ce qui me plaît.

Le mariage n'est plus pareil aujourd'hui ; les passions se sont en quelque sorte assagies. Les grands sujets de disputes se transforment en chamailleries amusantes ou en petits ennuis sans importance. Il y a aussi moins de résistance ; mon mari accepte que je ne remette jamais le capuchon sur le tube de dentifrice et je sais qu'il ne cessera jamais de mâchouiller des cubes de glace — bruyamment. Main dans la main à l'église, nos esprits sont unis et nous devinons mutuellement nos désirs, nos besoins et nos opinions. Nous savons aussi garder silence durant des heures et prendre plaisir à suivre le cours de nos pensées ou de nos réflexions chacun de notre côté. Ensemble nous rions de nos blancs de mémoire, nous sourions à la vue d'un bambin et nous apprécions le chant des oiseaux.

Pas de voiture tape-à-l'œil, de chics dîners en ville ou de grands voyages ; la retraite dorée n'est pas notre genre mais nos chaussures de tennis n'en sont pas moins blanches pour autant. Pour nous le grand luxe se trouve dans le souvenir de tâches difficiles menées à bien, de défis affrontés et de souffrances surmontées. Nous avons la chance d'être unis à jamais, et de nous aimer corps et âme.

Nous sentons qu'il faut accroître notre indépendance, que cette évolution naturelle nous prépare au jour inévitable où l'un de nous restera seul. Il faut être prêt à cela. Si je pars la première, j'espère qu'il saura faire seul son sandwich. S'il s'envole avant moi, je ne serai pas seule car il a laissé sa trace partout — dans la tonnelle en cèdre rouge fabriquée avec affection juste pour moi, dans sa vieille chaise en cuir qui gardera à jamais l'empreinte de son postérieur. De plus, nous trouvons un réconfort dans notre foi commune, apprenant à accepter, à aimer le Créateur plus que sa création. Nous recherchons l'épanouissement avant notre départ. Jusqu'à ce jour, cela nous a plutôt bien réussi.

Aussi, ma chère Tina — et les autres jeunes avec toi — quand tu files à toute allure, luttant pour garder la cadence dans le va-et-vient incessant de la vie, prends le temps de sentir la rose… d'embrasser l'enfant. Dédaigne le fixatif à cheveux et savoure le vent dans ta chevelure. Marche sous la pluie et hume le parfum du jour. Écoute les nuages. Sois douce. Ne te laisse pas arrêter par la douleur, l'angoisse et les déceptions et préserve — avec amour — ton esprit car le regret constitue sans l'ombre d'un doute, une perte de temps. Je puis t'assurer que la croissance de l'été produira à l'automne une moisson de joies et de liberté, fruits du travail accompli. N'aie pas peur d'atteindre les plus hauts sommets. Le panorama y est si vaste : de là tu verras d'où tu viens, tu observeras le long chemin parcouru et tu connaîtras avec certitude ta place dans le monde.

À trente ans je n'avais pas la moindre idée de ce que l'avenir me réservait. Si j'avais su toute la joie et la liberté que j'allais trouver à l'automne de ma vie — au mois de septembre de mon existence — j'aurais menti sur mon âge afin d'y arriver plus tôt. D'ailleurs, entre vous et moi : et bien… je pense que, pour Tina, je teindrai mes cheveux un tantinet et puis je me préparerai à accueillir décembre à bras ouverts — et à porter du pourpre.

LYNNE ZIELINSKI

LES CHEMINS DÉSERTÉS

*L*a nuit dernière, je pensais à mon amie Marge. C'est sa colocataire, Harriet, qui nous avait présentées l'une à l'autre. Celle-ci s'était amourachée d'un garçon peu intéressant appelé Richard. Marge et moi hochions la tête en nous désolant de l'étroitesse de ses vues. Nous considérions Harriet comme le vestige d'une époque révolue alors que nous étions des femmes vraiment modernes.

Marge gardait dans sa chambre d'étudiante une selle de chameau, signe incontestable de son originalité et de sa détermination. Ses études sur le Moyen Orient — où elle rêvait de voyager une fois son diplôme obtenu — étaient à la base de son plan de carrière.

C'était une intellectuelle née. Elle décrochait des *A* comme on cueille des pommes tombées après une tempête tandis que moi, je devais étudier avec acharnement.

Plus âgée qu'elle d'un an, je quittai le collège avant Marge. Pour célébrer la chose, nous avons fait notre premier voyage en avion pour nous rendre en Floride. Je me rappelle encore avoir roulé dans une décapotable louée, durant une tempête. Nous n'arrivions plus à remettre la capote alors j'ai résolu le problème à ma façon : je tins un parapluie au-dessus de la tête de Marge tandis qu'elle conduisait et nous avons rigolé toutes les deux comme des dingues.

Nos existences se mêlaient étroitement à cette époque. Maintenant, nous ne nous voyons plus que très rarement. Marge vit davantage dans mon imagination. Elle a connu bien des aventures loin de Chicago sa ville natale, changeant d'adresse tellement souvent que je notais ses coordonnés avec un crayon à mine dans mon carnet.

Marge a vécu dans un kibboutz en Israël, étudié en Grèce, à Paris et à Rome, travaillé dans un groupe de réflexion à Washington et dans un musée à Hawaii. J'ai pour ma part voyagé aussi dans des endroits exotiques mais Chicago est toujours resté mon port d'attache.

J'aimais avoir des nouvelles de Marge. Ses appels ou ses lettres quelquefois me laissaient songeuse : *Que pensait-elle de ma vie ? Se désolait-elle pour moi ? Se murmurait-elle en son for intérieur, «Mais pour l'amour de Dieu qu'ai-je à voir avec elle »* ?

Après tout, ma vie était très différente de la sienne. J'avais toujours vécu dans la même maison et j'avais été mariée au même homme pendant plus d'un quart de siècle.

J'ai connu mes propres aventures sans trop m'éloigner de la maison et je ne m'en plains pas. J'ai étudié la guitare classique, le yoga et le portrait. J'ai travaillé comme enseignante, conseillère et écrivaine. J'ai milité dans bien des causes avec une passion que même notre amie de collège Harriet, envierait. Je menais une vie qui me convenait mais je me demandais souvent si Marge considérait cette satisfaction comme de la complaisance.

Je n'aurais sans doute jamais su ce que mon amie pensait de moi si elle n'avait pas été terrassée par une maladie cardiaque détectée tardivement. Et c'est là que j'ai appris qu'elle m'enviait. «Ta vie est si stable. Tu as une famille. Tu as eu une maison et des voitures et toutes sortes de choses. Moi je ne possède rien. Je ne reste jamais assez longtemps au même endroit pour cela. » C'était, de son point de vue en tout cas, autant de raisons de m'admirer.

Aujourd'hui, Marge a recouvré la santé et une fois de plus, elle est repartie vers de nouvelles aventures car telle est la raison d'être des vrais aventuriers. Et j'attends sa prochaine carte postale

car c'est à cela que servent les amis des aventuriers. Même si parfois nous éprouvons quelques pincements au cœur, aucune de
nous ne tient réellement à changer.

Je n'ai pas entendu parler de Marge depuis un bon bout de
temps. Il n'y a pas lieu de s'inquiéter. Elle s'apprête sans doute
à effectuer un autre changement.

Comme je m'installe bien confortablement devant un bon
feu de foyer, dans mon fauteuil préféré, une pile de livres de
voyages et de magazines à mes côtés, je remercie la vie de m'avoir
fourni ces paisibles frontières. Le monde de Marge — comme
toute ville étrangère — reste un endroit formidable à visiter, mais
je me réjouis toujours à l'avance de pouvoir rentrer chez moi.

MARY SASS

« *Jeunes, nous apprenons ; âgés, nous comprenons.* »

MARIE VON EBNER-ESCHENBACH

COMMENT VA MON JARDIN ?

*T*andis que je montais avec Henry, mon époux, dans l'avion pour des vacances bien méritées en Californie, j'avais le cœur lourd en songeant à notre plus jeune fille ; adolescente rebelle, elle avait fait des siennes la veille de notre départ. Je priai pour qu'elle sache bien se tenir devant mes parents durant notre absence.

Malgré tous mes efforts pour prendre du bon temps, je n'arrivais pas à m'enlever cette pensée de la tête. Alors que nous visitions une vieille mission espagnole, je fus frappée par la beauté de leur jardin. Une harmonie extraordinaire régnait parmi cette variété d'arbres, de plantes et de fleurs ; le calme et la sérénité qui émanaient du lieu m'aidèrent à mieux comprendre mes sentiments. Pour la première fois depuis plusieurs jours, je me sentis parfaitement en paix, et en m'asseyant sur un vieux banc de bois pour méditer, il me vint cette analogie :

Dieu avait confié à Henry et à moi huit graines ; nous étions les jardiniers attitrés. Comme les plantes de ce jardin, chaque graine avait sa propre personnalité et requérait des soins appropriés.

Chip, notre fils aîné ressemblait au *saguaro*, ce cactus géant qui tend ses bras vers le ciel. Il possédait une robustesse émotionnelle, une grande autonomie et nécessitait très peu de soins.

Peggy et Kim me faisaient penser à ces délicates plantes qui servaient de couvre sol ; accommodantes et de couleurs sobres, elles se répandaient en se protégeant et en s'aidant mutuellement. En apercevant les fleurs rouges éclatantes des bougainvillées, je reconnus aussitôt Mary et Judy. Aimant se faire remarquer, elles s'étaient engagées dans toutes sortes d'activités communautaires où elles étaient le point de mire.

En pensant à notre plus jeune fils, Michael, j'avais de la difficulté à trouver une plante qui corresponde à sa personnalité — c'est un hyperactif. Au même moment, un délicat et minuscule colibri vint voleter à une vitesse incroyable, passant d'une fleur à l'autre — en perpétuel mouvement. Oui, c'était bien Michael. L'arbrisseau avec ses toutes petites feuilles argentées flottant délicatement dans la brise et qui évoquaient les ailes d'un ange — c'était notre ange céleste à nous, David Patrick.

Mai où était Pam ? C'est alors que j'aperçus le jardin de roses. Il débordait de roses admirables, roses thé, rosiers grimpants et plusieurs autres variétés brillamment colorées. Au fond du jardin, poussait un arbuste recouvert d'énormes épines avec seulement un petit bouton de rose hermétiquement fermé. Je venais de trouver Pam. Ce bosquet-là nécessiterait des soins très particuliers. Il avait besoin d'un bon paillis, d'être constamment arrosé et engraissé. Et à en juger par la dimension des épines, il faudrait sans doute l'élaguer.

Émerveillée à la vue de ce magnifique jardin, je pris conscience également qu'il n'était pas exempt de problèmes. Il y aurait toujours des insectes qui grignoteraient le feuillage et les racines. Viendraient ensuite les jours nuageux, les sécheresses, les gelées, les orages et sûrement une ou deux tempêtes. Mais après la tempête, viendraient le calme et un arc-en-ciel.

Plusieurs invités indésirables peuvent de temps à autre se pointer dans mon jardin. On peut y trouver des mauvaises herbes, un cactus, une couronne d'épines ou peut-être même une dionée — prête à se refermer sur moi et à me dévorer vivante. Mais j'ai aussi appris qu'en les laissant pousser avec les autres, ces plantes plus difficiles peuvent un jour fleurir et contribuer au développement de mon jardin.

Ainsi, de même que l'odeur des roses continue d'embaumer longtemps après qu'on les ait cueillies, puissent les graines de la compréhension, de la joie et de l'amour qu'Henry et moi avons semées, germer et produire un magnifique jardin ouvert à tous.

RUTH ROCKER

« LA CHOSE » M'EST ARRIVÉE

*B*ien sûr, *« la chose » devait arriver. Cela arrive à plein de* gens. Pourquoi cela aurait-il été différent pour moi? Pourquoi aurais-je dû aimer cela plus (ou moins) que les autres? Quel était donc ce grand événement? Dans quelques semaines, j'allais fêter mon soixantième anniversaire! Exactement, le gros six-zéro, six fois dix, deux fois trente.

Si je me souviens bien, quand j'ai franchi ce que certains appellent «le cap de la quarantaine» je ne fus pas outre mesure traumatisée — j'eus une réaction du genre «J'ai parcouru tout ce chemin et je ne vois guère de différence. »

Grimper la colline de la cinquantaine fut une toute autre histoire. Oh, mon nouveau statut social ne posait pas de problème. J'ai reçu l'incontournable formulaire d'application à l'AAPR (Association Américaines des Personnes Retraitées) — qui faisait partie intégrante du rite d'initiation traditionnel au club des jeunes retraités. Et j'ai aussi commencé à découvrir une nouvelle sagesse liée à mon entrée dans l'assemblée des têtes grisonnantes. Je me suis surprise à penser, *J'ai été là, j'ai fait ça,* bien plus souvent que par le passé.

J'étais satisfaite de mon sort jusqu'à ce que récemment, j'entende la remarque mordante de deux de mes rejetons qui me rappelèrent la chose, «Maman, tu as dépassé le demi-siècle,» sur un ton qui semblait signifier que j'étais (moi leur mère) de deux jours plus vieille qu'une crotte.

Refusant de développer des sentiments négatifs, sentiments contre lesquels j'avais de fait lutter pendant un certain temps, je décidai de me concentrer sur l'aspect lumineux de la vieillesse dont un des atouts principaux était que — *J'étais toujours là!* Après six décennies, cette vieille femme était encore dans la ronde et c'était un exploit en soi.

Bien, maintenant que « la chose » est arrivée, je dois en assumer toutes les conséquences. Le fait d'avoir soixante ans comporte certaines responsabilités. On ne peut pas passer le reste de sa vie dans une chaise berçante.

Je commence à comprendre que je suis la matriarche de la famille, la chef de tribu, la porte-parole du clan, et l'éternelle optimiste que viendront consulter ceux de la génération à venir dans l'espoir d'obtenir un sage conseil. Ces nouvelles responsabilités sont à la fois excitantes et un peu intimidantes.

De la façon dont je vois les choses, l'astuce consiste à être un leader pour des gens qui ne veulent pas être commandés, une porte-parole pour d'autres qui ne souhaitent pas qu'on parle en leurs noms et une gardienne de la sagesse pour ceux qui ne sont pas disposés à entendre le message. Aussi, maintenant que « la chose » m'est arrivée, je tenterai d'être une meneuse quand c'est possible et de parler quand cela s'impose — sans utiliser mes prérogatives pour imposer mes vues aux autres.

J'ai mis soixante ans seulement pour apprendre à penser de la sorte!

Certains peuvent se demander à quoi je penserai lorsque j'aurai soixante-dix ans. Tout ce que je peux répondre c'est : je vous en ferai part à ce moment-là.

KAY P. GIORDANO

LES TRACES DE TOMMY

J e pourrais m'asseoir ici et me sentir coupable mais ce n'est pas le cas. Après tout, je reste à la maison toute la journée et je ne « travaille » pas, aussi mon environnement se devrait-il d'être impeccable mais on voit aisément qu'il n'en est rien.

D'où je suis assise, je peux repérer de minuscules empreintes de mains sur la porte vitrée conduisant au patio et un drap tendu sur deux chaises de la salle à dîner en guise de tente pour de jeunes indiens qui ont laissé derrière eux une traînée de croustilles avant de passer à un autre jeu plus amusant. Et pourtant je souris, sans éprouver la moindre culpabilité.

Ces empreintes portent un nom : « les traces de Tommy ». Thomas Jared est le plus jeune de mes petits-enfants et il a pour cette raison plus de chances que les autres enfants d'être blâmé pour le désordre qu'il provoque. Il est plus susceptible de laisser des traces.

Des blocs de construction plantés dans mes pots de fleurs, des biscuits dont le centre a été dépouillé de sa crème, enfouis sous les coussins du canapé et un *Weeble People* dans la botte de grand-papa, sont autant de signes de l'existence de cette petite personne.

J'ai visité des maisons virginales avec des chambres immaculées où aucun enfant n'oserait s'aventurer. Je me suis assise sur le bord de mon siège et j'ai admiré les précieuses potiches élégamment disposées sur des tables à café en verre et j'ai soigneusement replacé les coussins dans le plus parfait ordre au moment de partir — comme pour m'assurer qu'il ne resterait aucune trace de ma visite — et je me suis demandé pourquoi. Pourquoi ne devait-il rester dans l'univers de ces personnes aucune trace qui leur rappelât ma présence?

J'espère que le Grand Gardien de cette terre n'est pas opposé à un certain désordre car dorénavant, j'ai bien l'intention de laisser des traces de mon passage dans cette existence. Je veux que les gens se souviennent que je suis passée par là.

Ainsi, je suis assise et j'écris tandis que Tommy fait un petit somme; je ne ressens pas le besoin irrésistible et compulsif de nettoyer la place. Ces traces servent simplement à me rappeler que mes petits-enfants ont passé le week-end chez moi.

Bientôt, bien trop tôt, ils grandiront et s'éloigneront de cette maison et alors, si j'en ai encore envie, je pourrai tout mettre en ordre, et que tout soit parfait, comme une image. En attendant, il me semble que ce serait génial d'aller faire un somme auprès de Tommy.

RUTH LEE

« Je suis ma propre héroïne. »
MARIE BASHKIRTSEFF

UNE DÉESSE EXTRAORDINAIRE

J'*étais une enfant unique, timide et tranquille, et comme mes* parents travaillaient dans l'industrie du cinéma, j'étais souvent confiée à des gardiennes pendant que ceux-ci allaient tourner en extérieur. J'étais trop jeune pour comprendre que mon papa était la doublure de John Wayne, un de nos héros nationaux. Je me sentais seule et abandonnée et j'attendais avec impatience qu'ils reviennent et me consacrent l'attention dont j'avais tant besoin. Ce sentiment dont je n'avais pas mesuré toute l'étendue, m'a suivi dans ma vie d'adulte et a influencé ma confiance en moi de diverses façons.

Deux amies intimes m'encouragèrent gentiment à prendre un rendez-vous avec Linda, une thérapeute en croissance personnelle. Celle-ci m'a invitée à me joindre à un groupe de femmes qui cherchaient à créer des liens au niveau spirituel. En sécurité au sein de ce groupe, j'ai pris la décision d'ouvrir mon cœur et de retrouver les moments où j'avais négligé de me féliciter pour mes bons coups et ces moments où je m'effondrais en proie à une frayeur extrême à chaque fois qu'on me faisait un compliment.

Au cours de ces sessions hebdomadaires d'une durée de deux heures, Linda faisait référence de temps à autre aux déesses ou à la déesse intérieure. Je pensais, *Qu'est-ce que c'est que ce charabia ?* Je demandai à Linda ce qu'elle entendait par *déesse*.

« Tu sais bien, Jill. L'aspect féminin et spirituel chez la femme, » m'expliqua-t-elle. Un déclic s'est fait en moi.

Quelques mois plus tard, j'allai à Seattle rendre visite à des amies. Je leur annonçai avec fierté, «Je suis une déesse.» Ma déclaration leur sembla étrange et elles me jetèrent de drôles de regards, mais à la fin du week-end, nous étions toutes devenues des «déesses». Ce mot baignait dans mon être et déclenchait des sensations délicieuses de plénitude et de pouvoir. Nous avions créé ce week-end-là, dans une atmosphère quelque peu fantaisiste, une chose trop bonne pour être oubliée; je ramenai donc avec moi l'énergie de ma déesse et j'éprouvai enfin un sentiment de liberté.

Le lundi suivant à mon travail, j'entrai dans la cantine et remarquai une collègue de travail en train de manger une salade en lisant le journal. «Janet, tu es une déesse,» déclarai-je. Janet me regarda perplexe. «Tu es une déesse,» répétai-je. «Tu es magnifique, resplendissante et essentielle, à ta façon, simplement.»

Je n'oublierai jamais la transformation qui se produisit, juste sous mes yeux. Janet se redressa, me lança un sourire éclatant et dit, «Merci. Tu es le soleil de ma journée.» Alors je compris. Ma nouvelle déesse n'était pas une sorte de *Quan Yen* en cristal assise sur son trône et attendant qu'on lui offre des raisins à la petite cuillère — il me fallait travailler à aider les femmes à se sentir bien dans leur peau!

Quant à moi, histoire de ne jamais oublier ma mission — de rappeler à chaque jour aux femmes quelle est leur vraie nature — j'ai fait imprimer sur mes chèques : *Jill Davis, Déesse*, et sur mes cartes professionnelles à motifs floraux on peut lire : *Jill Davis, Déesse Extraordinaire.*

JILL DAVIS

« La recherche nous apprend que quatorze personnes sur dix aiment le chocolat »

Sandra Boynton

L'AMOUR DU CHOCOLAT

D ans certaines familles, quand les vieux parents décèdent, on s'entredéchire afin de savoir qui héritera de l'argenterie ou du canapé *Chippendale*. Ce n'est pas notre cas. Au décès de notre mère adorée, ma sœur et moi nous sommes rencontrées afin de vider son appartement. Une seule chose excitait notre envie : le chocolat.

«Je prends le chocolat dans le placard, » dis-je en franchissant la porte.

« Parfait. Alors je garde tout le reste, » répondit Marian. « Échange équitable. »

Alors nous nous sommes embrassées en pleurant et puis je lui ai raconté mon premier souvenir de chocolat. Nous étions à l'époque de la Deuxième Guerre mondiale et Marian était alors un bébé. Notre père servait comme pasteur dans l'armée ; j'avais seulement quatre ans mais je me souviens très bien des friandises. Avant qu'il ne soit envoyé outremer, papa avait rapporté de la coopérative militaire une tablette de chocolat *Hershey*. Oh le succulent, le merveilleux, le glorieux chocolat ! Je dégustai chaque morceau innocemment et ce fut le début d'une obsession qui allait durer toute ma vie. J'ignore pourquoi ma sœur a développé la même obsession. Peut-être que, témoin de mon extase, elle a voulu connaître la même chose.

Durant notre adolescence, nous nous abstenions de tout aliment chargé de calories comme les bonbons au chocolat mais une fois adultes, nous avons rattrapé le temps perdu et l'obsession a refait surface. Plus qu'une habitude, c'était une compensation pour les années difficiles, le manque d'argent quand on a de jeunes enfants et puis les divorces et les choix cruels de carrière. Beau temps mauvais temps, le chocolat venait cimenter notre solidarité féminine — une tablette *Hershey* quand nous étions pauvres, des truffes de luxe quand nous nous sentions riches.

Ma sœur a développé un cancer du sein il y a deux ans. La maladie s'est propagée dans les ganglions avant qu'on ne l'ait diagnostiquée et qu'on ait entrepris le traitement de routine : chirurgie, chimiothérapie, radiothérapie et une deuxième chirurgie. Finis les bonbons pour elle. Elle devait suivre une diète sévère, prendre beaucoup de repos et faire si possible de légers exercices. Enseignante de profession, elle expliqua sa maladie à ses petites-nièces âgées de dix ans ; elle leur fit voir sa tête chauve, ses deux perruques et le turban posés sur des porte-chapeaux dans sa chambre. Elle ne voulait garder aucun secret, disait-elle. Durant tout ce temps, elle a continué à rire, à plaisanter et à travailler autant qu'elle a pu. Mais je me faisais du souci pour elle. Nous nous en faisions tous d'ailleurs. Je l'ai emmenée un jour à une séance de radiothérapie et je me suis assise à ses côtés. « Il faut que tu ailles mieux, » dis-je en regardant le puissant liquide couler dans le tube. « Autrement qui me donnera les bons chocolats pour Noël ? »

Au début de l'automne, juste après ses dernières séances de chimio et de radiothérapie, Marian et moi en compagnie de plusieurs douzaines de ses amis avons participé à un marathon contre le cancer. Il y avait là vingt mille femmes qui couraient, marchaient, joggaient, avec leurs poussettes, agitaient les mains en direction des supporters, arboraient des t-shirts à la mémoire d'une disparue. Plusieurs portaient les chapeaux roses des *Survivantes*. Par les années passées, je courais. Cette fois je marchais à côté de ma sœur, pleine de courage et souriante sous son chapeau rose. Comme elle était affaiblie, nous marchions lentement. Bientôt les autres nous dépassèrent. « Tu n'es pas tenue d'aller jusqu'au bout » lui dis-je. « Tu sais que ce n'est pas le but. »

« J'y tiens, j'y tiens, » elle insistait. Alors, tant bien que mal, nous avons parcouru un premier kilomètre puis un second et enfin nous avons attaqué le troisième kilomètre.

« Marian, es-tu sûre ? » demandai-je très inquiète. Je l'examinai attentivement. Cette marche ne semblait pas exiger d'elle un trop grand effort ou la faire souffrir. Nous allions lentement, c'est tout.

« J'en suis sûre. »

Nous avons été les deux dernières à franchir la ligne d'arrivée ce jour-là, suivies de près par l'ambulance et les bénévoles affectés au ramassage des placards et autres papiers déchiquetés. Ovationnées par les derniers manifestants, nous avons arboré de larges sourires et salué de la main mais dans notre for intérieur, nous savions qu'il nous restait un dernier objectif à atteindre. Nous nous sommes dirigées tout droit vers le lieu où on distribuait la récompense de l'épreuve — du chocolat !

Depuis, les tests n'ont plus montré aucun signe de cancer. On ne peut garantir qu'il n'y aura pas de récidive mais ma sœur *a eu* le cancer. C'est chose du passé. A la prochaine fête de Noël, je projette d'emballer pour elle des menthes Frango de chez Marshall Fields dans une écharpe de soie que je lui donnerai en cadeau. Comme je suis l'aînée, je suppose que je serai aussi la première à partir et dans mon testament, j'ai fait inscrire ce legs bien particulier : À ma sœur bien-aimée, je laisse mon précieux collier de verre et tout le chocolat qui se trouve dans la maison.

Je sais laquelle de ces deux choses elle aimera le mieux .

MARILYN MCFARLANE

XI
MIEUX QUE
DES GAZ HILARANTS

« Le rire est par définition un gage de santé »

DORIS LESSING

UN BILLET DE LA MAISON

Mon mari, David, ne s'est jamais entiché de Kevin. De façon sarcastique, il l'appelle : le chien énigmatique. Il doit ruminer souvent cette pensée : « Pourquoi donc ai-je dit à Joanna qu'elle pouvait le garder ? »

Je comprends. David est un homme à chat. Or les personnes à chat ont souvent de la difficulté à s'adapter à un animal un peu trop exubérant dans ses démonstrations d'affection. David préférait son vieux chat, Tinker, une réclame ambulante pour accouplements désespérés. Tinker, un mâle siamois à la queue entortillée était atteint de strabisme et affligé d'une hernie à l'abdomen — si bien que son ventre traînait sur le plancher. Quand il n'arrivait pas à attirer votre attention en se tenant sur votre visage, il miaulait dans vos oreilles ou vous mordait, frustré de ne pas avoir trouvé en vous le partenaire idéal pour la reproduction.

Oui, ce vieux Tinker était un drôle de numéro, assurément un chat bien aimé, jusqu'au jour un peu triste où son corps déformé vint s'allonger pour mourir dans le sous-sol de la maison.

Nous devions nous procurer un autre animal de compagnie. La maison était trop tranquille.

J'ai alors trouvé Kevin, un fringant bichon frisé ; tout le monde était d'accord : il ressemblait à une heureuse, une très heureuse petite vadrouille sur pattes. Trop heureuse apparemment pour le pauvre David qui préfère les animaux plus snobs qui le font éternuer.

On comprend pourquoi il n'aime pas tellement conduire Kevin chez la toiletteuse ; les soins du chien n'occupent pas la meilleure place sur sa liste de priorités .

« Mais, chéri, le studio de toilettage est sur ta route pour aller au travail ! » me lamentais-je. « Ce serait ridicule pour moi de perdre une demi-heure pour aller le déposer alors que c'est sur ta route. »

David avait une mine renfrognée. « Viens ici, haleine de chien. » Il se dirigea vers la voiture avec Kevin qui sautillait à ses côtés.

Quinze minutes s'écoulèrent. Puis le téléphone sonna.

« Madame Slan ? Nous venons d'avoir la visite de votre époux et de Kevin et, euh…, nous nous posons des questions. » La réceptionniste semblait très nerveuse. « Voulez-vous vraiment que nous fassions à Kevin une lobotomie frontale ? »

Je corrigeai les instructions données par David et raccrochai puis j'entrai d'un pas lourd dans mon bureau afin d'élaborer un plan. C'était une déclaration de guerre. Mon mari avait haussé la mise et il me fallait suivre. Je décidai de miser sur le temps.

Six semaines s'écoulèrent. Une fois de plus Kevin était devenu l'ombre de cette boule de fourrure soyeuse qu'il aurait dû être. Sa mignonne petite boucle bleue pendait en lambeaux de la touffe de poils sur sa tête.

« Allons David. Je t'en supplie. Amène-le chez la toiletteuse, » implorai-je. Kevin s'était assis sur son derrière et donnait de mignons petits coups de patte en l'air.

David leva les yeux par dessus sa tasse de café et dit d'une voix rageuse, « OK, mais il faut que tu écrives sur un papier exactement ce que tu veux qu'ils fassent. Je ne veux même pas avoir à discuter des soins à donner à ce clébard miteux. C'est compris ? »

Je souris avec un air charmeur. « Naturellement, mon chéri. »

Il fourra mon billet dans la poche de son manteau et apostropha Kevin. « Allez, arrive pauvre caniche raté. » Kevin le suivit allègrement dans le garage. Tandis que la voiture débouchait de l'allée, je vis David cramponné au volant et Kevin, les yeux noirs comme des billes, qui regardait par la fenêtre, sa boucle bleue sautillant sans arrêt.

Chez la toiletteuse, David s'avança au comptoir avec assurance, les instructions écrites à la main. La réceptionniste se pencha vers Kevin en roucoulant. « Qu'est-ce qu'on peut faire pour vous aujourd'hui, M. Slan ? » David sourit avec un air un peu suffisant et passa mon billet à la dame.

Elle commença à rire d'une façon hystérique. Une autre toiletteuse lui enleva le billet des mains et le lut. Nos deux toiletteuses riaient maintenant à s'en tenir les côtes. Le sourire de David s'effaça.

« Dépêchons-nous de régler ça, je dois aller travailler. » répondit-il d'un ton brusque.

Elles se mirent à rire encore davantage.

Finalement, elles lui montrèrent le billet. J'y avais inscrit mes instructions on ne peut plus clairement : *Donnez un bain au chien. Castrez le mari.*

JOANNA SLAN

ENTRE LA FAMINE
ET L'ABONDANCE

Q uand j'étais petite, ma mère n'achetait jamais de jus d'orange frais ou congelé. Mes parents étaient des italiens économes qui considéraient ce produit comme un luxe. De toute façon, nous avions un oranger et quand arrivait la saison des oranges, j'allais m'asseoir au pied de l'arbre avec un livre et je mangeais des oranges tout l'après-midi. On extrayait à la main le jus des oranges. Sans l'aide d'un extracteur automatique, uniquement par des mouvements de rotation trois-quarts du poignet et du coude. Aussi, un verre de jus d'orange devenait une chose précieuse à siroter et à bien déguster.

Lorsque j'étais adolescente, ce qu'il y avait de mieux pour moi durant les vacances, c'était les repas. Les repas de fête don-naient l'occasion de manger des mets recherchés qu'on ne pouvait s'offrir le restant de l'année car ils étaient introuvables, trop rares ou trop longs à apprêter. La fête de Pâques devenait synonyme d'asperges fraîches et de gâteaux aux fraises et à la crème. À Noël, nous avions les raviolis et le *panettone* avec espresso.

Les choses sont bien différentes aujourd'hui. Je ne vois rien qu'on ne puisse trouver sous une forme ou une autre au super-marché à tout moment de l'année. On dispose de robots culinai-res ou de pétrisseuse qui accélère et facilite le travail. On verse les ingrédients et on tourne le bouton. On achète tout préparé ce qu'on n'a plus le temps ou le goût de faire.

Pâques a passé et je ne me rappelle pas avoir goûté quelque chose qui m'ait fait autant saliver à l'avance que le jus d'oranges d'antan. Surtout n'allez pas croire que je sois disposée à laisser tomber mon robot culinaire ou mon cappucino du soir (sorti tout droit de la machine posée sur le plan de travail) pour retrouver l'extase de ce jus d'orange. Je dis simplement que puisqu'on retrouve maintenant des mets recherchés au menu habituel, j'éprouve le besoin de quelque chose d'autre qui donne un cachet unique à chaque fête.

Les traditions ont pourtant la vie dure dans ma famille. Le repas de fête constitue encore l'activité principale de la journée. En fait, dans ma famille, nous faisons du repas l'élément central de *toutes* les occasions où nous sommes réunis. Il suffit que deux membres ou plus de notre famille, affligés pour la plupart d'obésité, de haute pression ou de cholestérol élevé, se réunissent pour préparer une fête, que déjà on discute du menu à préparer. Nous en parlons et planifions le tout dans le moindre détail longtemps d'avance, distribuant les tâches à chacun comme si la personne devait aller tuer elle-même l'animal ou se rendre à pied jusqu'à la ville voisine afin de se procurer les garnitures pour la salade. Nous faisons des plans, magasinons et préparons la chose une semaine à l'avance. Le banquet consommé, nous jouons des coudes dans les plats, les casseroles et l'eau savonneuse. Le soir tombé, le reste de la fête se passe à bailler sur le sofa.

Il y a deux ans, à un souper de l'Action de Grâces, j'ai fait quelques suggestions audacieuses.

« Vous savez, ces repas de fêtes sont un peu exagérés, » osai-je faire remarquer. « Nous passons des jours à les préparer, une journée à nettoyer et vingt minutes à manger. Ça ne vaut pas le coup. »

Mes parents dont toute la vie tourne autour de la nourriture flairèrent tout de suite la rébellion. Ils levèrent un œil circonspect sur leur fille aînée par-dessus les *gnocchi* plantés sur leurs fourchettes.

« Ah oui ! Que veux-tu faire d'autre ? On doit manger. » Ma mère était venue au monde avec une cuillère en bois à la main. Pour elle, il n'y a pas d'alternatives possibles. On doit manger. Et beaucoup.

« C'est parce qu'on doit manger qu'il faut cuisiner et nettoyer toute une semaine complète ? »

« Que veux-tu faire d'autre ? » demanda-t-elle encore en commençant à devenir légèrement hystérique.

« Le but c'est d'être ensemble, non ? On pourrait jouer à des jeux de société. »

« On peut toujours jouer après avoir mangé. Encore faut-il manger, » insista ma mère.

Ma sœur Cynthia qui adorait les jeux de toutes sortes et détestait cuisiner trouvait l'idée plaisante. « Oui ! On pourrait jouer au Tripoli, au Taboo ou bien au Scattergories. Il y a plein de jeux possibles. »

Je complétai ses suggestions. « On peut tous apporter des choses à grignoter… des hors d'œuvres, des biscuits… »

« Et comment ! » C'était au tour de mon père de parler. « Des hors d'œuvres ! C'est un repas ça ? Pas question ! C'est pas si compliqué de faire un repas. » Mon père n'avait jamais fait autre chose que de tenir la casserole penchée pendant que ma mère vidait le contenu dans un plat de service.

« Ça l'est si on doit tout préparer. » ripostai-je.

« Bien, j'imagine qu'on pourrait tout partager » répondis ma mère dans un esprit de compromis. « On pourrait tous apporter quelque chose. »

« Voilà ! » J'étais bien d'accord. « Il n'est pas nécessaire que ce soit un souper. »

« J'imagine qu'on pourrait faire ça. » Elle se laissait fléchir. Mon père avait encore des réticences. Il hochait la tête et roulait des yeux mais quand il est question de préparer des aliments, le vote des porteurs de casseroles ne compte pas de toute façon.

Ma sœur et moi avons avancé l'argument décisif. « Ainsi personne n'aura à travailler et à s'épuiser toute la semaine précédant la fête. »

Ma mère réfléchit un moment. « Mais alors on fera quoi à Noël ? »

« Bien, on pourrait avoir des choses variées — des fromages, une trempette aux légumes, ce genre de choses. Et des biscuits. »

« Oui. C'est une bonne idée, » dit-elle en se levant pour préparer le café. Ma sœur et moi avons échangé des regards triomphants.

« Je pense à une petite salade verte, » ajouta ma mère de la cuisine. « Il faut une salade. »

Cynthia et moi , nous somme regardées tandis qu'elle poursuivait à voix haute.

« Et il va nous falloir de la viande. Je peux cuisiner une dinde. Ce serait une affaire de rien. Et peut-être quelques raviolis… »

LILLIAN QUASCHNICK

JE LEUR APPRENDRAI

Q uand je m'abonne à des magazines, je prends soin d'exiger
que mes coordonnés demeurent confidentiels. Je peux
dépister les contrevenants car je mets l'abonnement
au nom de mes deux chiens maltais, Tiffany et Chrissy. Quand
je reçois par la poste des dépliants publicitaires adressés à l'un
d'entre eux, je sais que la compagnie a acheté une liste d'adresses
d'un des magazines auxquels je suis abonnée.

Parfois, Tiffy (Tiffany) et Chrissy reçoivent des appels de spé-
cialistes du télémarketing. Hier le téléphone sonne et une dame
demande à parler à Tiffany Elkin, ce à quoi je réponds : « Tiffy
n'aime pas parler à des étrangers. » La dame insiste et affirme que
l'abonnement de Tiffany à un magazine est sur le point d'expirer ;
elle doit absolument s'entretenir avec elle. Me sentant d'humeur
à cabotiner un peu, j'appelle Tiffy d'une voix forte et celle-ci me
regarde d'un air hautain signifiant : *Jamais de la vie. Je n'irai pas.*

Alors je réponds à la téléphoniste que Tiffy refuse de lui parler et demande si je peux prendre le message. Avec une pointe
d'irritation dans la voix, la dame rétorque, « S'il vous plaît, laissez-
moi lui parler et nous réglerons toute l'affaire. »

Je me résous enfin à vendre la mèche et je lui dis, « Tiffany
est une chienne et elle refuse de vous parler. » La spécialiste se
met à aboyer, « Vous avez mis l'abonnement au nom de votre
chien ? C'est la chose la plus ridicule que j'ai jamais entendue.
Une chose pareille, c'est bien la première fois ! »

Je la laisse continuer encore un peu sur sa lancée, puis gracieusement et tranquillement, je lui dis, « Tiffany a surpris notre conversation et elle est plutôt en colère contre vous et elle me dit de vous dire qu'elle ne renouvellera pas son abonnement à *Better Homes and Gardens.* »

J'entendis ensuite un son guttural, quelque chose comme *grrrrr* et le bruit d'un combiné que l'on raccroche violemment.

SHIRLEY ELKIN

DURES COMME DES ONGLES

I *l y a de cela bien des décennies j'étais mal à l'aise dans la classe* de septième. Jusqu'à hier, les élèves de septième m'intimidaient, particulièrement les élèves qui avaient écopé de peines de prison, ce qui m'inquiétait sérieusement. Vingt-quatre heures auparavant, je n'avais nullement l'intention de m'entretenir avec un groupe d'entre eux.

«Je suis désespérée, » gémissait mon amie Debbie au téléphone l'autre soir. «Peux-tu parler à ma place à un groupe de jeunes collégiennes demain?» Un instinct de survie au fond de moi me disait de crier «Non!»; mais je savais que je ne pourrais faire faux bond à une amie qui réclamait de l'aide au dernier moment. J'acceptai à contrecœur.

«Bon, » dit-elle. «Maintenant je dois te parler un peu de ces filles. Elles sont incarcérées par ordre de la cour ou encore elles ont des parents qui ne sont plus en mesure de les encadrer et alors, ces filles se sont retrouvées au *Angel Camp*. Je dois te dire, c'est le groupe le plus difficile dont j'ai eu à m'occuper. Aucun conférencier n'a jamais terminé une conférence devant eux sans qu'on soit obligé d'appeler les gardiens.»

C'était une mission impossible. Si personne n'avait pu retenir leur attention, comment — une rondelette et grisonnante grand-maman , myope par surcroît — y arriverait-elle? Je n'avais à coup sûr rien en commun avec ce groupe de dures à cuire. Je n'arrivais même pas à imaginer une entrée en matière.

Tandis que je me creusais les méninges pour trouver quelque chose que nous aurions en commun, une amie m'appela. «Je ne connais peut-être pas beaucoup la Bible mais je connais bien les collégiennes,» dit-elle. «Il y a quatre choses qui les intéressent : leurs cheveux, leurs vêtements, leurs ongles et les garçons.» Oh! C'était un coup de téléphone providentiel!

Je dressai un inventaire. Leurs cheveux... j'étais assez sûre que mes cheveux courts, striés de gris et plutôt ébouriffés n'étaient pas d'un style très en vogue chez ces jeunes collégiennes. Mon corps plutôt rondelet aurait l'air ridicule dans leurs vêtements. Et je n'avais plus de petit ami depuis belle lurette. Mais je connaissais bien les ongles.

J'avais adopté pour la première fois cet été des ongles artificiels en acrylique. Ils avaient un look superbe. La première fois, je les avais regardés avec admiration, en me demandant pourquoi je ne m'en étais pas procuré plus tôt. J'avais remercié la manucure en partant. Mais rapidement, j'avais réalisé que d'entrer dans ma voiture avec des ongles très longs représentait tout un défi. Je ne pouvais plus ouvrir la porte. Je risquais de briser mes ongles! Je maîtrisai rapidement la technique d'utilisation des jointures; et voilà, la porte s'ouvrait. Une fois à l'intérieur, je découvris que des manœuvres simples comme boucler sa ceinture et démarrer l'auto devenaient des tâches considérables. De retour à la maison, je tentai de composer un numéro de téléphone et ce sont d'étranges personnes qui décrochèrent à l'autre bout du fil. Mon ordinateur réagit comme si j'avais entré des données en Grec. Même très mignons, mes ongles constituaient tout bonnement un obstacle à la moindre tâche. J'avais le sentiment qu'il me faudrait porter une grande affiche devant et derrière moi qui dirait : *Attention! Personne handicapée des ongles!*

L'épreuve décisive survint à l'épicerie quand j'échappai par terre ma monnaie. Je pensai, *Avec ces ongles, pas de problème!* (quand donc apprendrai-je?) Je me penchai pour ramasser la monnaie mais celle-ci filait entre mes doigts. À quatre pattes sur le plancher de l'épicerie je tentai délicatement de soulever puis d'agripper les pièces de monnaie en me servant de mes ongles comme d'une pelle. Je n'y arrivais pas ; j'envisageais de donner la monnaie à quiconque pourrait la ramasser quand un gentleman me tapa sur l'épaule et me dit, « Je vais le ramasser pour vous ma petite dame. »

Tandis que je faisais face aux collégiennes, je commençai avec ces mots, « Combien d'entre vous ont déjà porté des ongles en acrylique ? » Des mains se levèrent un peu partout. Je me mis à raconter mes expériences atroces avec ces ongles. Elles riaient. Une fille leva la main et demanda, « Avez-vous eu des soins des ongles français ? » Des soins des ongles français ? Qu'est-ce que ça pouvait bien être ? Je répondis : « Je n'en ai pas la moindre idée. J'ignorais qu'ils venaient en plusieurs langues ! » Nous avons passé plus d'une heure à rire et à échanger sur nos expériences. La conversation se déroulait dans un climat sympathique ; j'avais su les toucher et en retour, elles avaient su me toucher.

Aujourd'hui quand on me le demande, je puis dire que je connais bien les collégiennes ! J'ai parlé avec elles, j'ai ri avec elles et j'ai pu entrevoir le potentiel au fond de chacune en dépit des circonstances. Je sais qu'elles s'intéressent à autres choses que : leur chevelure, leurs vêtements, leurs ongles et les gars. On a peut-être commencé la conversation en parlant des beaux ongles, mais on a fini par parler des promesses et des potentialités cachées sous l'armure de ces filles, et c'est alors qu'elles ont laissé voir leur grande beauté.

PATSY DOOLEY

QUAND LE MAÎTRE EST ABSENT

L e jour où nous avons décidé d'avoir un chien, tout le monde nous a dit : « Procurez-vous un golden retriever. Ce sont de bons chiens. Si doux et si adorables. Ils sauteraient dans des cerceaux pour faire plaisir à leurs maîtres. »

C'est ainsi que Kai, un magnifique retriever âgé de trois mois, est entré dans notre vie. Nous lui avons donné ce nom hawaiien inhabituel qui signifie *océan* car nous l'avons trouvé dans une clinique vétérinaire située sur Hawaii Kai Drive à Honolulu.

Nous avons pu vérifier très rapidement que tout ce qu'on nous avait dit était vrai. Kai était intelligent, gentil, et facile à dresser. En fait, nous étions impressionnés par la facilité avec laquelle le nouveau toutou s'intégrait à la famille. Oh je ne dis pas que tout était idéal. Les premiers jours il nous créa les petits embêtements habituels tels : maculer de boue la carpette, mâchouiller tout ce qui était à portée de sa gueule et décorer la maison avec les ordures ménagères. Mais par un regard désapprobateur ou un haussement de la voix on lui apprit rapidement que ces choses étaient inacceptables. Dès le premier soir, nous l'avons emmené faire une marche dans le voisinage, et je fus étonnée en constatant qu'il apprenait très vite les ordres élémentaires tels que « assis » et « au pied. »

Nous avons déniché un champion, pensai-je. Puis vint le *voyage d'affaires*. Frank devait partir en Thaïlande pour deux semaines.

Durant son absence, il me fallut affronter la dure réalité : Kai n'obéissait qu'à un seul maître.

Et ce n'était pas moi.

La deuxième journée après le départ de Frank, je revins à la maison après le travail et j'allai à porte d'en arrière pour faire entrer Kai. Je restai figée sur place les yeux ronds d'étonnement.

Ou bien j'hallucinais ou bien il avait neigé sur Honolulu tandis que j'étais au travail. En examinant de plus près, je me pris à souhaiter que ce fut une neige miraculeuse. Kai s'était approprié un des coussins de mon mobilier de patio et l'avait systématiquement déchiqueté en mille morceaux. Un coussin seulement, allez savoir pourquoi. Les trois autres coussins étaient en parfait état.

J'exprimai clairement à Kai ma désapprobation par un non-non catégorique ! Ramassant ce qui restait de la pièce de coton déchiquetée, je l'agitai sous son nez et de ma voix la plus emphatique je lui répétai que c'était « méchant, mééchaaaant » de détruire mon coussin. Ses gros yeux bruns me fixèrent avec un air plein de remords. S'il avait pu parler je suis sûre qu'il aurait dit : *Je réalise maintenant que j'ai fait une chose horrible et jamais, plus jamais cela ne se reproduira.* Et comme pour me signifier clairement son remords, il se dirigea honteux à son endroit habituel dans le vestibule où il allait chaque fois qu'on le réprimandait. Je jetai aux poubelles les lambeaux de coussin, convaincue que Kai et moi en étions arrivés à une entente.

Jusqu'au lendemain. Imaginez ma surprise quand j'allai à la porte arrière et découvris qu'encore une fois, il avait neigé. Et voilà.

Le coussin numéro deux avait cessé d'exister.

Kai lança un regard a mes canines dénudées et s'enfuit à toute vitesse dans un recoin de l'arrière-cour, espérant, j'en étais convaincue, se rendre invisible. Ma pression sanguine avait sans aucun doute monté à un niveau suffisant pour qu'on m'envoie occuper un lit à l'hôpital ! Comme je suis une personne très humaine, notre cher golden n'eut pas à subir de sévices corporels ; en revanche, je lui lavai la figure avec les restes du coussin transformé en paillis.

L'idée me vint à ce moment-là qu'il y avait un lien entre les tristes exploits de Kai et l'absence de mon époux. D'accord, notre chien s'ennuyait de Frank. Mais devait-il pour autant se venger sur moi et mes pauvres coussins ?

Le troisième jour, le coussin numéro trois subit le même sort que les coussins un et deux.

« Pourquoi ? » hurlai-je. « Qu'est-ce que tu as en particulier contre les coussins du patio ? »

Kai leva vers moi un regard innocent et sincèrement confus. *Qui, moi ?* semblait-il me dire. *Pourquoi ? je n'ai rien contre tes coussins. Qu'est-ce qui te fait croire une chose aussi ridicule ?*

Le jour quatre se leva. Une journée de plus, pensai-je, et un coussin de plus, dernière victime attendant l'attaque sournoise d'un tueur en série. Survivrait-il à cette journée ? Survivrais-je au voyage d'affaires de Frank ? Kai survivrait-il à l'attaque de cette femme maniaque et timbrée qui était l'épouse de Frank ?

De retour à la maison, après le travail, je m'avançai précautionneusement vers la porte arrière en retenant mon souffle et jetai un coup d'œil.

La quatrième victime éventrée gisait sur le gazon, ses entrailles dispersées sur l'herbe. Et au milieu de ces débris Kai se tenait assis et me regardait avec un sourire épanoui. La seule chose qui manquait à cette image de douce innocence c'était le halo lumineux autour de son adorable tête dorée.

Mon œil gauche était agité par un tic. Mes mains se tordaient comme des pinces. Un affreux rictus déformait ma bouche. Un grondement sourd s'échappa de ma gorge.

« Je le tuerai ! »

N'eut été de mes deux enfants qui, pour je ne sais quelle raison, avaient développé un amour fou pour cette créature démoniaque travestie en toutou familial, qui sait ce qui aurait pu se produire?

Leah et Stephen me bordèrent dans mon lit et posèrent sur mon front brûlant une compresse humide.

«Ne t'en fais pas maman,» dit Steve. «Papa sera de retour demain.»

J'approuvai d'un signe de tête. Le tic dans mon œil s'estompait lentement.

Le lendemain, j'étais suffisamment remise pour aller à l'aéroport accueillir Frank. Sur le chemin du retour, je lui parlai du petit problème que nous avions eu avec son chien. Il me manifesta une sympathie correcte mais je dirais qu'il ne prenait pas autant que moi la chose au sérieux.

Kai était ravi de voir son maître et vice versa. Après les retrouvailles, je contemplai mon ameublement de patio dénudé. Il y a une semaine encore c'était si joli.

Bientôt, tout redevint normal. Avec la présence rassurante de Frank à la maison, Kai se calma et redevint comme avant, le chien que nous avions appris à aimer. J'espère seulement que Frank ne refera plus de voyage d'affaires. Non pas que j'aie remplacé les coussins. Je n'en ai rien fait. Seulement j'ignore si mes nerfs tiendraient le coup. J'exagère sans doute. Après tout, il ne reste plus rien à briser dans la cour arrière. Sauf le mobilier du patio et l'unique *plumeria*.

En y réfléchissant, je me souviens que Kai aime bien mâchouiller le bois. Quand il en aura fini avec l'arbre, qu'est-ce qui l'empêchera de s'attaquer au fer forgé?

CAROLE BELLACERA

COUPÉS COURT

*L*e vent fouettait la porte vitrée du salon de coiffure qui s'était refermée derrière moi ; je fis quelques pas sur le trottoir, hésitai une seconde afin de laisser passer des piétons puis je me précipitai vers ma voiture.

Ce qui est fait est fait, me dis-je pour me convaincre, tandis que mon regard évitait délibérément le rétroviseur et que j'enfonçais la clé de contact. Mes pensées défilaient à vive allure. *Comment diable allais-je expliquer au monde ces séquelles chirurgicales, cette apparence de victime de traumatisme crânien ?*

Voyez-vous, tout était de la faute de Cameron Diaz. Elle avait posé l'année dernière pour la page couverture de *Movieline* avec une adorable petite coupe de cheveu et je m'étais mis en tête de lui ressembler. Quelques jours seulement avant mon départ pour l'Allemagne où j'allais rencontrer les parents de mon petit ami pour la première fois et assister à la réunion de ses anciens camarades de classe, je pris rendez-vous chez la coiffeuse. Je voulais une coupe trop mignonne pour être décrite et qui ne nécessiterait pas l'emploi d'un séchoir à cheveux — lequel risquait d'exploser si on tentait de le faire fonctionner à 220 volts avec un adaptateur.

Le jour du rendez-vous arriva. Mes cheveux n'arrivaient pas encore à mes épaules que déjà ils étaient lourds, sans vie et d'un style ennuyeux.

Ça va être formidable ! Plus léger, plus décontracté, pensais-je au fond de moi. Après le shampoing, et après avoir retiré la mousse de mes oreilles avec une serviette, je tendis à Michelle, ma coiffeuse préférée, la photo de Diaz.

« C'est un peu court comme coupe, » dit-elle. Je la regardai d'un air narquois. Les cheveux de Diaz ne me paraissaient pas si courts ; on était très loin à coup sûr du look de Susan Powter.

« Mais je crois que ce look t'ira bien. C'est très populaire en Europe en ce moment, » dit-elle comme pour me rassurer.

Je souris en acquiesçant. Elle commença. Tandis qu'elle s'affairait à démêler mes mèches dégoulinantes, nous avons échangé des nouvelles. Les ciseaux entrèrent en action pendant qu'elle m'entretenait de son petit ami qui l'avait plaquée pour une ravissante idiote le mois précédent. Captivée par son histoire, je regardais distraitement les longues mèches de cheveux rouler sur mon sarrau tandis qu'elle relatait avec ferveur leur dernière nuit ensemble ; puis il lui avait laissé entendre qu'une petite aventure occasionnelle ne pouvait qu'approfondir — s'ils étaient prêts à cela — leur relation de couple. Je sentais ma tête plus légère, très légère à vrai dire mais je ne regardais pas attentivement dans le miroir — superstitieuse, je ne voulais pas nuire à l'opération. En vingt minutes tout fut achevé.

Complètement ! Pas besoin d'un séchoir ; on lave et c'est tout, fredonna Michelle.

Je fis une grimace (polie) dans le miroir. Un poil de plus et c'était le rasage intégral. Elle perçut la détresse sur mon visage. Habituée à faire croire même à des demi-sœurs méchantes et laides qu'elles sont très belles et qu'elles peuvent aller au bal, ma coiffeuse experte murmura, « Tu es une des rares personnes à pouvoir adopter ce style de coiffure et à avoir du succès. »

Je montai dans ma voiture, mais ne pus démarrer immédiatement. J'avais besoin d'élaborer un plan pour ma réinsertion dans ce monde où la vie continuait. Je sortis de la voiture et fis quelques pas, cherchant désespérément une excuse, peut-être même un moyen de fuir. Attends ! Je pouvais me mettre de la gaze chirurgicale sur un côté de la tête et raconter que j'avais eu un accident. Non, trop dramatique. Bon, une écharpe alors. Non, trop évident.

Je déambulais en jonglant quand je constatai que des gens jetaient un coup d'œil en ma direction et deux fois plutôt qu'une. Je cru entendre des bribes de conversation tels que : « Punk rocker » ou « Chimio — pas de veine pour elle. » J'avais froid à la tête. Mes oreilles paraissaient démesurées. Je revins en courant vers ma voiture.

De retour à la maison, mon petit ami, conscient de la fragilité de l'estime que je me porte, me frotta la tête et me donna un surnom mignon en allemand qui sonnait étrangement comme « Barbe de quelques jours » Les semaines passant, les mots *caresses intenses* prirent subitement une nouvelle signification maintenant que me tête était devenue la partie de mon corps sur laquelle il aimait plus que tout passer la main.

Il s'avéra que sa famille m'aimait malgré la disparition de ces agglomérations de cellules mortes. Pourtant, en y repensant, ils m'offraient très souvent de me prêter des chapeaux de laine afin de protéger ma tête contre « le vent drès vroid. » On était au mois de mai.

J'ai vu une autre photo de Diaz dans un magazine récemment. Comme par magie, ses cheveux tombaient déjà sur ses épaules.

Ce ne fut pas si terrible en fait. Ce désastre m'a épargné beaucoup d'argent car j'ai été très longtemps sans avoir besoin d'une coupe de cheveux.

KARIN ESTERHAMMER

D'AUTRES HISTOIRES
DE CHOCOLAT ?

Aimeriez-vous voir publier une de vos nouvelles, écrites dans l'esprit de *Chocolats pour l'âme d'une femme* ou de *Chocolats pour l'esprit d'une femme* ? Je prépare d'autres recueils sur le même modèle ; on y retrouvera des récits de femmes qui se sont fiées à leur intuition ou qui ont surmonté des obstacles ; des histoires d'amour, des moments divins, et des situations humoristiques qui nous aident à ne pas trop nous prendre au sérieux. Je suis à la recherche d'histoires — de une à quatre pages — qui réchauffent le cœur, nourrissent et élèvent l'esprit et nous encouragent à réaliser nos rêves.

Je vous invite à vous joindre à moi et à participer à ces projets en me faisant parvenir votre nouvelle originale. Si votre histoire est retenue, votre nom — accompagné d'une notice biographique — sera mentionné dans la liste des collaboratrices. Pour obtenir d'autres renseignements ou pour me faire parvenir votre récit, veuillez écrire à l'adresse suivante :

Kay Allenbaugh
P.O. Box 2165
Lake Oswego, Oregon 97035
kay@allenbaugh.com

Pour obtenir d'autres renseignements, visitez mon site Web !
http://www.chocolateforwomen.com

COLLABORATRICES

Ann Albers est passée maître dans la tradition Reiki, en plus d'agir comme conseillère spirituelle, animatrice, conférencière et auteure. Elle a obtenu une licence en génie électrique de l'université de Notre Dame et a œuvré huit ans dans l'industrie de l'avionique avant de tout abandonner pour suivre sa vocation spirituelle. Elle rédige présentement ses tout premiers livres : *Whispers of the Spirit*, l'histoire profondément humaine et inspirante de son éveil spirituel, et *No More Taboo!*, un texte puissant qui vise à aider les femmes à se réapproprier leurs corps et leurs âmes. (602) 485-1078. www.VisionsOfHeaven.com

Melanie Allen est étudiante à plein temps et employée occasionnelle dans une agence de publicité (en été, elle travaille à l'agence à temps plein). Lectrice passionnée, elle espère devenir un jour écrivain ; elle est très heureuse d'avoir pu s'impliquer dans cette merveilleuse entreprise qui a pour nom : *Chocolats pour l'esprit d'une femme*.

Ursula Bacon a fui l'Allemagne nazie avec ses parents et elle a passé les neuf années suivantes en Chine. Avec 18 000 autres réfugiés européens, elle a été internée par les forces d'occupation japonaises à Shanghai, durant quatre ans. Elle a émigré aux États-Unis à la fin de la deuxième guerre mondiale. Ursula a épousé Thorn Bacon ; écrivains tous les deux, ils dirigent également une petite maison d'édition. Elle est aussi co-auteure du livre Savage Shadows (New Horizon) et l'auteure de *The Nervous Hostess Cookbook*, (BookPartners, 1998.) (503) 682-9821

JENNIFER BROWN BANKS est journaliste à Chicago, poétesse et femme d'affaires. Elle a rédigé des articles pour *Being Single*, un magazine fondé en 1995, et a publié à compte d'auteur trois recueils de poésie. Ses articles, poèmes et commentaires ont été publiés dans le *Chicago Sun-Times*, le magazine *Being Single*, dans *Today's Black Woman*, *Chocolate for a Woman's Heart*, *Just for Black Men*, *Today's Chicago Woman*, *Chicago Defender* et *Positive Connections*. Mme Banks est la fondatrice de Poets United to Advance the Arts [Poètes Unis pour l'Avancement des Arts.] (773) 509-8018

CAROLE BELLACERA est une écrivaine qui vit à Manassas en Virginie. Ses nouvelles et ses articles ont paru dans *Woman's World*, le *Star*, *Endless Vacation*, le *Washington Post* et dans plus de deux cents magazines et journaux en Amérique ou ailleurs. Plusieurs de ses œuvres de fiction se sont mérité des prix au concours de prose du Columbia Pacific University's *CPU Review* et lors du concours de nouvelles tenu annuellement par le *Belletrist Review*. Son premier scénario, *Border Crossings*, était parmi les finalistes en 1995 au Austin Heart of Film Competition. La version romanesque de *Border Crossings* a été publiée par Forge Books en Mai 1999. <KaroBella@aol.com> <http://members.aol.com/KaroBella>

TANNIS BENEDICT a voyagé partout à travers le monde durant son enfance et son adolescence car ses parents étaient membres de l'armée de l'Air. Elle et Brian Frankish, son mari, possèdent une compagnie de production et de tirage cinématographique : la Frankish-Benedict Entertainment, qui se consacre principalement aux «histoires de cœur». Elle a débuté sa carrière d'écrivaine avec une pièce à deux personnages intitulée *Timing Is Everything*, une comédie romantique produite à Los Angeles où elle réside.

Elle a aussi écrit des scénarios, des nouvelles, des poèmes et a été comédienne durant plus de vingt ans. Après le décès de son fils, en 1996, elle s'est tournée vers Dieu ; l'épanouissement de sa foi et la force de la prière ont illuminé son parcours spirituel. <tannisb@aol.com>

DIANE GONZALES BERTRAND est une écrivaine qui se spécialise dans les livres accessibles à toute la famille. Ses derniers romans ou livres parus chez Arte Publico Press (Houston) comprennent *Sweet Fifteen* ; *Lessons of the Game* ; *Alicia's Treasure* ; et deux livres bilingues illustrés : *Slip, Slurp, Soup, Soup/Caldo, Caldo, Caldo* et *Family Familia*. Elle enseigne à l'Université St. Mary's à San Antonio, Texas où elle réside avec Nick, son époux, et ses deux enfants.

C. YVONNE BROWN est propriétaire de l'entreprise Better Communications in the Workplace [Communications Optimales au Travail]. Elle est entraîneure, animatrice de retraite, consultante et motivatrice. Elle offre des ateliers de communication, des séminaires intitulés Humor in the Workplace [Humour au travail], des séminaires de motivation/croissance personnelle et des ateliers Joy in Life [Joie de Vivre]. Elle utilise un des ses outils préférés — l'humour. Elle considère l'humour comme un engagement positif dans l'expérience existentielle et trouve une vraie joie à rendre sa vie et celle des autres plus amusantes. (503) 848-8630.

KIM CHAMPION vit à Phoenix en Arizona avec son mari, Wayne, et ses deux fils adolescents, Adam et Jonathan. Elle écrit de la poésie, des comédies, des parodies et elle a rédigé des textes poétiques personnalisés durant plus de vingt ans sous le pseudonyme Poetics Unlimited. Elle est ventriloque (grâce à l'inspiration et à la gentillesse de Jimmy Nelson). Elle et sa marionnette, Stanley, se sont produits dans les hôpitaux, les maisons de retraite, les écoles et les réceptions privées. Elle rêve d'écrire un jour un best-seller. <Bergen2123@aol.com>

LOLLY CHAMPION travaille sur un projet de législation en soins de santé destinés aux femmes ; elle participe également au programme de recherche sur le cancer du sein du Departement of Defense à titre de critique et siège sur différents conseils du domaine de la santé ; ayant elle-même reçu un diagnostic de cancer du sein, elle s'est donné pour mission d'agir sur les répercussions de cette maladie dans la vie des femmes qui en souffrent présentement ou qui en souffriront à un moment ou l'autre de leur existence. Sa plus grande joie consiste à donner ses cours : Myths and Realities of Breast Cancer, et Being Assertive in Your Health Care, et promouvoir devant des groupes communautaires, gens d'affaires et groupes de citoyens, les avantages de la détection précoce. Pour plus d'informations sur ce que vous ou votre communauté pouvez faire contre le cancer du sein, vous pouvez la joindre au (541) 382-9263. <champ@empnet.com>

JUDI CHAPMAN, M.A. est une écrivaine indépendante qui habite Edmonton, Alberta, Canada. Elle a travaillé comme assistante universitaire et adjointe administrative. jchapman@edmc.net

MINDY SUE COHEN aime à se décrire comme une « femme de la Renaissance en perpétuelle évolution. » Le « porte-folio de sa carrière » a nécessité une expertise organisationnelle et les talents de personnes doués d'une grande écoute. Passionnée par les enjeux environnementaux, elle est une jardinière insatiable, une dompteuse de chaos, une conseillère gastronomique, photographe, productrice d'idées créatives, experte en résolution de problèmes, écrivaine et propriétaire d'une maison. (512) 990-0294

COURTNEY S. souhaite demeurer anonyme. Michele Wallace Campanelli a écrit pour elle son histoire. mcampanelli@juno.com

BARBARA DALBEY a enseigné le conditionnement physique au niveau professionnel durant plus de douze ans. Sa passion de l'enseignement l'a amenée à développer des programmes de bien-être et d'amélioration de l'image de soi destinés aux employés des grandes entreprises. En mettant l'accent sur le mental, le corps et l'esprit, elle analyse les idées fausses associées au mot *diète* et favorise le changement des mentalités. Elle aime partager son expérience avec les gens par le biais de l'enseignement, par ses conférences et ses écrits. (503) 452-7576. bdalbey@teleport.com

JILL DAVIS a pris récemment sa retraite ; auparavant, elle était assistante du président d'un HMO. Depuis lors, elle consacre ses temps libres à l'écriture de la poésie (son poème favori a été publié dans un petit recueil), d'essais et d'un livre pour enfants (qu'elle tente de faire publier). Née à Catalina Island, elle a grandi dans la région de Los Angeles et vit maintenant à Portland, Oregon. Elle dédie cette histoire à sa mère, Norma, son père, Sid, son fils, Steve, son partenaire, Rod, son ami, Jan, et à Louise, une dame exceptionnelle. jillz@easystreet.com

PATSY DOOLEY est une conférencière inspirante et une auteure à la « touche subtile ». Ses conférences portent sur les défis de la vie quotidienne. Mettant à profit ses vingt-cinq ans passés dans le monde des affaires, elle sait créer des programmes amusants et très efficaces sur la façon de bien s'entendre avec les gens et d'intégrer une dimension humoristique à la vie de tous les jours. Sa facilité à marier humour et réalité apporte à ses programmes une touche originale. (940) 592-1009. Pat2funnyD@aol.com

SUE DYER est la présidente d'OrgMetrics. Elle travaille avec des équipes de constructeurs qui veulent prévenir ou résoudre les conflits, et avec des leaders désireux de donner de l'expansion à leurs organisations. Elle est l'auteure de *Partner Your Project : Working Together to Bring Your Project In on Time and on Budget.*

Elle tient aussi une chronique mensuelle intitulée « Dyer Straights » dans un journal spécialisé dans la construction commerciale. Elle a acquis une renommée comme experte dans l'art de transformer des organismes en difficulté en organismes prospères. SueDyer@orgmet.com

SHIRLEY ELKIN, M.S.Ed., est une conférencière professionnelle et une entraîneure installée à Decatur, Illinois. Elle offre des conférences et des séminaires ayant pour thèmes : Le Langage Corporel dans le Monde des Affaires ; Changez Votre Façon de Penser — Changez Votre Vie ; et Présentation Professionnelle de ses Aptitudes. Elle a œuvré dans la formation au niveau secondaire avant de devenir conférencière et entraîneure. (217) 875-1721

KARIN ESTERHAMMER est chroniqueure et éditrice pour le *Los Angeles Times*. Elle vit à Burbank en Californie où elle se passionne entre autres choses pour ses deux filles et tout ce qui a trait à l'Allemagne — sa langue, sa culture, son histoire et sa cuisine. Karin.esterhammer@latimes.com

CANDIS FANCHER, M.S., C.C.C., est spécialiste en orthophonie et elle travaille dans le milieu hospitalier ; elle utilise l'humour et les « pauses agréables » dans le but de favoriser la communication avec ses patients et faciliter ainsi leur guérison. La foi, la famille et les amis occupent une place très importante dans sa vie. Elle habite avec Duane — qui conjugue les rôles de meilleur ami, de mari et de pharmacien — et ses enfants, Chad et Jill qui décrivent leur mère comme « une personne naturellement excentrique ». Ses séminaires Inner Sources : *Staying Afloat in the Stresspools of Life* [manuel de survie dans l'océan du stress] à la fois divertissants et instructifs, incitent les participants à s'arrêter, observer, agir et créer des relations humaines authentiques. (612) 890-3897.

CAROLINA FERNANDEZ a quitté son travail d'agent de change chez Merrill Lynch pour fonder une famille. Elle gère maintenant chez elle, une entreprise qui porte son nom et qui met en marché des vêtements de jeux dessinés et peints à la main et destinés aux enfants. Après avoir écrit un premier livre sur la maternité, elle a maintenant diversifié ses activités ; l'écriture et les conférences sont autant d'occasions pour elle d'encourager et d'inciter les mères à la créativité. Sa force et son optimisme prennent racine dans une foi en Dieu profonde et inébranlable. Elle vit avec Ernie, son mari, et ses quatre enfants à Lexington dans le Kentucky. Vous pouvez visiter son site Internet à l'adresse suivante : www.carolinafernandez.com (606) 263-5698

JUDITH MORTON FRASER, M.A. exerce son métier de thérapeute auprès des couples, des familles et des enfants en plus d'être actrice. Elle a publié des contes, des poèmes et des articles dans le *Los Angeles Times* et le *Los Angeles Times syndicate*, *Everywoman's Village* et dans la revue de la California Association of Marriage and Family Therapists [l'Association Californienne des Thérapeutes du Mariage et de la Famille]. Elle écrit actuellement un roman, *Fiona Lonestar MacLean*, qui mêle la créativité, les cérémonies amérindiennes et les rites de passage. Elle vient juste de terminer un scénario intitulé *The 50th Anniversary*. Ian, son mari, est directeur musical et il s'est mérité onze Emmy Awards ; Tiffany, sa fille, est actrice ; Neal, son fils, est chef cuisinier ; et ses petits-enfants Grace, Chelsea et Jenna développent sans cesse leur créativité. (213) 656-9800

MARCI MADSEN FULLER est à la fois écrivaine, épouse et mère ; elle vit actuellement dans le sud du Texas avec des perroquets sauvages, des serpents aquatiques et des geckos — qui viennent faire leurs petites révérences sur les appuis de fenêtre de sa cuisine. Elle vient à peine de terminer son premier roman que déjà elle se met à l'ouvrage pour en produire un deuxième. (956) 399-3094. Wlflsprite@aol.com

JAYNE GARRETT œuvre au niveau professionnel comme entraîneure et facilitateure. Elle compose des paroles de chanson, des poèmes et des contes pour enfants et adultes. Son écriture vient droit du cœur et intègre des passages humoristiques. Elle trouve sa plus grande source de joie et d'inspiration auprès de sa famille, de ses amis et de Dieu. FOCUSunltd@aol.com

KAY P. GIORDANO habite Hamilton Top au New Jersey avec l'homme qu'elle a épousé il y a trente cinq ans. Elle vit très près de ses sept enfants et de ses quatorze petits-enfants. Elle est fière d'avoir vu ses poèmes publiés trois fois dans *Poetic Voices of America*, une publication annuelle de Sparrow Grass Poetry Forum. (609) 581-2677

JENNIFER ESPERANTE GUNTER mène une carrière internationale comme conférencière depuis 1989. Elle a fait des causeries à Guam, au Canada et partout aux États-Unis. Elle a produit des spectacles en début de parties et aux entractes pour les *San Francisco 49ers* et le *Jeep Eagle Bowl* à Honolulu. Elle a décroché en 1993 le titre de Miss San Francisco qui lui a valu le surnom de « the Cha Cha Queen. » Elle détient un diplôme en psychologie et offre des conférences et des ateliers pour les adolescents et les adultes en plus d'être une animatrice très populaire. On a pu la voir à la télévision et elle est l'auteure de *Winning with the Right Attitude* et co-auteure de *Teen Power* et *PreTeen Power*. (800) 357-6112

GEORGIA C. HARKER est une écrivaine qui tout au long de sa vie s'est intéressée aux arts et à la santé. Elle a su reconnaître l'influence profonde de l'environnement sur notre santé physique et mentale. Ses écrits portent principalement sur le design en rapport avec la santé, la thérapie par l'art et plusieurs autres sujets étroitement liés aux arts et à la santé. Designer en orfèvrerie pendant plus de vingt ans, elle croit fermement qu'en intégrant l'art, le dessin et la couleur à tous les aspects de la vie quotidienne, on peut changer les choses. Elle vit avec son mari, un scientiste/entrepreneur et ses deux enfants. georgia@cayuse.com

Donna Hartley est une conférencière connue à l'échelle internationale. Membre de la National Speakers Association, elle est également spécialiste en transformation personnelle et une rescapée de l'écrasement d'un DC-10. Propriétaire et fondatrice de l'entreprise Hartley International, elle a accordé des entrevues aux réseaux NBC, ABC, PBS, the Learning Channel et au *New York Times*. Elle s'est fait connaître grâce à son programme « Get What You Want » diffusé sous forme de livres, de vidéos et de cassettes audio. (800) 438-9428.

Emily Sue Harvey, auteure et conférencière, voulait enseigner l'anglais, mais la mort tragique d'Angie, sa fillette de onze ans, a bouleversé ses plans. D'abord thérapeutique, l'écriture devint rapidement sa passion. Des années passées à coucher sur papier ses réflexions et ses états d'âme l'ont aidée à comprendre comment survivre à un désastre. L'écriture l'a amenée à s'intéresser à ce qu'*est* la vie et aussi à ce qu'elle *n'est pas*. Le malheur lui a appris qu'on ne devait pas se demander, « Pourquoi moi ? » mais plutôt « Pourquoi *pas* moi ? ». Ses découvertes l'ont amenée à écrire des histoires romanesques, des essais et des nouvelles mettant en scène des personnages qui triomphent de l'adversité. Ses histoires ont paru dans les magazines *Woman's World* et *True Story*. (864) 879-2733. <EmilySue1@aol.com>

Ellen Urbani Hiltebrand, M.A., est écrivaine et spécialiste en thérapie par l'art ; elle élabore des programmes destinés à répondre aux besoins psychosociaux de patients affligés de différentes maladies physiques et de leurs familles. *Healing Arts*, son entreprise, fournit des services de consultation et de mise en application aux organismes spécialisés dans les soins de santé, à l'échelle nationale. Elle donne des conférences dans les congrès médicaux dans tout le pays. Elle a œuvré avec un groupe de bénévoles pour la paix au Guatemala. Le programme d'art thérapeutique qu'elle a mis au point à cette occasion est maintenant utilisé par d'autres groupes de bénévoles pour la paix (Peace Corps volunteers), partout dans le monde. Un livre sur son expérience au Guatemala devrait paraître au cours de la prochaine année. (503) 413-8404. hiltebrand@juno.com

JENNIFER HOWARD vit à White Salmon, Washington, en compagnie de son mari et de ses quatre enfants. Elle aime le jardinage, les promenades à cheval et le temps passé avec sa famille et ses amis. L'écriture est un hobby pour elle, un outil qui lui permet de noter les étapes importantes de la vie de ses enfants. (509) 493-4701

DEBB JANES anime une émission radiophonique matinale et est lectrice de nouvelles à Portland en Oregon. Elle est aussi enseignante occasionnelle au Mt. Hood Community College et elle a plusieurs livres en chantier. C'est une environnementaliste et une passionnée des grands espaces. Dans ses temps libres, elle fait des randonnées pédestres, de l'escalade et de la pêche à la mouche dans la grande région du Nord-Ouest. Elle est aussi une jardinière passionnée; elle croit à l'épanouissement personnel par la prise de conscience et la spiritualité. Elle vit avec sa fille de treize ans, Kelsea.

ELIZABETH KRENIK est la mère de trois filles; elle a enseigné durant vingt-quatre ans et elle croit encore que la vie est un long processus d'apprentissage. Elle est critique littéraire et rédige une chronique mensuelle dans un journal local et elle donne des conférences pour soutenir le Minnesota AIDS Project. Elle a joué dans des productions théâtrales locales et fait la mise en scène de certaines d'entre elles ; elle rédige en ce moment sa première pièce. (507) 357-6542

Christi Kromminga est une écrivaine free-lance qui habite Monticello en Iowa où elle tient une chronique passionnée de la vie de sa famille qui compte deux adultes et trois enfants. Elle adore par-dessus décrire les émotions et célébrer les moments privilégiés d'une mère de famille dans sa vie quotidienne ! (319) 465-5347

Ruth Lee est sept fois grand-mère, trois fois mère, mariée depuis quarante-quatre ans et écrivaine. Ses essais, fiction et poésie ont été publiés chez *Evangel, Light and Life Press, Nazarene Publishing House* et dans diverses publications locales. Elle a été récipiendaire sept fois d'un prix décerné par la Missouri Writer's Guild. Durant huit années, sa chronique « A little Bit of Life, » a paru dans le journal de sa ville natale, le *Drexel Star*, pour lequel elle continue toujours d'écrire. Elle n'a jamais habité ailleurs que dans sa petite ville natale du Missouri et considère que son talent pour l'écriture est un cadeau de Dieu. Elle croit qu'un talent enfoui dans la terre ne profite à personne. ruthlee2@casstel.net

Jeanne Evans Lodwick, ancienne instructrice de gymnastique et de ski, enseigne aujourd'hui en quatrième année. Avec son mari et ses quatre enfants, elle a récemment emménagé dans une maison en bois rond de mille mètres carrés construite par sa famille dans la forêt. Elle vit à Steamboat Springs au Colorado. (970) 879-2288

Jill Lynne, photographe et écrivaine, est connue sur le plan international pour ses portraits originaux de personnalités, ses photos documentaires sur la culture populaire, ses études d'environnements naturels, son utilisation de la technologie de pointe et ses techniques photographiques peu conventionnelles. Elle a plus de vingt expositions solos à son actif et certaines de ses œuvres font parties de prestigieuses collections ; ses photographies et ses écrits ont paru dans *Newsweek, Vogue Italia, Ms.*, et dans le *Miami Herald.* Ayant pignon sur rue à à New-York et à Miami, elle organise des événements spéciaux de promotion ou des levées de fonds en faveur d'organismes tels : les Nations Unies, le Nature Conservancy et la American Foundation for AIDS Research. (212) 741-2409 ou (305) 532-8096

JUDITH MCCLURE est directrice et ministre en résidence au Center for Expanding Consciousness à Phoenix, Arizona. Bear, son chien, Angel, son chat et elle-même forment le comité de réception officiel des offices dominicaux et des nombreux cours dispensés par le centre. Elle donne deux ateliers intitulés : Speaking and Creating with your Angels [litt. : Converser et créer avec vos anges] and Making Unique Water Fountains for your Spiritual Garden [Une fontaine unique dans votre jardin spirituel]. (602) 279-3998. j_mcclure@earthlink.net

CLAUDIA MCCORMICK a rédigé une chronique hebdomadaire pour un journal métropolitain durant les dix dernières années. Elle a été conseillère législative auprès du président du sénat de la Californie et elle fait campagne présentement pour l'obtention d'un poste dans la fonction publique. Elle aime les voyages à travers le monde et l'écriture : écrivaine free-lance, elle travaille à la rédaction d'un roman d'amour et de suspense. Elle vit à Dublin, en Californie avec son mari, Tom ; leur famille recomposée comprend sept enfants, huit petits-enfants et quatre chats errants. (925) 828-1672

ANNE MCCOY est secrétaire et elle vit à Vancouver, Washington, en compagnie de Ed, son mari et compagnon de vie depuis trente ans. Leurs deux fils sont maintenant grands et ils ont un petit-fils. Soutenue dans ses efforts par sa famille et son amie M.J. Evans, elle a commencé à écrire. mccoy1969@aol.com

MARILYN MCFARLANE est une écrivaine pigiste et l'auteure de nombreux guides de voyage, dont *Best Places to Stay in the Pacific Northwest* (réédité à cinq reprises) ; *Best Places to Stay in California* (trois éditions) ; *Quick Escapes in the Pacific Northwest* ; et *Northwest Discoveries*. Son plus récent livre a pour titre *Sacred Myths : Stories of World Religions*, un livre illustré de façon vivante, récompensé par un prix et qui relate les légendes préférées dans sept traditions spirituelles différentes. Elle collabore à l'animation d'un groupe de femmes en quête de spiritualité et a accompli divers pèlerinages dans des sites sacrés partout dans le monde. Elle vit à Portland en Oregon avec John, son époux, et elle rend visite aussi souvent que possible à ses onze petits-enfants. mmcf@easystreet.com

TERRI MCLEAN vit dans le nord du Minnesota avec son mari et ses quatre fils. Elle a enseigné dans une école élémentaire du Minnesota et au Mexique. En ce moment elle aime bien œuvrer auprès d'étudiants ou d'autres personnes dans diverses activités communautaires en plus d'écrire des contes pour enfants et jeunes adultes. Rlmclean@aol.com

LAUREN MASER vit en Nouvelle Zélande et est directrice d'un service de consultation en marketing et en communication qui élabore des stratégies visant à rapprocher les entreprises de leurs clients. Elle présente aussi des conférences, des séminaires et des ateliers sur la motivation et l'épanouissement des collectifs ou des individus, sur l'estime de soi, la mise en confiance et le développement d'habiletés en vue d'une communication efficace. Téléphone et télécopieur : (649) 521-1344. lmaser@xtra.co.nz

PHYLLIS MILETICH a écrit des articles pendant vingt-trois ans pour l'édition du dimanche du *Peninsula Daily News* à Port Angeles, Washington. Elle est l'auteure de trois livres, *As Seen Through the Eyes of Phyllis Miletich* ; *Understanding It Backwards* ; et *Footsteps :*

One at a Time. Conférencière et directrice d'ateliers, elle a écrit des articles dans diverses publications, elle a animé des classes d'écriture au niveau collégial et travaillé comme scénariste pour une maison de production d'Hollywood. Le Washington Press Association's Awards for Excellence et le prestigieux Pacific Northwest Writer's Conference qui couvrent l'ensemble de la production écrite dans plus de cinq états, lui ont décerné un prix d'excellence pour son œuvre non romanesque.

LINDA NASH, M.B.A., est une conférencière connue sur le plan national, conseillère en plan de carrière et auteure de *Surviving in the Jungle* et *The Shorter Road to Success*. Ses techniques efficaces, son enthousiasme, son humour, ses histoires remarquables et son approche motivante galvanisent son auditoire. Elle fait des causeries dans des entreprises, des associations et des organisations sur des thèmes comme le changement, la communication, la croissance personnelle et la gestion de carrière. Ordonnée ministre du culte multiconfessionnelle, elle prêche dans les églises et dirige des retraites spirituelles pour les femmes. Pour de plus amples renseignements sur les conférences de Linda, ses retraites, ses livres, son cahier d'exercices pour élaborer un plan de carrière et ses deux séries de cassettes audio : *Becoming the Real You* et *Getting Paid for it*, vous pouvez téléphoner au (800) 701-9782 Lindaljn@aol.com

CAROL NEWMAN a grandi dans le sud-ouest de l'Oklahoma au milieu de femmes courageuses et d'une grande spiritualité. C'est chez elles qu'elle puise son inspiration et c'est pour elles qu'elle écrit. Collaboratrice régulière des magazines *Guideposts* et *Angels on Earth*, elle réside présentement à Leawood au Kansas avec Tom, son mari.

MARTHA NICHOLSON est éducatrice en soins spécialisés auprès des enfants et des adultes aux prises avec des difficultés d'apprentissage requérant des tests et des cours particuliers. Retenue à la maison à la suite d'un accident, elle rédige présentement son premier livre, *I Want a Room with a Window* dans lequel elle relate ses mésaventures dans une école élémentaire. Elle réalise également divers travaux d'artisanat — dont des courtepointes. Brian, son fils de dix-neuf ans, écrit lui aussi. (978) 343-3150

MARIANNA NUNES a captivé, motivé et instruit son auditoire partout au pays. Elle présentait ses programmes à des entreprises inscrites sur la liste de Fortune 500, à des hôpitaux, des universités et des églises ; elle traitait de sujets tels que l'humour, le leadership et les techniques de vente. Elle était aussi connue pour son populaire programme à l'intention des célibataires : The Art of Flirting, un programme popularisé également par le magazine *Life*. En apprenant qu'elle avait un cancer, elle a entrepris un long processus de reconstruction de l'estime de soi en mettant à profit les vertus thérapeutiques du rire. Des complications à la suite de sa maladie sont survenues et elle est décédée le 6 septembre 1998 mais son esprit demeure toujours bien vivant.

SHEILA O'CONNOR est une écrivaine pigiste, éditrice de bulletins d'information et chargée de syndication. Originaire d'Écosse, Sheila vit maintenant à San Francisco. Son œuvre a été éditée un peu partout dans le monde et elle a fait publier quantité d'autres écrivains à l'étranger. Elle a trois enfants, deux chats et trois poissons rouges. Quand les enfants ou les animaux lui laissent un peu de répit, elle adore aller au cinéma et passer du bon temps avec ses amis.

CLARA OLSON est pasteure et possède un diplôme en éducation chrétienne. Elle exerce son ministère auprès des enfants et de leurs familles ; reconnue sur le plan international, elle est devenue un modèle pour de nombreuses personnes. Elle est l'auteure

de *How Do Children Fit into the Meta-Church Model*, un livre qui
s'adresse aux chefs d'église ainsi que de plusieurs articles et
enseignements spécialisés à l'intention des bénévoles chargés
de l'éducation religieuse des enfants. Ses conférences dans le
cadre d'ateliers de croissance spirituelle, de retraites pour les
femmes et de séminaires sur l'éducation à l'intention des parents,
sont très populaires. Elle a obtenu un certificat d'instructeur
d'efficacité parentale (*Parent Effectiveness Training — P.E.T.*) Clara
est l'épouse de Rod depuis trente-trois ans, la mère de Cindy et
Erik et la grand-mère de Danielle, Brandyn, Tera, Kaleb et Kaden.
(541) 593-6002. <Rod-Olson@msn.com>

MARGARET J. (MIMI) POPP dirige pour son propre compte un centre de la petite enfance. Elle réside à Bel Air, au Maryland avec
l'homme qu'elle a épousé il y a trente ans, et ses deux adorables
enfants ; ils ont un chien et trois chats. Elle écrit des essais, des
nouvelles et des récits de voyage et elle espère trouver un jour
le temps d'écrire un roman. Elle aime voyager, lire, participer à
des classes d'écriture et à des dégustations de vins ; elle apprécie
les repas gastronomiques préparés par son mari et adore
les soirées, plutôt rares maintenant, où toute la famille se
retrouve autour de la table de la salle à dîner. (410) 515-6676.
MIMPOP@AOL.COM

MARTHA POWERS a complété un programme d'études avancées
dans la guérison psychique en 1981 et a étudié auprès de nombreux maîtres et guérisseurs depuis lors. Elle possède également
une maîtrise en bibliothéconomie et en utilisant ces deux disci-
plines, elle aide les gens à trouver l'information appropriée.
Imprégnée de l'esprit de Dieu, elle vit près de Portland en Oregon ;
elle dirige des ateliers destinés aux femmes et elle leur enseigne
à rééquilibrer leurs chakras, unifier leur énergie essentielle et
rechercher la sainte présence des anges qui veillent sur nos vies.
(503) 699-7873 <Mpowers@angelfire.com>

LYNN PRICE est la fondatrice et la directrice exécutive de Camp To Belong, une organisation sans but lucratif qui réunit les enfants de mêmes familles placés dans différents foyers d'accueil ; l'organisatrice vise à faire de ces retrouvailles des événements remplis de joie, d'émotions et d'inspiration. Séparée de sa sœur durant son enfance, elle travaille à l'éducation du grand public et encourage les parents adoptifs et les familles d'accueil à maintenir autant que possible les liens entre les enfants ; elle veut aussi inciter ces enfants à prendre en mains leur avenir. Avocate experte désignée par le tribunal et directrice accréditée d'une famille d'accueil, elle écrit et prononce des conférences sur ce sujet. Elle habite avec son mari et ses trois enfants au Highlands Ranch, Colorado. (303) 791-0915

MARGARET C. PRICE écrit des romans (*White Violets*), des scénarios (*Looking for Mrs. Santa Claus*) et des pièces de théâtre (*Dove and Dandelion*) quand elle n'est pas occupée à préparer une tartine de beurre d'arachides à l'une de ses trois filles (Meredith, Julie et Katie) ou à courir derrière un de ses chiens éternellement affamés. Diplômée de la Northwestern University (en communication orale) et de l'University of Kentucky College of Law, elle a joué avec la troupe de l'Actors Theatre de Louisville et a défendu les droits des enfants en tant que procureure. Membre de la Writers Guild, elle a étudié le cinéma à l'American Film Institute et à l'Université de London. Elle vit avec Gary, son mari, et sa famille à Lexington au Kentucky. (606) 263-8131

LILLIAN QUASCHNICK est une ancienne professeure de langue étrangère. Elle aime avant tout la littérature humoristique et elle écrit actuellement sur son expérience d'italo-américaine de première génération. Elle collabore aussi à un livre sur l'industrie du raisin. lmq03@fresno.com

JESSICA QUILTY est originaire de Quincy au Massachusetts et étudie en ce moment dans le Maine afin d'obtenir un diplôme en création littéraire et en *women's studies*. Elle est stagiaire dans une petite maison d'édition spécialisée dans la publication de poètes de la Nouvelle Angleterre. Elle espère écrire pour les jeunes femmes et ouvrir un jour une boutique de fleurs.

JEAN QUINN vit avec Mike, son mari et leurs deux fils, Brad et Barry. Elle affirme que les streptocoques du groupe B sont responsables de plus de décès de nouveau-nés que toute autre maladie infectieuse ; toute personne intéressée à prévenir les décès causés par cette bactérie peut visiter le site Web du Group B Strep Association à l'adresse suivante : groupbstrep.org. On peut aussi lui écrire à l'adresse suivante : Namaste@aol.com

SARAH HEEKIN REDFIELD est la directrice et la fondatrice du Heekin Group Foundation, une organisation sans but lucratif à l'échelle nationale dont le rôle consiste à offrir un appui à l'ensemble des écrivains de la relève par le biais de programmes de compagnonnage et d'éducation. Elle est aussi écrivaine pigiste et publie fréquemment des articles ayant pour thèmes la formation des jeunes écrivains ainsi que des essais et des nouvelles. Elle travaille actuellement sur un livre qui aborde la question de la créativité dans le genre non romanesque. Hgfh1@aol.com (541) 548-4147

RUTH ROCKER a déjà été directrice du YMCA Adult Literacy Program de la Nouvelle-Orléans et elle y travaille désormais à temps partiel comme directrice des ressources humaines. Avec son mari, Henry, elle a eu sept enfants, un petit ange bien particulier, et dix-sept petits-enfants. La foi chrétienne fait partie intégrante de sa vie, et elle joue le rôle de « Mamie » pour les Granny's Angels, un groupe de jeunes chrétiens qui se dévouent dans leur milieu. Elle a quitté récemment la région métropolitaine pour habiter dans une petite communauté rurale et elle rêve d'inspirer les gens par ses écrits. <rrocker@i-55.com>

JOAN ROELKE a été cadre dans une banque et est aujourd'hui écrivaine pigiste. Elle vit à Lake Tahoe où elle travaille actuellement à un second roman. (530) 581-0662

CAROL ANNE RUEL est écrivaine et conseillère en communications auprès du gouvernement canadien. Elle habite Ottawa avec sa fille Karina, son colley barbu, Zoë, et Kitty, la bête noire de Zoë. L'année où Zoë abandonna sa vie très réglementée et pu enfin courir avec ses amis labradors et retrievers, sa jolie gueule remporta un concours de photo et figura sur un calendrier ainsi que sur une réclame pour boutique d'animaux Comme pour répondre à l'appel ancestral des Écossais des Highlands, Zoë travaille actuellement à obtenir un certificat de chien berger au grand désarroi de son vétérinaire. Son cœur est maintenant très enflé mais il continue de battre avec ardeur et de brûler d'une passion dévorante pour la vie. holley@echelon.ca

MARY SASS qui détient une maîtrise en counseling est aussi une écrivaine, une artiste, une conférencière et une ancienne enseignante qui a publié nombre d'essais, de nouvelles et d'articles sur l'écriture. Ses textes radiophoniques et ses documentaires télévisés se sont mérité des prix. On lui a aussi décerné d'autres prix pour ses peintures à l'huile lors d'expositions de groupe ou en solo. Elle a écrit des romans et illustré un court roman de Noël, *The Katy Ornament*. Membre de Mystery Writers of America et du MWA Speakers' Bureau, elle est inscrite dans le *Who's Who of American Women*, *Who's Who of the Midwest* et le *Who's Who in Entertainment*. (847) 674-7118; et de juin à septembre : (616) 432-4466

KAREN SHERIDAN possède une expertise sur la question des femmes et de l'argent. Elle encourage les femmes et leur enseigne à se prendre en main. Conseillère agréée en investissement, éducatrice, conférencière professionnelle et auteure de *Never Take NO*

for an Answer — One Woman, One Life and the Money Mystique,
elle a aidé des milliers de personnes à questionner et transformer leur rapport à l'argent de façon à exprimer leurs rêves.
(503) 620-5098. MakeWealth@aol.com

HILDIE SITTIG est écrivaine pigiste et elle a obtenu un baccalau-
réat avec une majeure en zoologie et une mineure en histoire de
l'art. Elle possède aussi une maîtrise en éducation et a enseigné
les langues étrangères pendant plusieurs années. Elle travaille
dans l'immobilier dans le sud de la Californie. « Mourir jeune
aussi tard que possible » telle est sa devise. Elle s'est créé ainsi un
environnement positif et a développé de saines habitudes de vie
et d'alimentation. Née en Allemagne, elle est venue aux États-
Unis au début des années trente et continue encore de voyager.
Elle ressent l'obligation de dormir presque comme un contre-
temps, impatiente de réaliser les promesses d'un jour nouveau.
(714) 731-6663

JOANNA SLAN est écrivaine, conférencière et elle traduit notre
époque sous forme de contes. Elle incite ses divers auditoires à
raviver leur capacité d'émerveillement et à regarder la vie d'un
œil neuf. Elle est l'auteure de *Using Stories and Humor : Grab Your
Audience* (Allyn & Bacon) et de *Scrapbook Storytelling* (Writer's
Digest Books). Pour obtenir d'autres renseignements, vous pouvez la joindre au numéro de téléphone suivant : (800) 356-2220 ;
télécopieur : (314) 530-7970 ; Courriel : JoannaSlan@aol.com

ALAINA SMITH est écrivaine. Bien qu'elle ait été rédactrice en chef
d'un journal, coordonnatrice à la formation et directrice d'un
bureau, elle a toujours considéré l'écriture comme sa première
passion. Espérant pouvoir effectuer la transition entre l'écriture
journalistique et l'écriture littéraire, elle travaille présentement
à un premier roman. L'amitié, la famille, le rire et la réalisation
de ses objectifs sont ses priorités. Elle a quitté l'Oregon et réside

présentement à Seattle, dans l'état de Washington, avec Frank, son mari aimant et dévoué. (206) 368-9920.

JANICE A. SPERRY est une brillante diplômée du Snow College et du Westminster College. Elle vit présentement à Salt Lake City, Uttah, avec son époux et son chat.

SHEILA STEPHENS est une poétesse dont les œuvres ont été récompensées sur le plan international. Professeure de création littéraire, chroniqueure et conférencière, elle aime aider les gens à vivre en accord avec leur véritable personnalité. Pour elle, l'estime de soi relève de la quête spirituelle ; c'est l'acceptation de la semence d'amour placé par l'esprit divin en chacun de nous. Dans cet esprit, elle vient de terminer la rédaction de *Light Up Your Dreams with Love*; d'un recueil de poèmes *Angels on the Wings of Words*; ainsi que de nombreux livres pour enfants On peut aussi suivre par correspondance ses cours Write Your Life Stories with Love. <joywriters@uswest.net>

FRANCINE M. STOREY est poète, dramaturge, professeure de yoga et membre de l'équipe des costumiers du Metropolitan Opera. On peut lire son poème « Instructions for Search » sur le site www.dinofish.com., lequel s'est mérité le Dylan Thomas Poetry Prize octroyé par la New School de la ville de New York et a été publié dans *The Art and Craft of Poetry*; Jerome Hamlin en a fait un court métrage présenté en première mondiale à l' *Explorers Club* de New York. Ses écrits ont aussi été publiés dans le *Journal of Irish Litterature* et d'autres petites maisons d'édition. Ses pièces ont été présentées plusieurs fois dans le circuit Off-Off Broadway. (212) 594-2748

HELEN TAUPE a été une spécialiste attachée au Behavioral Psychology Services de la province du Manitoba, pendant plus de vingt-cinq ans. Elle pratique en ce moment à Winnipeg. Elle se passionne entre autres choses pour les histoires traitant de la condition humaine. (204) 452-9767

SUSIE TROCCOLO, a été propriétaire d'une agence de consultation commerciale dans l'industrie de la haute technologie ; récemment, elle s'est orientée vers une nouvelle vie plus éclatée. En ce moment, elle travaille deux jours par semaine à son bureau situé à la maison ; elle consacre ensuite deux jours de la semaine à son potager biologique et une autre journée à faire du bénévolat auprès des enfants. Elle a définitivement renoncé aux escarpins et aux bas de nylon ; qu'il pleuve ou qu'il fasse beau, elle se fait une joie désormais de promener Rufus et Sassy dans les rues de Portland, Oregon. Afin de célébrer la maturité, la joie et le changement, elle vient de terminer un livre intitulé *Growing Down Stories*, un cadeau pour sa famille et ses amis. Auguri@ix.netcom.com

DOREEN VIRTUE est docteure en psychologie, conférencière et auteure de *The Lightworker's Way*, publié aux éditions Hay House. On a pu la voir chez Oprah, Leeza, Sally, Ricki et dans soixante-quinze autres émissions-débats présentées sur les réseaux locaux ou nationaux. Pour obtenir d'autres renseignements sur ses livres de la série Dr. Virtue, ses cassettes audio et ses séminaires, veuillez composer le (800) 654-5126 ext.0. <http://www.AngelTherapy.com>

BECKY LEE WEYRICH de St Simons Island, en Georgie, est l'auteure de vingt-sept romans dont les plus récents sont *Swan's Way* et *Savannah Scarlett*. Elle a écrit et illustré deux recueils de poèmes et collaboré à cinq anthologies de romans. Elle anime également des ateliers et donne des conférences. Avant de passer au roman dans les années soixante-dix, elle a écrit dans divers journaux et magazines. Ancienne épouse de marin, elle a voyagé à travers le monde avec son mari, pilote à la retraite, et ses deux enfants (maintenant adultes). Membre de la Southeastern Writers

Association Inc. depuis 1974, elle fut présidente de cet organisme et continue d'y consacrer temps et énergie comme membre du conseil d'administration. beckylw@gate.net

KAREN A. WILSON est femme de militaire, mère de deux enfants, écrivaine, conférencière motivatrice, enseignante suppléante, pianiste/organiste autodidacte et femme à tout faire. Elle détient une licence en histoire et en littérature de la Black Hills State University et est un membre actif de son église. En quinze ans de mariage, elle a changé douze fois d'adresses — vivant et travaillant partout dans le monde dans des endroit aussi intéressants que l'Italie et le Dakota du Sud. Ses voyages lui ont procuré une expérience riche et variée. Elle s'épanouit actuellement à Scott Air Force Base en Illinois. (618) 746-2782

LYNNE ZIELINSKI manifeste avec exubérance son amitié pour ses sept grands enfants ; elle trouve également une inspiration magique chez ses treize petits-enfants et son époux — avec qui elle a développé une complicité amoureuse depuis quarante et un ans. Ancienne infirmière reconvertie maintenant en femme d'affaires, Lynne est toujours restée attentive aux gens ; elle croit que l'existence est un cadeau de Dieu et que ce que nous faisons de notre vie est notre cadeau à Dieu. C'est dans cet esprit qu'elle écrit. (205) 880-9052. Excel11047@aol.com

REMERCIEMENTS

Je remercie du fond du cœur les collaboratrices qui ont contribué à la rédaction de ce livre. Au sein de la communauté des femmes de la série *Chocolats* qui s'est développée à travers tout le pays, j'ai apprécié l'authenticité des relations humaine et j'ai découvert le même désir de partager ces tranches de vie inoubliables qui font la richesse et la force de ce livre inspiré.

Mille mercis à mon agent, Peter Miller et à son équipe, Delin Cormeny, Allison Wolcott et Steven Schattenberg ; à ma directrice générale, Becky Caboza, à son assistante Carrie Thornton et à toute l'équipe de Fireside pour leur ténacité et pour l'énergie déployée afin de mettre au monde cette série qui connaît un grand succès.

Je veux rendre hommage à O.C. O'Connell, Burky Achilles, Ellen Hiltebrand et Lillian Quaschnick pour leur compétence en matière d'édition et leur amour de la série *Chocolats*.

Ma reconnaissance et mon amour indéfectible vont à Eric, mon époux et mon compagnon de route dans ma quête spirituelle ; nous avons tous les deux la même attitude face à la vie et nous croyons « que chaque geste est important pour changer les choses ». Et bien sûr, je réitère mon affection à mes ami-es et à ma famille pour leur appui inconditionnel.

J'ai senti la présence de Dieu tout au long de ce travail et c'est là ma plus belle récompense ; toutes les histoires de *Chocolats pour l'esprit d'une femme* sont imprégnées de Son esprit.

L'AUTEURE

Kay Allenbaugh est l'auteure de *Chocolats pour l'âme d'une femme,*
Chocolats pour le cœur d'une mère, Chocolats pour l'âme d'une ado-
lescente, Chocolats pour le bonheur d'une femme, Chocolats for a
Woman's Heart, Chocolate for a Lover's Heart. Elle réside avec Eric
Allenbaugh, son mari (auteur de *Wake-Up Calls : You Don't Have*
to Sleepwalk Through Your Life, Love or Career !) à Lake Oswego,
Oregon.

Collection
gu❀de ressources

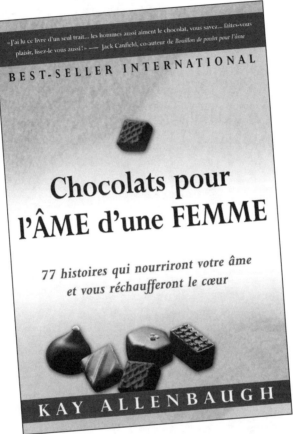

POUR COMMANDER
ÉDITIONS ADA INC.
172, des Censitaires
Varennes, Québec, Canada   J3X 2C5
Téléphone : (450) 929-0296
Télécopieur : (450) 929-0220
www.ada-inc.com • info@ada-inc.com

EN VENTE DANS TOUTES LES BONNES LIBRAIRIES

Collection
gu✿de ressources

POUR COMMANDER
ÉDITIONS ADA INC.
172, des Censitaires
Varennes, Québec, Canada   J3X 2C5
Téléphone : (450) 929-0296
Télécopieur : (450) 929-0220
www.ada-inc.com • info@ada-inc.com

EN VENTE DANS TOUTES LES BONNES LIBRAIRIES

Collection
gu❀de ressources